财富自由

平民出身的富豪积累财富的原则和方法

[美] 托马斯·J.斯坦利（Thomas J.Stanley）
萨拉·斯坦利·弗洛（Sarah Stanley Fallaw）◎著

陈子倩◎译

THE NEXT MILLIONAIRE NEXT DOOR

Enduring Strategies for Building Wealth

中国出版集团
東方出版中心

图书在版编目（CIP）数据

财富自由 /（美）托马斯·J.斯坦利，（美）萨拉·斯坦利·弗洛著；陈子倩译. -- 上海：东方出版中心，2019.7（2019.9重印）
ISBN 978-7-5473-1488-3

Ⅰ. ①财… Ⅱ. ①托… ②萨… ③陈… Ⅲ. ①经济学-研究 Ⅳ. ①F0

中国版本图书馆CIP数据核字（2019）第103728号

著作权合同登记号 图字：09-2019-591

策　　划：顾光杰
　　　　　崔　聪
责任编辑：徐建梅
　　　　　杨典雅
封面设计：水玉银文化

财富自由

出　　版：东方出版中心
地　　址：上海市仙霞路345号
发　　行：东方出版中心
　　　　　北京时代华语国际传媒股份有限公司
电　　话：（021）62417400
邮政编码：200336
经　　销：全国新华书店
印　　刷：北京市松源印刷有限公司
开　　本：690×980毫米　1/16
字　　数：229千字
印　　张：15.5
版　　次：2019年7月第1版第1次印刷　2019年9月第3次印刷
ISBN 978-7-5473-1488-3
定　　价：56.00元

目 录
CONTENTS

前　言

近 40 年来，我的父亲托马斯 · J. 斯坦利一直视美国富人为研究对象，试图发现并指明，除依靠天降遗产和其他丰厚物质馈赠外的，通往财务独立以及经济成功的大道。在其著作中，不乏一些通用道理。但同时，他也觉察到通向财富之路也需要人们在职业、消费和商业方面做出独到的选择。

《财富自由》不仅提出了基于实证得出的财务计划原则，还给出了财富积累的方法。即使这些方法再明确，不少人仍在问："为什么我不是个富人？"无论你是个体户、教师、律师还是销售代表，这些条理清晰的方法都需运用于你的工作之中。正如我父亲在《财富自由》里所言："他们（书中所介绍的富翁们）都是一砖一瓦堆积起他们的财富大楼的，没有与洋基队签订几百万的合同，没有玩乐透中大奖，也没有成为下一个米克 · 贾格尔。"

生活中的许多挑战都可以采用这种"平地起高楼"的方法去应对，如学习一项新技能、维持好身材、抚育孩子或者白手创业。任何一项宏伟目标的实现——包括财务独立，都需要长时间的自我监督、对自我才能的认知以及资源的有效分配。

存在这样一种生活方式。一方面，它因满足必需消费以及等级的炫耀，而受到众人渴求。另一方面，它也成为众人通往财富之路的羁绊。如果你的生活开始以别人为中心，开始关心起别人开的车和穿的衣服，你就必须要有源源不断的现金流，否则你的生活将难以为继。大多数人维持现有的习惯，抑或整日抱怨、惶惶不安、甘愿充当寄生虫，他们就是不愿努力工作，改变这些习惯。

我父亲的著作受到一些批评家的质疑，但睿智的父亲已经明确表达了他的观点：白手起家且创造财富奇迹的概率的确存在，但并不是很高。他的研究多次表明一个人的行为可以改变自身处境。事实上，我父亲就是一个很好的例证。

《财富自由》自 1996 年出版后，就成了经典畅销书。父亲更乐于创作关于富裕以及如何在美国创造财富等话题的新书，使读者从中收获更多与众不同的观点。后来的著作包括《百万富翁的智慧》、《邻家的女百万富翁》以及《停止装富》。所以我父亲从未想过再出版《财富自由》。考虑到《财富自由》在 2016 年适逢出版 20 周年，我们在 2012 年对此书开始进行研究和拓展。最初目的是调查相关新话题的变化情况以及将新数据与我父亲过去作品中的数据进行对比。

我们决定换个角度去看看美国的百万富翁，看看他们在《财富自由》出版后 20 年以及其他著作推出后是否发生了变化（如果存在的话）。我们旨在重新审视身边百万富翁所拥有的关键行为特征，并思考当今造就财富的新方式。出生在战后“婴儿潮”的父亲——富裕市场协会的创始人兼该书的原作者，拥有出色的市场调研经验，以他那年代独有的视角进行这项事业。而我——来自“X 一代”的工业心理学家，担任着我父亲的助手。

但未来总是会让我们措手不及，后来发生的一件事对此书的出版造成了严重的影响。2015 年的某晚，我父亲在寄出第一轮调查邀请函的路上，被一个醉酒驾车司机夺走了生命。从此，我承担起了他的工作，整理他的笔记以及我们最新的研究成果，将他的笔记、博客以及所有他想融入新作的想法以章节的形式记录下来。情感波动的我花了三年多时间才完成这项工作。当我接触到父亲浩如烟海般的笔记和随笔时，我深知自己无法完全领会父亲对于新数据和此书的独到见解，所以只能奉上我自己的愚见。父亲虽然仙逝了，但是这部作品仍然要坚持完成，正如对于消费者科学、财政规划、行为金融以及社会心理学等有助于个人经济成功的领域的研究也要继续一样。总之，对于个人如何独立积累财富，我们仍需持续进行科学的研究。只有这样，大众才能在关于财富神话、奇闻逸事及表面风光的故事中学会判断真伪。科学的严谨性正是帮助我们分离道听途说以及真知灼见的利器。

财富神话在美国仍然盛行。收入和财富的关系在媒体、政府以及每个美国人心里仍牵扯不清。如果某人靠一己之力积累大量财富，众人必投之以猜忌。因为在他们心中，通向经济成功的道路要么是“经济后门”（家族的赠款）、乐透中奖，要么就是违法所得。社会媒体将成功人士捧上神坛，更是让大众对于如何创造财富一知半解。

大多数人一筹莫展，不知从何着手。有时，甚至不知道如何管理自身的财务。50% 的美国人如果不转让财物或贷款，甚至不能承担 400 美元的花销。美国心理学会一项研究指出：将近 64% 的美国人认为钱导致了他们生活中“部分或者大多数”的苦恼。苦恼程度随经济发展上下波动，无论是工作、健康问题以及家庭琐事都无法撼动金钱在苦恼原因排行榜中榜首的位置。

最后，我们必须提一些对于《财富自由》的质疑。有人认为书中所提到的一些个体的成功需归结于 20 世纪 90 年代中期互联网经济发展导致的股票市场的兴旺。还有人将生存偏差（他们确信成功人士是书中数据的来源，而失败者显示出的相同特性却被忽略）作为书中一些人成功的原因。书中对于以下两种人进行了鲜明的对比（两者具有天差地别）：分别是通过有效转换收入为财富的集惊人资产者以及与前者拥有同等收入却所集资产不多者。《财富自由》中考察的行为和习惯同样也适用于大众市场的群体以及大众富裕阶层——就是那些还没有“熬成”百万富翁的人。

此书不仅包含对父亲去世前后搜集所有的数据的描述与解释，还包括他在博客中特意标出的相关原创文章。书中大部分加粗的数据都是在 2015 年至 2016 年间搜集的。此外，我还加入了 2012 年至 2018 年相关辅助研究的调查结果。

结果。

父亲的离开使我们家族变得不再完整。在父亲去世后，读者通过网络以及其他途径纷纷表达了遗憾之情。这些读者都是在寻求经济独立的旅途上，通过父亲的书籍和博客得到了帮助以及鼓励。父亲的离开恐怕对他们来说也是一种缺憾。

正因为这些支持和感动，我视这本书为父亲研究事业的延续。有些好事者利用媒体，将父亲的离去与“普通人也能成为百万富翁”的理念扯上关系。他们坚持认为这个理念随着父亲离去而失去了意义。请用数据说话！我相信这本书充分证明了百万富翁就在我们身边。只要努力，财富自由终将属于你！

萨拉·斯坦利·弗洛

亚特兰大，佐治亚州

2018 年 6 月

第一章　富豪就在你身边

念念不忘，必有回响。只要百分之百确信自己可以找到方法、实现目标，蓦然回首你已到达成功的彼岸。

——大卫·舒瓦茨，《大思想的神奇》

托马斯·J. 斯坦利博士花了大半个职业生涯，去研究美国人如何靠一己之力取得经济成功，以及为何总有一些人比你更善于将收入转换成财富。研究对象包括创业者、公司高管、教师、工程师以及拥有中上收入的群众。伴随着研究的开展，相关作品迎来了500万册的超级销量。

为何这本书影响如此广泛？原因可能在于其研究表明财富创造同与生俱来的特权以及种族并没有直接的关系，我们自身的行为可以帮助我们获得财富。尽管与媒体大肆渲染的头条所言相反，现实也存在通过直接继承财产或幸运中奖获得财富的。但只要美国是自由的，就会有人获得财富。并且他们的财富跟运气、肤色以及父母的成功都无关。

《财富自由》虽然已出版20年，但书中的内容依然能得到事实的验证。量入为出可以被视为一个数学公式：公式不会因为瞬息万变的政治舞台、经济环境以及流行的狂热而失效。数学公式不会改变，但时代发展带来的干的干扰——无论是20世纪90年代或21世纪初兴起的“趋优消费”心态，还是渗透生活的社会媒体，都使得人们偏离了该有的量入为出的生活方式。医疗保险和教育的成本越来越高，这也使得我们要换个角度思考如何生活：父母等老一辈们所采取的传统生活方式和职业选择无法在当今积累起财富。

仍然有批评家质疑“普通人也能成为百万富翁”的理念已经失去活力。他们认为书中个体的成功需归结于20世纪90年代中期互联网经济发展导致的股票市场的兴旺。还有人将生存偏差（他们确信成功人士是书中数据的来源，而失败者显示出的相同特性却被遭忽略）作为书中一些人成功的原因。对于仍在寻求经济独立的读者，你们是幸运的。我们最新的研究和参考数据表明推动财富积累的行为、习惯和生活方式在过去20年没有发生改变。它们独立于时代发展带来的经济、社会或科技问题。我们发现，即使在非富裕阶层，这些特征也会使善于将收入转换成财富者脱颖而出。

如何辨别身边的富豪？

寻找百万富翁是有技巧的。因为他们在美国人口中所占的比重很小。而调查研究需要大量百万富翁的参与，这项任务具有挑战性。邮政编码包含大量数据集和地址，这使得研究员可以在假定的高收入以及高净值社区进行抽样调查。但有时这些社区里并不全都是百万富翁。传统的调查研究和目标市场程序在定位身边的百万富翁时，并不能保证万无一失。因为百万富翁很少通过投资主要住宅进行财富积累，所以他们也很少居住在高档社区。即使他们经常现身公众活动、创建有关经济成功的博客来分享经验，他们仍倾向于将财富积累的秘密继续当作秘密。要知道，不露富才能致富。

如今，仍然存在这样一群人。他们白手起家，量体积财。此书以及其他一些作品中涉及的百万富翁写信给我们，希望分享他们的故事。面对一群愿意跟随他们脚步的读者，他们享受分享的过程（通常以匿名的形式），未想声名远扬。在研究过程中，我们还接触到这样一群人，他们正在急速前往成为百万富翁的路上。他们有一个非常贴切的标签——“隔壁那个新兴的百万富翁”。

相较于找到个别的工作职位，把那些擅于将收入转换成财富的人发掘出来更难。的确是这样。就拿1996年我父亲研究和采访的那批普通人中的百万富翁来说，他们在从事一些人所认为的无聊又平凡的工作，例如会计或废金属行业。即使在今天，1996年的许多情况仍然存在。一些工程师和教师仍具备某些特征、特点或能力，这使得他们将收入转换为巨大的财富。请注意我说的是一些，想让所有小型个体户、倒腾废金属者都在将收入转换为财富上取得成功基本不可能。同样，那些拥有老式汽车、廉价手表和朴实家境的主人也无法都具备必需的知识、技巧、能力和素质，他们全凭一己之力积累财富。按照父亲的观点，这些都是标志，并不是精准的预测。此外，我们必须从行为和经历的大角度出发，而不仅仅是单一的财政决策或生活方式的选择。

不要遗忘经济独立群体的存在

《财富自由》在1996年出版后，一个完整的群体渐渐发展起来。这个群体关注自身生活方式，努力为退休（或者说走出工薪阶层）做准备。但是他们选择退休的年龄段让当今很多人大跌眼镜。三十多岁就开始为退休存钱？有一些绝佳的证据可以证明普通人中的百万富翁过得很好，其中就包括经常被冠以“经济独立/早早退休”的网上群体。自2011年起，笔名为“长着胡子的钱先生”开始用他的博客记录储蓄和消费习惯、投资行为以及有关顾客行为的理念（博客中有很多生动的语言，其中有一句我很喜欢：中等阶级的生活就像火山爆发，爆发出的不是岩浆，而是奢靡）。虽然小胡子先生不是首个在网络上提倡节俭朴素生活方式的，但他的文章却被广泛阅读。30岁的时候，小胡子带着约90万美元的资产，离开了工薪阶层。他的著作以及众多相似作品引领了一种文化运动。

如今，你可以在石星金融（一种关于“经济独立/早早退休”群体的主题目录）上，找到有关“经济独立/早早退休”的博客。博客按序排列，数量超过1700个。博客内容基于共同的话题，并有所创新：努力存钱的你才能充分享受生活。该群体中的很多博主将《财富自由》视为他们人生道路上的上的转折点。这些博主中，不仅有收入高达六位数的医生和律师，也有其他职业的低收入者。没有一本书能全部涵盖这些博主的个案研究以及个人经历，因为内容实在太丰富。其中一些人资产高达几百万，仍一心工作。相反，一些净资产不足百万美元的人却早早退休。他们反复灌输这样一个道理：规划生活方式一定要有目的性，并且坚持执行，这样你才能不受制于公司或者组织，有能力且独立地安排生活。同样，这些人不是60岁以上的老头，都是一些才20到30岁出头的年轻人。

花30分钟，去好好研读其中一些博客，走近博客背后的那些人。注意力集中在他们所描述的生活方式和他们怎样养成该生活方式。你或许不喜欢他们的生活方式，但你无法反驳的是他们的行为和选择的确发挥了作用。通过这个群体，我们可以清晰地发现身边的百万富翁活得很好。

尊重钱：这是获得财富的前提

艾丽森·拉马尔从小生活在美国的偏远地区。为照顾酗酒的母亲，她父亲努力工作，勉强维持一家人的生活。到最后，是艾丽森的祖父充当了她的精神导师，指导她如何掌控自己的经济生活。在采访艾丽森的时候，她与我分享了关于尊重钱的一点建议："对你的钱负责，这样它才能给你保障。人们说他们不在乎钱，这只是为他们自己不理财找的借口。"

艾丽森已经54岁了，名下拥有一套自己的房子，还有两个上大学的孩子。结婚之后，艾丽森住在一个小镇上，20多年没有搬过家。她告诉我，正是因为她早期的经历与相应的行为让她积累了财富，拥有了200万资产：

> 我是家里的长女，所以我要想办法让我母亲活下去。13岁的我必须思考这些问题，难以想象如果没有这些经历，我会怎么样……我做过报童，即使零下四十摄氏度，也要完成任务。我天生就脚踏实地，一心做事，努力解决问题……我们的生活没有休闲娱乐。我经常跟我祖父母待在一起。我祖父一生兢兢业业，努力积累财富。当他发觉我的表兄妹们

觊觎他的财产时，我看得出他有多么失望。现在你经常可以在脸书上看到这种情况——那些看似拥有美好生活的人在现实里却过得灰头土脸……我父亲和我祖父母都时不时告诉我要存下 10% 的钱。所以当我还是个大学生时，1 小时挣 6.5 美元的我依旧要存下 10% 的钱。我朋友经常边笑边说："当你找到一份正经工作，再去存钱也不迟呀。"这就是个习惯，一旦开始，就停不下来……我并不觉得这很痛苦——这就是个习惯罢了。通过存钱，我成了百万富翁，这也是我向祖父母致敬的一种方式。在成为百万富翁的这条路上我一直都很享受：完成一个目标后，再去憧憬下一个目标。我一开始就知道我会是一个百万富翁——这没什么大不了的。我就为之努力……努力工作——有时候一天工作 14 个小时，我觉得也没什么，这些付出都会有回报的。当你回首往事，你会觉得即使开着一辆没有空调的轿车也是一种幸福……大约 35 岁的时候，我成了一个百万富翁。现在我 54 岁了，净资产是 200 万美元。我的朋友从不对此表示怀疑，因为这是我一天天付出后应得的回报。拥有钱本身就是一件美妙的事，但是我更看重钱的用途，而不是钱积累的过程。

为什么很多人在积累财富上感到有挑战性？艾丽森也分享了她的一些想法，她认为：

● "他们沉溺于运用社交进行攀比，由此决定什么是重要的，以及他们如何与他人竞争。其中，父母对于此类竞争格外看中。"

● "人们需要正视他们的现实处境。"换句话说，对于自身财务状况的清晰认识和评估将帮助你做出一个可行的决定，推动你前进。

● 他们认为微小的决定不会产生严重后果。艾丽森曾在室外温度为零下的中西部工作。也是在那时候，她体会到小决定也拥有大能量。

艾丽森早期的经历和影响都在她通向财富自由的路上发挥了积极作用。一路上，她多次拥有放弃或者选择更为简单的短期决策的机会。但是祖父母帮助她树立了尊重钱和用长远眼光看待事物的观念，由此她才能从中获得极大的自由：

> 你需要毫不畏惧，直面你现在的处境。同时还要直视你的资产负债表……离婚使我丧失精力。我知道我还有选择。一些女人选择维持婚姻，是因为她们不懂理财，或是她们在害怕什么。我知道我还有选择……我在消防部门工作——我想工作所以才工作。现在我靠投资赚的钱远远超过工作所得。人们对此一无所知，我以此为乐。

艾丽森分享她的故事，不为名不为财，不为在社交媒体上获得高点击率。她只是想向一些人证明，经济成功不取决于你的家境和过去发生的一切，而是建立在你现在和将来的行为。如今看来，在 1996 年描述的那些行为仍然行之有效。

更多平凡出身的百万富翁：不谈方法，只爱结果？

应该没有人会对戴夫·拉姆齐在个人财务上做出的成绩以及形成的影响提出质疑。查看拉姆齐集团网站可知，全美每周有 1300 万人收听拉姆齐先生的联合电台；超过 450 万人在他的“金融和平”大学报名参加了为期 12 周的课程。

他的一些观点遭到所谓的“专家”的质疑。我们将一些专业的金融建议留给其他人争论。我们只谈拉姆齐先生方法论的行为特征以及随之而来的结果。拉姆齐先生提倡个人先偿付最小额贷款，由此带来的心理激励可以帮助我们继续偿还下一笔贷款，并最终解决大额贷款（诸如学生贷款、房屋抵押贷款），最终带领全家走上储蓄投资的道路。关于群体一致性理论，他认为同伴压力在个人财务上可以起到积极的作用。训练课程（通常是好几周的群体会面）、关联的材料和书籍以及相关的技术都对积极的金融行为进行了强化。

很多我父亲的粉丝和读者都提到了拉姆齐先生和他的组织。这些人要么是刚踏进百万富翁群体，要么是即将成为其中的一员，他们都认为拉姆齐和该组织帮助其矫正了经济行为，进而帮助其获得了经济成功。正如“经济独立/早早退休”的群体，这些人一直在用结果证明行为有助于财富积累，最终成为百万富翁。

见一见（鲜活的）雅各布森家族

报纸头条看不到雅各布森家族的身影。他们没有中乐透，也没有像亚马逊或搜狗那样建立科技公司。他们的财富源于稳定、简朴的生活方式以及几十年如一日做出的有利于财富积累的决策。他们1900平方英尺（注：1平方英尺＝0.0929平方米）的住宅地址绝不会出现在美国富裕阶层的邮政编码数据集中。他们一直奉行的都是典型的“邻家的百万富翁”的模式。积累大量财富后，他们继续谨小慎微地花钱，以确保资产稳定增长。以上信息都来源于雅各布森夫人与我父亲的互通信件，并且我父亲在2010年《财富自由》更新版的前言中也进行了相关引用。

> 我选对了伴侣，过着简单的生活。我们在一起22年了，抚育了3个孩子，养了3只狗和2匹马。我们仍居住在1900平方英尺的房子里（自1975年开始入住），已经超过20年了。我是化学工程硕士，我丈夫是化学工程博士，如今他是一家化工公司的副总裁。
>
> 我在高中是全优生，高考考了1170分，成了我们家族里的首个大学生。我出生在阿肯色州的偏远地区。大学毕业后，我和丈夫都找到了不错的工作。我们把一个人的收入作为开支，将另一份收入储蓄起来。工资提升意味着我们可以存得更多。现在我成了一个全职妈妈。
>
> 我们早就是百万富翁了。但鉴于我们三个孩子都要读大学，我们仍不是很富有。有时候孩子们会觉得家里很穷，因为我们经常吃超值菜单上的菜品。

我们有必要在这里提一下，美国平均独户住房面积约是2400平方英尺

（比雅各布森家的房子大了500平方英尺）。尽管这家人的房屋面积小于平均值，但他们的净资产却居于前10%。从数据上来说，房子越大，房主就不太可能将收入转化成财富。大约92%的房主都不是百万富翁，但大多数人却住着超过1900平方英尺的住宅。

未来30年退休储蓄将出现4000亿美元的缺口，但雅各布森家族不需要为之担忧。随着美国人寿命越来越长，可供选择的退休金计划越来越少，保障财政独立以及舒适退休生活的担子更多地落在了个人身上。雅各布森家族从不会心存侥幸。尽管媒体渲染的内容与之大相径庭，但是普通人中的百万富翁的确存在，并且生活得很好。

这些都不适合我！

艾丽森·拉马尔早期的职业经历超乎一些人的想象。同时，雅各布森家族的生活方式也不适用于每个人。一些人不愿意点超值菜单上的菜，一些人因为各种理由想住更大的房子。在35岁退休后，却要过着朴素的生活，这也不是众多人的首选。有人不想过这种生活，我完全理解。

由自己在未来拥有更高收入的预设而形成的消费方式，以及试图在家电、汽车以及衣物上进行的“军备竞赛”，已经非常普遍，这使得人们脱离经济成果的道路，无法成为百万富翁。采取这种策略的群体经常成为商人的靶子，这更难使他们有定力去实现经济独立的目标。越来越多的人投身顾客间的“军备竞赛”，但这种现象却在有关财富积累状况的评论中惨遭忽视。越来越多的评论充斥着政治色彩。无论如何，不少事实已经证明行为是可以促成财富积累的。

思考一下你身边有多少人是这样活着的：

- 他们现在所挣的工资不能支付他们居住的房子的租金。
- 居住的社区到处都是炫富的迹象。
- 他们的朋友和家人不想为自身的未来经济前景承担责任。
- 以备退休或其他生活计划（诸如上大学）的存款很少。

- 经常担心自身的生活方式正在土崩瓦解。

受困在以上情境中的人很难做出超乎常规的事情，比如创业或抵抗一场经济浩劫。你或许不想拥有上述百万富翁的简朴的生活方式。如果你确实不想，你就必须要有高收入去维持你的消费，否则就要未雨绸缪。

收入就是财富吗？

在美国，我们有绝对的自由去选择我们想拥有的生活。无论我们选择什么道路，维持生计总是在某个阶段处于最重要的位置。但是收入绝不是财富。收入是你今天带回家的钱，而财富却是你明天、后天以及今后每一天所拥有的钱。

财富不是收入，反之亦然。

财富是积累起来的。净资产就是你的资产负债表——你的资产减去你的负债后的净值。收入是你在一段时间内得到的钱，但它要出现在你的年度所得税申报表里。定期收益必然影响你的净值（资产负债表），但是对真实财富没有绝对影响。试想一下一个人年收入是 100 万美元，同年花费了 120 万美元。那么这对财富（资产负债表）的影响是负债 20 万美元。

媒体经常将财富描述为收入，而不是净值。这使民众产生了严重的误解：收到巨额工资单就必然产生财富。高收入者和高净资产者有一个共同点，那就是他们中的大多数都会通过自身努力，创造财富。

美国的个人财富随时间推移而日益增多。2017 年，共有 1150 万户，即所有美国家庭的 9%，拥有了百万资产。而 1996 年，数值还分别是 350 万户和 3.5%。美国的个人财富在 1996 年还只有 22 万亿美元，但 35% 的家庭掌握着其中一半的财富。如今，分配比率仍然失调：个人财富在 2016 年已达到 84.9 万亿美元，10% 的美国家庭却拥有其中的 76%。

从任何一个角度看，美国都是一个富裕的国家。但是当今许多美国人都不算有钱。当你知道平均每户美国家庭的净资产为 692100 美元时，不要感到奇怪。你可能还会认为即使一个美国工人失业了，他仍然能靠资产支撑五到六年。但其实这个数据是有问题的。它具有误导性。高净值家庭（例如沃伦·巴菲特或比尔·盖茨）使得这个平均值出现极大的偏差。

家庭净资产的中值测量为我们展现了关于美国财富特征更为准确的一面。按照净资产从低到高的顺序，我们从 1.24 亿户典型美国家庭中选取了中值。除少数例外和另有说明外，这本书中的美元均指中值。举例来说，美国收入中位数（截止到 2016 年）为 59039 美元，而平均收入高达 83143 美元。2016 年美国人的净资产中值为 97300 美元——远远少于 692100 美元（平均值）——这还不足以支付在疗养院一年的生活费。这意味着美国只有不到一半的家庭能承担起养老服务，而且这还是在他们出售所有资产后的情况。

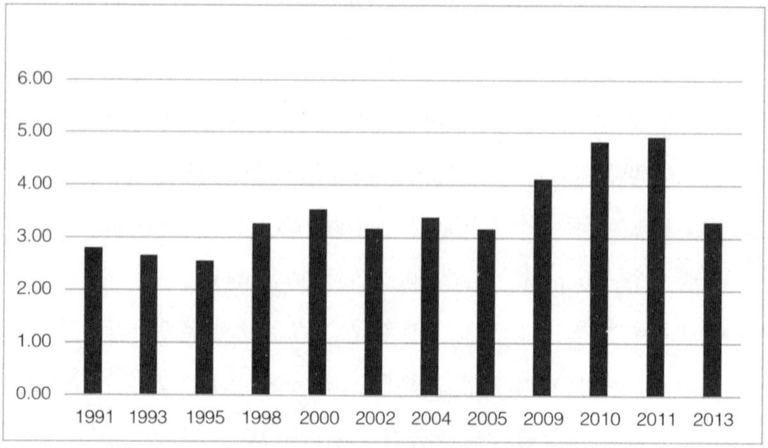

图 1–1　年净资产平均值与中值之比

大多数美国家庭都与经济独立脱节。我们所指的经济独立是：不靠职业所得或其他劳动收入维持一段生计。所以大多数家庭也很难拥有舒适的退休生活。还有更糟糕的消息。设想一下用净资产中值减去房产净值，那么中值就会下降到 25116 美元，即一户美国家庭年收入中位数的一半。当有人难以维持自己的生活时，谁会承担起照顾这些人的职责？不要依赖政府。未来可预见的日子里，你只能依靠自己和你爱的人。生存，同仁爱一样始于家。

让我们将净值视为财富地位的标志。媒体经常给我们直接灌输这样的信息："100 万美元根本不算钱。"相较于 20 年前，100 万美元贬值了很多（如今的 150 万美元差不多相当于 1996 年的 100 万美元）。即便如此，这仍相当于美国人净资产中值的 10 倍。

正如 1996 年一样，大多数家庭离百万富翁家庭还很遥远。当今社会更是如此，百万富翁在退休之后，很难保证自身能够持续享受高消费。如果这是你的生活方式，维持较高水平的持续收益很重要。因为劳动收入转瞬即逝。那些获得财富自由的人靠的是储蓄存款和投入资本产生的非劳动收入。

身边的富豪究竟长啥样?

所以如今的百万富翁到底在哪里？我们想要探寻，随着时间的流逝，百万富翁们即财富积累方面的专家，在生活方式、行为和态度方面是否有所改变。是否存在一些关键性行为可以穿越时空限制始终有助于财富积累？这群净资产中值达 350 万美元的人到底有哪些特点？下面展示一下他们的画像：

- 我们差不多都 61 岁（约占 87%）。我们中 80% 的人认为伴侣在通往财富成功的道路上扮演非常重要的角色。所以我们基本都有老伴，无论是原配（68%）还是再婚（25%）。
- 去年我们的中位收入是 25 万美元，而我们的净资产中值达 350 万美元。与一位普通美国人相比，我们的收入是他的 5 倍，净资产却是他的 35 倍。
- 教育对我们的财富成果起到举足轻重的作用。超过 93% 的人拥有大学以上的学历，将近 60% 的人拥有研究生学历。近一半以上的人就读公立大学。
- 我们其中 20% 的人已经退休。剩余的人包括个体户、律师、工程师、领导者、经理、物理学家和咨询师，基本上一周工作 45 个小时。
- 我们的生存全靠自己奋斗。因为去年超过 86% 的人在信托和房地产上颗粒未收。只有 10% 的人从亲属那里得到过诸如钱、有价证券、房地产、交通工具等馈赠。

● 我们中近九成的人对生活很满意。近八成的人保持身体健康。我们平均每晚保证 7.65 小时的睡眠。

● 我们生活精打细算。我们中七成的人清楚每年在衣食住行上的花销。59% 的人一直勤俭度日。超过六成的人认为勤俭对成功的作用不可忽视。

● 我们穿的最贵的牛仔裤价格是 50 美元，最贵的太阳镜是 150 美元，最贵的手表也就花了 300 美元。

● 我们基本不进店消费。就过去 5 年的“黑色星期五”来说，我们中大约 77% 的人未进店采购。

● 豪华汽车？我们就开丰田、本田和福特，车龄也都在 3 年以上。平均来算，最近我们的汽车消费在 3.5 万美元。我们在车上的投入最多也不超过 4 万美元。

● 我们中近七成的人认为我们的父母很节俭。大多数父母（占 86.3%）至少在我们成年前都尽量维持一个完整的家庭。75% 的父母鼓励我们出人头地。只有 42% 的人认为事无巨细的父母有利于我们的成功。不到三分之一的人觉得自己成长在小康家庭。

● 我们对投资非常自信：我们中七成的人相信自己拥有大多数人没有的投资能力。只有三分之一的人依赖投资顾问。超过七成的人在全业务投资公司拥有至少一个账户。

● 我们在犯错中前进。超过六成的人曾过早抛售过有潜力的股票。超过 73% 的人未能及时抛售坏股。将近 40% 的人都试过波段操作。

● 投资方面，我们早期在风险中受益。虽然现在 56% 的人认为当前的投资策略当属均衡。但在我们还是新手时，超过一半的人认为自己的投资策略当属有风险或极具风险。

● 有时我们的确需要投资方面的专业建议，但我们也不会花重金：我们中 56% 的人只会在这方面投入年收入的 1%，另有 33% 的人花不到年收入的 1%。

● 我们是否推行经济上的“门诊服务”？有这样的情况。不到三分之二的人赠予晚辈财产。大约 34% 的人赠予过收入的 1%。我们中 23% 的人将收入的 5% 赠予亲属。

将当今美国百万富翁的形象描述出来只是一个开始。研究富人的真实价值在于理解他们是如何获得财富，即他们成功的行为模式。过去几年内，一些百万富翁详细描述并分享了他们的态度、生活方式以及行为。将这些个案研究记录呈现出来非常重要。

调查

此书中的大部分数据来自于 2015 年至 2016 年间我们对富裕美国人的研究调查。这让我们能跨越时间，对比百万富翁的行为以及习惯。我们曾多次借鉴过富裕市场研究所和“数据点”收集的数据。

这些信息在此书的表格中都有标注。

大多数情况下，我们使用的都是最新样本中描述的百万富翁，即家庭净资产不低于 100 万美元的个人。其他情况下，包括指导读者回顾经济成功，我们通过《财富自由》中首创的预期净资产公式，将样本一分为二。用年龄乘以收入，再除以 10 所得的值就是预期净资产，即：

$$\text{预期净资产} = \text{年龄} \times \text{收入} \times 0.1$$

最初创造公式的目的是通过经验（或算数形式），来显示个人或团体将收入转换成财富能力的程度。

一些评论家质疑《财富自由》以及先前著作中的发现受到了生存偏差的影响：换句话说，研究样本以净资产、收入或职业某一方面的成功者为研究对象，所以书中关于白手起家的个人的行为也可能出现在那些不那么成功的人之间。对于这种观点，我们可以从两方面进行反驳。

首先，除了简单地汇报有关百万富翁特征的平均值和比率，先前的工作对“极具财富者”和“欠财富者”不同的习惯、行为和态度都进行了研究。为了在当前研究中，更好地比较这些群体在行为和态度上潜在的不同，我们根据他们实际净值和预期净值的差别，将研究的富人样本分成四组。这种差别为财富自由提供了一种尺度。位于最底层的个人组成了欠财富者：考虑到他们的年纪和收入，他们理应获得更多的财产。同样，位于最上层的个人组成了极具财富者：他们拥有的财富远远超过其当前收入水准和年龄所能达到的程度。这种分组是符合规范的，也就是说，样本是基于年纪、收入和净资产的。组与组之间的比较既关注到了成功者，也关注到了不那么成功的那部分人。对于成功的判断标准始终如一。尽管有部分人存在质疑，这种方法确实是适用的。

其次，抛开某人的年纪或收入不谈，我们已经显示了经济行为模式在预测净资产方面的巨大潜力。换句话说，不论你是否年轻、是否初出茅庐、是否赚取高额收入，总有一些关键行为与你的净资产有关。过去几年，我不再研究雇员如何在特定职业取得成功，而是跟从我父亲，一同研究个人如何累积财富。

但在某种程度上来说，过去20年间的调查和创作就如工作分析或科研试验，为发掘财富积累背后的原因进行了铺垫。工作分析广泛运用于人力资源界，用来研究与那些在本职工作中表现出色的个人相关的重点任务以及特征。将这些能力置于测试系统，以便检验是否能为未来的成功进行有效（或准确的）预测。这种行为准则也可以辅助雇主挑选极具潜力的雇员。

在财富管理方面，我们用实际净值和预期净值间的差异来衡量成功。当雇主想要雇佣某个员工时，他应考虑其过去的行为和经历，因为以上两者可以很好地预测雇员未来的表现。积累财富是家庭管理者必须承担的职责。对于这些人，我们的建议是：这份工作由几项清晰的任务组成，有成套的行为可以预测我们是否能出色胜任这份工作。

我们当然知道净资产会受到收入和年龄巨大的影响：更高的收入为个人财富积累提供了更大的可能性。一个人年龄越大，其财富积累的时间就越长。

另外继承大笔财富也能起到作用。但是无论我们是否在这本书里研究富人或那些处在大众市场以及大众富裕阶层的人，行为和经历对积累财富都格外重要。在积累财富的过程中，行为和经历都非常关键。不去考虑财富积累者在年龄、收入和继承财富比率上的不同，行为模式，包括花销和储蓄的行为习惯以及财务管理行为，都因人而异。

那我们的调查究竟有什么作用？财务成功背后的道理异常清晰，世界通用。他们不会因政局、科技或文化规范改变而改变；也不会随着经济昌盛或萧条而变化。获得经济独立或成功所需要的技巧、能力和才能不受时间影响。你的地位、年龄和收入水平都不会影响你找到通往财富和财务独立的大道。

表 1-1 百万富翁在过去（1996 年和 2016 年）通过信托、遗产和继承获得的收入占总资产的比例情况统计

年份	0%	1%～5%	10%～30%	50%	75% 及以上
1996	80%	7.8%	9.7%	1.2%	0.9%
2016	86%	6.5%	5.9%	0.7%	0.7%

生活方式以及是否追求财务独立的决定权都在于我们自己。我们有两种选择：一是随大流（成为市场营销者和销售人员的目标）；二是默默地追求我们的经济自由。

挣脱了债务、老板的指使以及工资账单的牵绊，财务自由究竟会给我们带来了什么？自由！你可以选择你认为最适合打开问题的那把钥匙；可以随时随地变成志愿者或与家人待在一块；可以选择工资少却有更多成就感的工作；可以创造你自己的经济机会。别忘了经济独立 / 早早退休群体在他们故事里讨论的那样：35 岁或 40 岁的你可以跟办公室隔间和固定工资说再见了。

繁荣的机会

尽管越来越多“婴儿潮一代”的人将大笔遗产转移给子孙后代，出现了大量乐透中奖者以及满足公众想象的名人，经济成功在我们国家与“天上掉钱”没有太多联系。此外，还有一部分人挥霍着他们的财富。实际上，白手起家的百万富翁的后代很少能维持其父辈们的经济成功。

我们的研究通过以财务独立 / 早早退休群体为例，展示了通往经济成功需要具备的能力，即以不一样的眼光看待生活和钱。它需要自制力和艰苦的工作。它需要了解自身优劣势、身处的环境以及市场。它需要分配资源的技巧，包括财务、情绪、认知和时间等。

对于大多数人而言，积累财富就要勤俭度日，不能追赶时尚潮流，不能听信“装富”的套路。换种角度看，其实就是管理好今天的高收入以追求明天的自由。换言之，不要将六七位数的工资花在一栋房子上，而应该将大部分工资储蓄或投资起来。对于另外一部分人来说，就是运用情绪和认知资源去创造工作状态下的生活，从而拥有财务独立和自由。所有道路都需要勇气和坚持。

可悲的是，只有 28% 的美国人认为自己“完全或基本上做好了退休的准备”，也只有 54% 的美国人可以拿出 400 美元的应急费用。艾丽森·拉马尔以及普通人距离雅各布森家族的经历还很遥远。尽管市面上有关自助理财的书籍琳琅满目、关于个人财务的博客以及看起来所谓的专家也很多，但美国人在财务健康方面还是比较落后。也许这是因为人们将简朴的生活方式和财富积累看得太过简单，以至于这方面的广告宣传都没有。另外对于大多数美国人而言，这看起来简单，做起来却非常困难。美国人都不怎么敢直视自己的花销，那些拥有中上收入的美国人更是如此。

通往财富的道路

尽管国民的观点让人有些沮丧，通往经济成功的道路还是有很多条。那么现今美国可行的财富之路在哪里？最近一次的调查选取了美国富裕区的邮政编码作为研究对象。正如我们之前所说的那样，相对简单的地理编码在寻找身边的百万富翁上发挥的作用很有限。对于那些工作之后就没换过房子的“月光族”或者百万富翁来说，我们就没将其纳入研究范围中，所以样本集中在拥有超高净资产的美国人中。即使这样，我们还是可以看清通往经济成功的道路的，关键一点就是：

通往财务独立的道路有很多。

正因为这些道路的存在，才滋生了足不出户的产业，包括个人财务博客、书籍、出版物、博客以及财务计划。这个产业的立足点就在于财富是创造出来的，而不是通过继承或给予获得的——这也是《财富自由》存在的前提。同时，这个产业也衍生出了相关的讨论。甚至一些相关批评家和非正式领导人也由此诞生了。

《财富自由》也仅仅详尽描述了一部分财富之路。它们的特点包括自制性消费、集中储蓄以及努力进行财富管理。现实生活中，取得经济成功是一种个人成就。但通过对超过16000份个案进行研究、访谈，共性开始浮出水面。在此书中，我们会重点突出这些共性。同时也会关注自《财富自由》出版20多年后，这些通向经济独立的相同的行为和成功要素是以怎样的形式保留下来的。

现在我们就看一看这些关于消费、预算、职业、投资和财务管理的具体决定和行为是如何影响财富积累的。我们为书籍出版所进行的研究一直针对的是科技、媒体和消费主义领域在20世纪90年代至21世纪的变化。举个例子吧，一些想要管理自己的财务、自我创业以及自我教育的群体对某项科技感兴趣，不仅因为他们可以从中得到自由，还因它可能会使这些人偏离财务（或其他的）目标。我们还想了解在教育或医疗保险上不断骤升的成本对天生勤俭的个人产生的影响。行为财务学在投资上的偏见吸引了金融服务业的很多人的关注，那么它究竟是怎样影响那些极具财富者的？他们是否会犯同样的错误？

表 1–2　富裕阶层的职业 – 生活方式

道路	平均年龄	年收入中值	实际净资产与预期净资产平均值的差额	样本职业类别
稳扎稳打	57.4 岁	250000 美元	1360000 美元	信息技术总监、工程师、校长、经理、教授
高收入者	58.2 岁	400000 美元	1160000 美元	律师、医生、副总裁、私人股本公司主管、投资经理
小企业业主 / 企业家	59.8 岁	400000 美元	2510000 美元	会计、工程、信息技术、房地产

注：每一组别的净资产中位数为 350 万美元。实际净资产与预期净资产的差距越大，成为巨额财富积累者的可能性就越大。

稳扎稳打

虽然《邻家的百万富翁》包含了其他一些白手起家、经济成功的美国人的例子，但是这本书选取的原型是——我们身边的百万富翁，他们的职业很“枯燥”，仅拥有一份中上收入，他们生活节俭，不受流行趋势和社会规范影响。不是所有人都能遵循这条路走下去。这种策略的防御性很强。通常来说，这样的生活方式简朴、不张扬。70% 的百万富翁表示他们一向节俭。任何工作类型和收入水平的人都有可能拥有这种行为。

高收入生产者

高收入富裕群体（指那些收入高、但净资产低的群体）通常包括大型组织的行政领导、投资经理、医生、牙医等一些专业人士。当消费盛行时，这群人就会互相张望，忍不住购买大房子、豪华汽车和其他昂贵的消费品的欲望。如果拥有高收入的人想要积累财富，他必须在消费领域保持极强的克制力。为了下一代能够在经济上自给自足，这群人应该以身作则，向孩子持续灌输节俭的重要性。

小企业主

假设小企业主有创造力、勇气和决心，他们还不失明确的市场定位能力，那么他们的净资产往往比雇员们丰厚。对于小企业主来说，他的收入来源就是他创建的公司。有了这个公司，他才能为其他投资提供资金。但自营职业并不能自动转化为巨额收入和财富。在 2015 年，个体经营者的总数超过 2500 万，但他们的年平均净收入只有 12154 美元。好好想想吧。

“月光族”、临时工以及经济独立 / 早早退休群体

几乎三分之一的美国劳动者都是“月光族”，这意味着除了正常的全职或兼职工资，他们还能创造收入。寻找多个收入来源是一种典型的邻家百万富翁的行为。与十年前相比，现在拥有多种收入来源要容易得多。有了触手可及的技术资源，你可以在分分钟内谈成几笔生意。一般来说，极其出色的“月光族”具有经验或渠道接触潜在客户，确定他们的需求并考察市场。

在这些“月光族”和临时工中，有很多我们口中的“隐形富豪”。换句话说，他们在富裕社区的抽样中是“找不到的”。但在我们的调查中，我们的确发现了一些新兴的或名副其实的邻家富豪。这些人包括开发人员、管理人员、教师、教授、律师、营销专业人员、零售店员、护士——包含了各种工作类型、兴趣以及社会级别。这个群体通常将商品消费置于家庭的经济成功和经济自由之下。

《邻家的百万富翁》最受欢迎的章节

百万富翁们乐意向我父亲分享他们对于《邻家的百万富翁》以及其他著作的感受和反馈。父亲总是询问他们喜欢这本书的原因。在 2014 年，他在下面这篇文章中记录了百万富翁们的集中反馈：

我乐于去问那些《邻家的百万富翁》的百万富翁读者一个问题：你

最喜欢的一个章节是什么？也许答案出乎你的意料，他们的回答并不是第二章。这章详细介绍了百万富翁的节俭的生活方式，如购买物美价廉的服装、鞋子、手表、汽车等生活物品。但这仅仅是对百万富翁的评价，让我们看清了他们的真实面目。而这一章（排名第三）成为他们孩子经常要求阅览的章节。

第五章排名第二。在百万富翁迈入经济独立的门槛后，一系列新的问题就衍生出来。邻家百万富翁通常有三个孩子和约六到八个孙子女。百万富翁在经济上与后代打交道的方式成为许多忧虑和烦恼的缘由。当然，并非所有百万富翁的孩子都是差等生。但是，正如《邻家的百万富翁》所提到的："在十个职业类别中，有八个类型出现下面这种情况：坐享其成的人（那些收到财富馈赠的人）与那些没接到'天上掉下的馅饼'的人相比，净资产（财富）要少得多。"这些职业包括会计、律师、营销人员、企业家、高级经理、工程师、医师和中层管理人员。当然，这些数据并没有考虑到经济上的特殊情况。记住下面这个数据，高收入父母的儿子（25～34岁）中间，四分之一仍共享父母的房子。

第六章位居受欢迎程度首位。这一章的副标题"他们的成年子女在经济上自给自足"言简意赅地总结了这一章内容。然而，父母分配财富的方式往往会引起成年子女之间的摩擦。那些在经济上生产力最低的孩子往往能获得父母最大比例的资产。

这种分配不公的结果显而易见。它进一步削弱了基础薄弱的孩子，增强了基础牢固的孩子。就像一位百万富翁告诉我的那样："获得成就的孩子通过克服障碍获得更大的成就……他们面对持续不断的逆境，毫不畏惧。其他受到庇护的孩子实际上受到了蒙骗……（因为他们）从来没有真正逃离恐惧、忧虑和依赖感。"

与肯的再一次会面

那些经济成功的人通常有专属向导，以及长期积累财富的计划。他们不会选择看起来容易的道路，因为做出的决定要有利于他们的财务目标。追求经济独立可以从任何时候开始，但还是越早越好。十多年前我父亲在《邻家的百万富翁》中采访和描述了肯的经历。可以肯定的是，肯的父亲诠释了什么是经济成功，但是肯和他的家人直到他父亲死后才发现这一点。因此，在不了解或完全未得到他家族的财富的情况下，肯开始了他的创富道路。我们认为，肯的经历可以成为关乎生活方式和财富的明智而艰难决策的一个很好的模板。当你思考如何为经济成功做计划时，想想肯这个例子。

在家里学到的价值观

尽管肯的父亲是一位高收入的外科医生，但他仍生活在节俭的环境中。虽然成就突出，但过分的消费被拒之门外。肯家里人鼓励他通过打高尔夫和跑步来保持身体健康。在肯的父亲去世后，他给肯的母亲留下了价值超过1000万美元的遗产。看看肯是如何解释他的家庭在积累财富方面的成功：

> 我爸爸很节俭。如果我们没收到一份关于他财产的会计报表，我们永远不会知道他多有钱。我们很震惊。要知道，除非车轮都已经摇摇欲坠，父亲才会换车！换车周期是8年。我从储蓄和投资中获得了巨大的成就感……我父亲也是这样，正所谓有其父必有其子。我节俭，我妻子更节俭。我从小型租赁公司购买汽车，这些公司往往资金不足，从无法支付贷款的承租人那里收回车辆。我最近买辆车才花了22000美元……它上路才一年半。原本标价是35000美元。租赁公司有四种相同的型号。我就给黄页上的租赁公司打了个电话。

60岁出头的肯拥有的财富有望超过其父亲的数额。肯的父亲经常对他说："我对人们拥有的东西印象不深。他们的成就却能给我留下深刻的印象……始终要努力成为你所在领域的佼佼者……别让钱牵着你的鼻子走。如果你是你所在行业中的精英，钱就会主动跑进你的口袋。"（在第三章中，我们将讨论对我们创造财富的方式起到作用的事物，其中包括早期经验。）

战略位置

起初，肯和他的妻子住在曼哈顿的一个高档的社区，并且社区离他的公司也很近。但是当这对夫妇开始制订一个长达30年的财政计划（你没看错，一个30年的计划！），他们很快意识到居住在世界上物价最高的城市之一是财富积累最大的阻挠。然后肯向他的老板提出申请，希望自己能在一个南方城市工作。老板同意后，肯和妻子便在亚特兰大郊区买了一套房子。30年后，他们仍然住在这套30万美元的房子里。在纽约市郊区，一幢差不多的房子将会花费他们100万美元。（在第三章和第四章中，我们讨论了住房和其他消费因素在财富积累方面的作用。）

利用优势和早期工作经验

肯擅长与人交际合作。他在获得工商管理学硕士的州立大学充分运用这项技能，建立起关系网。他找到一位教员，说服其支持了一个与他所选兴趣领域有关的实地项目，即体育广播。毕业后，肯找到了一份体育电视广播的工作，这主要得益于他有实地项目的经验。他的起薪约为10万美元，但他需要对全国四分之一的项目负责。另外三个经理都是常春藤盟校的毕业生。那么为什么肯能与他们一样平起平坐？归根结底，就是因为他在工商管理硕士课程的实地项目中获得了经验。（在第五章中，我们将讨论影响百万富翁成功的因素，并强调相同因素与工作生活其他方面的成功之间的关系。然后我们会在第六章讨论早期职业经验。）

分配资源

肯和他的妻子买过几辆面包车。每辆面包车的寿命都在8到10年。（在第四章中，我们将讨论消费和节俭。这两个特征将会一如既往跟随白手起家、经济成功的美国人。在第七章中，我们将讨论富裕的美国人是如何分配他们的资源的，包括他们如何进行投资。）

肯不在意这样的说法：想要成功，必须要在教育上花大笔经费。他就读于公立学校，包括大学。他的孩子们也是。在决定是否选择他们所在社区时，社区拥有的顶尖公立学校成为肯和他妻子考虑的因素。现在，如果某个孩子想要在肯所在地区读私立学校（从一年级到十二年级，即 12 年教育），他将花费 11 万美元到 26.4 万美元。想象一下，一个美国人的收入要多高，才能支付得起这笔学费。所以我们在调查百万富翁时，其中 72% 的人在谈及购买房子时，他们会寻找一个拥有优秀公立学校的社区。由此，肯和他的妻子省下超过 30 万美元。单凭这一决定，肯和他的家人就赚了一小笔钱。因为省下的开支在过去的几十年里，以投资的形式快速增长。（我们将在第二章和第五章中讨论更多财富传说，以及围绕教育的故事。）

最终结果是什么？

富豪成功的要素没有变

那些拥有中上收入、追求经济独立的人境况如何呢？如果你只是想简单地解释一个人如何在一段时间内积累财富，并且你认为这是可能的，你会怎么做呢？你可能会解释说，这样做的方法是量入为出，然后把剩下的钱存起来投资，这样就能钱滚钱。这看起来很简单，但做起来不容易。真正的困难在于外部压力，这些压力告诉我们不要采取这些简单的步骤。

结合最近的调查研究，本书试图根据 40 年来的数据，重点研究白手起家的美国人的主要习惯、特征和行为，以了解这些模式是否随时间而改变。我们的结论是，无论是互联网繁荣还是房地产泡沫崩溃都无法改变它们。经济成功的行为要素亘古不变，不会因白宫政权更替而改变。无论是雅各布森的价值膳食视角，还是肯 30 年的财务计划，都存在一些关键因素。它们将那些能将收入转化为财富的人与那些不能将收入转化为财富的人区分开来。

环境变化会影响财富积累吗？

自从 1996 年《邻家的百万富翁》首次出版以来，情况发生了很大变化。毫无疑问，最大的变化是个人技术的迅速发展。这些进步带给了我们社交媒体，使我们可以轻易建立起或保持与数量庞大的家庭成员或朋友之间的联系。一方面，社交媒体提供了一种与他人保持联系的方式。但另一方面，这也为营销人员提供了一种手段，使他们可以随时提醒我们“需要”的消费品以及我们朋友和家人作为消费者的经历：购物、聚会、活动、娱乐，甚至高价教育。即使你能以某种方式避开社交媒体的营销，你也会发现自己很难避免受到朋友和家人行为的影响。因为近70%的美国人都在使用社交软件（这数值很有可能偏低）。对别人的活动、开的车以及购买的物品持续不断的关注构成了互相之间的攀比。在这个过程中，自制力显得越发重要。

在20世纪90年代，个人投资者进行证券交易的能力还处于起步阶段。但如今，这些手段对每个人都开放了。无论是对普通美国人，还是那些拥有大量资金的人来说，这降低了雇佣金融顾问的成本，同时也改变了投资和财务规划的性质。随着关注点转移到投资方面，我们将在第七章中详细讨论。

最后要提及的是，20世纪90年代的经济繁荣让一些评论家和学术界人士认为，如今白手起家创造财富的概率变小了。不可否认，自1996年以来，生活开支总体上有所增加，尤其是在保健和教育方面。高等教育的成本更是一直在上涨，速度远远快于通货膨胀。最近的文章和书籍经常提出这样的质疑：现如今，四五年或六年的学位有什么价值？这些成本是否意味着大多数人都无法通过白手起家的个人行为和习惯来积累财富？我们必须承认，这些不断上涨的成本会使我们在白手起家、创造财富的路上遭遇更多挫折。但基于研究发现，促成20世纪80年代和90年代百万富翁的特征并未受这些变化的影响：节俭、自律和另类思维方式仍然在推动那些渴望创造财富的人前进。

对于财富的自制力

在我们研究富人的整个过程中，有一个永恒的主题得到了一些人的支持，另一些人则横眉冷对，即自制力。我们选取的百万富翁们认为这是推动他们成功的首要因素。在2000年，95%的百万富翁认为自制力在他们成功的过程中不可或缺。到了2016年，仍有高达91%的百万富翁将自制力认定为成功必备要素。

具体来说，自制力将收入转化为财富。在这里，自制力包含三个方面：

一、你带入的资金；二、你的花销；三、制订的预算或支出计划，从而保证差额为正。数学方程包括基本加减法。自制力是积累财富的组成部分，数学可以在此发挥作用。

想想就知道，你储蓄的越多，投资的机会就越多。现在我们可以应用另一个数学方程：复合利息。在这儿，自制力也可以发挥功效。在频繁交易、市场择机或外来投资中，数学的“魔力”鲜有出现。除非你确实能自始至终“击败市场”，但可能性微乎其微。

消费过度的高收入人群总是在为他们不能积累财富找借口，所以自制力成了他们的“眼中钉”。这些人可能生活在昂贵的城市地区，并欠下了高额的大学债务。他们做的都是他们认为必须要做的事。

“自制力”这个词本身就让我们有所约束，因为它要求我们做出选择，无法拥有我们想要的一切。自制力通常需要逆流而上，其中包括你的社会影响力，甚至你从小受到的培养模式，或者你对你拥有的一切持有的长期信念。

自制力和意识

自研究开始以来，我们选取的百万富翁们都能主动适应其财务状况。尽管他们的收入和净资产水平都比一般美国人高得多，但他们敏锐地意识到他们经济生活中的一些平淡无奇的细枝末节。在我们的最新研究中，70% 的百万富翁知道他们每年在食物、衣服和住所上具体花了多少钱。其中 65% 以上的人拥有极高的净资产，仍继续靠预算经营家庭。他们从事与积累和维持财富相一致的活动，如研究投资、阅读贸易杂志和工作。

大多数经济成功的美国人对自己的能力、技能和素质，以及如何将这些转化为职业、工作和企业，有一套独到的认识。他们有能力和远见，去审查环境、市场和社区的趋势，并以其服务或产品确定未来或日益增长的需求。通常，这种意识是通过父母的指导、早期的职业经历以及不断的尝试和犯错来获得的。

要有意识去做出与自身优势、兴趣、家庭目标以及你所处竞争环境中当下发生的事情相符合的选择，包括你的邻居、社会圈子、就业市场或行业。

资源分配

无论是财务上抑或是其他方面的目标，至关重要的是要用自制力主动分配时间、精力和金钱。正如《邻家的百万富翁》第三章和《百万富翁的思维》第九章所讨论的，那些在经济上取得成功的人为达目标，发挥能力，有效地分配他们的资源。不达目标，誓不罢休。相较欠财富积累者，极具财富积累者会花费更多的时间来规划未来的投资。今天也是如此。邻家百万富翁们仍然花时间在那些有利于积累财富或“身强体健”的活动。（第五章将给出这样的结论，百万富翁花在玩电子游戏上的时间是普通美国人的二分之一，而锻炼和阅读的时间则是普通美国人的两倍。）

经济独立属于那些愿意分配时间、金钱、精力和认知资源以实现财务目标的人。

逆反趋势

假设你在大众媒体或社交媒体上看到的关于美国财富积累的一切都是真的：随着医疗和教育成本的上升，雇主在养老金和退休基金上的短缺，以及公司可利用的影响消费者的机制增加，很少有人能靠自己创造财富。如果你相信只有 1% 或 10%（任何其他百分比）的人会坚持下去，那该怎么办？

如果你决定逆流而上，独自尝试一些人口中根本不可能的事情，那应该怎么做？我希望你带着一线希望，阅读下面的章节。在这个世界上，有许多人认为，没有政府的帮助、施舍或出奇的好运，你就不可能独自做成事情。那你到底需要一些什么？毋庸置疑，这需要自我反省。另外，与财富相关的态度和行为的一些关键变化也不可或缺，例如：

- 你必须看透并驱散那些与财富的实质以及财富是如何积累有关的传说。你必须停止责备那些已经取得经济成就的人，而要思考如何可以根据你自己独一无二的背景和才华取得成功。
- 你需要审视那些在你成长过程中出现的人以及现在你身边的人是

如何面对财务问题的。你需要认识到你完全可以避免你父母和爱你的人所犯的错误。也许更重要的是，你需要认识到你周围的人对你的财务行为有多大的影响。认真思考，再决定是否让这些影响持续下去。

● 从购买房子、汽车等大件，到寻常购物，你需要开始思考你的消费行为。你对自己或家庭的定位会对其他财务决策产生相当大的影响。你需要确定这些购买决定是否有利于实现你的整体财务目标，还是仅仅为了效仿那些富有的人。但在更多的时候，你模仿的对象只是一群假装拥有巨大财富的人。

● 当所有的事情都与财务有关时，自我反省要包括你对自己的优劣势的自我评估。你独有的特点怎样帮助你创造和实现财务目标？你必须要在你的自我完善目标清单中增加那些与财务相关的目标：变得更加专注，对财务决策更加自信，更节俭。

● 这需要你自己进行创收。所以你必须思考工作对你的意义，以及你想要在什么职位、以何种方式为某些公司一周工作超过40小时。你到底想获得什么？你是否可以为了创建公司而经得住起起落落，从而获得收入？或许，你决定根据自己的条件提前退休。在你工作的早期积极储蓄，将朝九晚五（现在应该是朝八晚六）的工作机会让给其他人。

最后，收入必须通过投资才能增长。经过反思，你必须决定如何投资，以及从何处获得财务建议。你也必须主动做出关于如何使用认知资源的决策。这些资源，包括我们的注意力和时间，都是不可再生的。它们要么增加我们经济自由的机会，要么使我们陷入“收入—支出—收入—消费”的循环。

第二章　收入越高，财富就越多？

假作富足的，却一无所有；装作穷乏的，却广有财物。

——（箴言篇 13:7）

尽管 20 年来美国政权发生了几次交替，社会环境和经济市场也发生了重大变化，20 年前刚迈入成年的百万富翁们的建议可以一言概之：如果想要长期积累和维持财富，你必须以一种不同于他人、更有自制力的方法来处理所有的财务管理——支出、储蓄、创收、投资。这需要的不仅仅是信念、态度或个性，更需要行动。虽然前三个因素会影响你的行为，但最终长期积累和增长财富的能力由你的行为塑造，而不是你头脑中的想法。

医疗保险费用大幅增加，大学费用在 32 年间（1984 年至 2016 年）增加了 153%，这些对现在以及新兴的百万富翁意味着什么？这意味着，当代和未来的人若是想要白手起家积累财富，必须改变他们在开支方面的心态。他们甚至需要改变他们的做事方式、上大学的地点（如果上大学的话），或者他们对职业道路的规划。我们不能控制成本、政府政策或金融市场。但无论结果如何，我们可以控制我们的支出、投资方式、机会，以及我们经济生活中的其他方面。

我们需要付出什么？

创造财富到底需要什么？如今你还能在美国创造财富吗？我父亲于2014年写了以下关于经济成功的概述，大致展现了取得经济独立的方式：

与媒体铺天盖地的报道截然相反，当代通向富裕的机会数不胜数。若想充分利用这些机会，我们就必须了解在《百万富翁的思维》一书中提出的经济成功公式的八个关键要素：

1. 勤奋、正直和专注是我们经济成功的关键因素。经济上的成功也将给予具备这些素质的人以最好的回报。

2. 永远不要让一个平淡无奇的理论阻碍你成为经济生产力达人。

3. 要有勇气承担一些财务风险。学会战胜失败。

4. 选择一个既新颖又有前途的职业；选择一个你喜欢的职业。

5. 谨慎挑选配偶。拥有经济生产力的丈夫或妻子具备与成功相适应的特征。

6. 要让你的家庭成为经济上有生产力的家庭之一。许多百万富翁更喜欢修理或重新装修房子，而不会选择重新购置新房。

7. 在选择住址时，要学习百万富翁们的方式。研究、调查、大胆谈判。

8. 采取平衡适当的生活方式。许多百万富翁都会选择“价廉物美的约会”。陪伴你的家人和朋友并不需要花很多钱。

以上都是基于无可争辩的原则而形成的真理。但事实是许多人仍选择相信财富传说，从而降低了自身承担创造财富责任的可能性。

传说 1：你自己就是你所属群体的代表

仅看到你身边那些与你具有相似人口学特征的成功人士，你就相信自己拥有同样创造成功的可能性，这会让你忽略那些能让你真正成功的特质以及动力。回首过去，一些法律限制特殊人种肤色或性别群体的发展，不考虑他们的能力、知识或技能。这并不是500年前的事，它距离现在也就是几十年的时间。

即使在今天，身处不同时代的人们（按出生年份划分的群体）仍会嘲笑手持拿铁和牛油果吐司的“千禧一代”，或是妄言“婴儿潮一代”的人将不复存在。这些关于人群的一般性结论在很多方面（诸如市场营销和政策层面）给我们提供了便利和帮助。当我们想要发现创造财富所需要的资源时，这些一般性结论失去了意义。

这种想法带来的结果一目了然。它给了我们每个人一个借口。因为我属于这个或那个团体，所以我无法前进，并导致了我现在的处事方式。“你一看就是白人，已婚，带着三个孩子。你属于这个邮政编号。所以我把你归在这类团体中。”

一位睿智的教授曾提醒她的心理学研究生们：“群体内部的差异大于群体之间的差异。”换句话说，在一个群体中，我们的心理和行为的变化（如我们的兴趣、个性和能力的变化）远多于两个人口类别。此外，正如我们将在第五章中谈论的那样，我们的行为，而不是我们出生时的肤色，极大地影响了我们积累和维持财富的能力。

种族和动力

《邻家的百万富翁》关注的焦点是祖先、父母，甚至祖父母的源头。几年前，当我和我父亲共同从事研究工作时，我开始把更多的注意力转向了随着时间的推移而改变的特征和行为。

团体关系有时候很有趣，并且也容易在文章和调查结果中呈现出来。但它无益于我们的改变、成长和成功。

同理，移民们带着改善家庭生活的希望，移居到美国。我们很难想象这种经历对第一代美国人白手起家、创造财富的能力没有丝毫影响。那种想要到达我们的海岸或边界的愿望和冲劲比他们的种族能更好地解释移民人口取得成功的原因。

让我们回忆一下《邻家的百万富翁》提到的某个移居美国的富翁。尽管他需要在一个陌生的国度白手起家，但究竟是怎样的行为和选择让他克服重重挑战，获得经济上的成功：

> 我是第一代移民。我7岁的时候就搬到了美国。在很长一段时间里，我们家不富裕，但又不算穷困潦倒。我上的高中没有高级班，大约有一半的学生没能毕业。幸运的是，我认识到了教育的价值，成功考上了加州大学。
>
> 考虑到我的职业前景，我选择学习计算机科学。1996年我开始了第一份工作，年收入为38000美元。经济回暖让我的工资也急速上升。住房相对便宜。在旧金山，我以首付10%的形式买下了一套价值19.2万美元的公寓。2000年，我在纽约市的一家大型投资银行得到了一个很好的工作机会。我在纽约工作了12年。我的工资还不错，但也并不是特别高（平均年薪大概是20万美元）。
>
> 我明智地进行投资。去年我决定“退休”，并搬到了俄勒冈州。我每月的租金收入约为3000美元，而每月的股息则为3000～4000美元。我有个个人退休账户，每月还能再生成1500美元的股息。因为这些投资，我可以在41岁就不用工作了。
>
> 其他注意事项：我现在是无车族。我买过的最贵的车是2200美元。我没买过手表。我从没有在一双鞋上花费超过200美元。

很难想象一个人的过去不会对他的职业道德和消费行为产生显著影响。并且这可能最终影响他是否能取得经济上的成功。

移民到美国，只是第一步

到美国只是第一步。并不是所有移民都能像我们本地人那样能够充分意识到，是美国可拥有的自由给了我们努力工作、创业和随心所欲的生活的机会。另外，我们的街道也不是由黄金铺成的，正如我父亲在几年前的这篇文章中提醒我们的那样：

对于“你喜欢住在美国吗”这个问题，娜塔莎不间断地谈了半个小时。娜塔莎，又名娜塔莎·科普斯基，在美国生活得并不是很愉快。他和她的丈夫在2004年从俄罗斯搬到了美国。她是一名理发师和独资经营者，经营的主要业务是出租椅子。她丈夫的工作是安装和修理硬木地板。他们都以为他们算得上富有阶层，但其实他们离富裕相差甚远。这对夫妇显然只读了一些关于美国个人财富总量约65万亿美元的头条新闻。别忘了“福布斯400富豪榜”中的那些亿万富翁，甚至连俄罗斯媒体都强调职业运动员、高级企业高管以及大学校长拥有超过数百万美元的收入。

美联储预估美国家庭平均净资产约57.5万美元。娜塔莎对这个数据印象很深，在他们到达美国之前，这个数值就已达40万美元。她和丈夫坚信，一旦他们在这里定居，不久就可以证明他们在创造财富方面出色的能力。科普斯基夫人请你注意：隐藏的事实是，美国家庭的净资产中值不足8.5万美元，约占平均值57.5万美元的15%。收入中位数远远小于100万美元，约为5.2万美元，略高于科普斯基家的年收入。想要靠每年5万美元的收入成为百万富翁着实不易。

娜塔莎对她房子的市场价值同样感到沮丧。在房地产泡沫破灭前，他们以小额首付的方式买下了房子，并认为市场价值会迅速升值。但直到今天，它的实际价值只有购买价格的70%。实际上，即使在经济好的时候，房屋真实净升值也比大多数人的估计小得多。

科普斯基一家错误地认为：在美国，即使没有努力、纪律和牺牲做保障，财富也会降临在他们身上。除了少数极其幸运的移民，这些都是天方夜谭。

传说 2：收入等于财富

尽管我们在第一章强调了下面的情形，但收入和财富这两个概念仍然经常容易被混淆。那些随着收入上升而增加消费的人还是认为这两个概念可以等同。相信这个传说的人就会拥有一种错觉：那些装富的人（开豪华轿车的邻居或穿着 200 多美元牛仔裤的朋友）很富有。但实际上，这仅仅意味着那些人在购买这些东西上的花销超过了真正的百万富翁。

我父亲曾经写道："许多家长、学生、教师，甚至作家、记者和政治家都需要回到学校。收入和财富仍然被人混为一谈。"许多人认为收入等同于财富。事实上，税务基金会谈论的也是"百万富翁"的所得税申报单，而不是他们的净资产。

当我们使用"财富"一词时，指的是一个家庭的净资产，即所有资产减去所有负债。我们用一种简单的方式来定义家庭收入：收入（已实现的）应该在个人所得税报税表中有所体现。混淆这两个概念会得出许多经济和社会问题的错误结论。这种混乱的实际影响是，它扭曲了我们在试图实现金融和经济独立时所关注的指标或数字。

百万富翁的收入只占自身财富的 8.2%

几年前，36 岁的布里特和他的妻子因为房子，生活被搞得一团糟。他们房贷累累，净资产为负值，仅信用卡就欠了 6 万多美元。今天，这对夫妇的净资产约为 2 万美元。布里特说道，他们为偿还债务付出了极大的牺牲，这条还款之路走得很艰难。这对夫妇确实在为这一成就感到骄傲。但除此之外，布里特又显得很沮丧，"不知所措……即使我们两个人每天起早贪黑，成为富翁的前景依然很惨淡"。

一旦你认为自己不会变得富有，那么这个预言就会成真。布里特原本是"富裕俱乐部"的一员，我父亲向他解释说，他本来极有可能在 57 岁（当时估计的年龄）成为邻家的百万富翁。这对夫妇在偿还巨额债务时表现出的毅力和自制力不言而喻。同样的决心也可帮助他们将不低于 15% 的收入用于储蓄和投资。

想成为邻家富翁团队的一员，你应该做到什么？

1. 从第一章的财富方程来看，实际净资产要比预期价值高出两倍或两倍以上。

2. 一套房子的市值不到净资产的 20%。

3. 债务不到净资产的 5%。

4. 年所得税约等于净资产的 2%。

5. 年实际收入总额约为净资产（中位数）的 8.2%，也就是说每 100 美元财富中，能产生 8.2 美元的收入。

8.2 美元这个数字并不是我父亲的一家之言。其他研究人员的结论与父亲一致。就拿财政部邀请的三位学者来说，他们以 2007 年去世的百万富翁为研究对象，收集了 36352 份联邦财产收益表，将百万富翁的财富特征与这些人生前的收入进行比较。那些已婚、年龄在 70 岁以下的百万富翁（就像我父亲调查过的大多数邻家富翁一样），他们每 100 美元的净资产可以产生 8.45 美元的收入。8.45 美元与我父亲通过调查确定的 8.2 美元之间的差异约为 3%。

毫无疑问，收入和净资产相关联，但它们并不相等。应采取不同的方式使用它们，从而去评估总体财务状况和进展情况。

传说 3：你可以通过一个人的衣食住行来判断他的财富状况

媒体和不同的政治派别会根据自身目的对“富人”做出截然不同的描述。这也导致了每个人对“富人”的定义都不一样，围绕创造财富的方式以及富人处理财富的方法生成了不同的传说。我父亲这一生都在竭力消除这些传说。他经常通过描述关于坚定支持这些传说的个案研究来综合呈现这些传说。举个例子，在 2010 年，我父亲在亚特兰大附近的一个国家公园里遇到一个人。我们就叫他“游骑兵”里奇先生吧。对里奇先生仔细观察后，他认为坚定支持有关财富的传说会产生危害，并且在追求财务独立时，对金钱的错误假设和判断穷人和富人的错误标准，会对他的满足感和勤奋程度造成负面干扰：

> 当我们走出停车场附近的空旷地区时，里奇就这样闯入了我们眼帘。那时他正在打开罚单。我妻子对我说："你把停车证放在仪表盘上了吗？""没有，我把它放在杂物箱了。"说完，我对里奇说："我还是跑回去吧，把我的停车证放在仪表盘上。要不然你肯定会给我开一张罚单。"他边笑边指着停车场，问我开的是什么牌子的车。我回答道："是丰田。"
>
> 之后他说的话让我们感到震惊："我可能在这找不到下一辆丰田车了。开着丰田、福特或雪佛兰的车主一般都会花 3 美元停车。那些开着梅赛德斯、宝马、捷豹甚至路虎的人基本免费使用停车场。我干这行已经很久了。工薪阶层为这个国家付钱。富人不纳税，也不付停车钱。"

我们的实证研究内容没有包含富人的停车习惯。因此，我们无法肯定里奇先生的假设是否正确，是否拥有豪华车辆的人都不屑于支付停车费。有趣的是，里奇先生断言那些驾驶豪车的人就是所谓的"富人"。但正如我父亲在《停止装富》中指出的那样，在豪车的车主中，86% 的人不是百万富翁。所以，很多开豪车的人可能没有足够的钱来付停车费、给餐厅服务员小费，或者给球童小费。

开豪车的都是有钱人？

游骑兵里奇先生在开罚单时，坚持"富人先得"的标准。因为他认为有钱人不交税、不付停车费，所以他总是先找豪车车主的茬。另外里奇先生相信富人开的就是豪华汽车。

同样，我父亲在博客和《停止装富》那本书中指出，"最近一次消费中，百万富翁的消费价格中位数仅为 31367 美元。而那些非百万富翁支付的价格竟为 41997 美元……许多百万富翁开的是人们眼中极其普通的非豪华汽车……"在我们现行研究中，百万富翁最近一次购买的汽车的平均价格为 3.5 万美元。

里奇先生同很多人一样，用收入而不是净资产来定义富人。许多车主认为有必要通过汽车的牌子来体现他们的经济成就。这完全可以理解。他们会认为，那些拥有高收入的人会推动奢侈品牌的发展。所以相对应的结论是，开普通车的车主只能拿到平均收入。但数据表明，汽车的牌子与司机的收入并不完全对应。高收入和高净资产促成较高的经济成就。但事实上，许多豪车的车主既没高收入，净资产也不高。

顺着这个思路，乔安·穆勒向福布斯网站投递了一篇题为《富人究竟开的什么车》的文章。她从收入，而不是净资产的角度定义富人："越富有的人越有可能购买奢侈品牌（家庭收入超 25 万美元的人的比例为 39%，而年收入低于 10 万美元的人的比例为 8%）……在收入超过 25 万美元的人群中，61% 的人根本不买奢侈品牌。"

她的分析表明，那些收入较高的家庭更有可能驾驶豪华车。但不能因为某人拥有一辆豪华车，就断言车主具有高收入，或者说高净资产。

正如我父亲在 2012 年写道："我估计现在应该有 250 万个家庭，或者说家庭总数的 2.2%，年实际收入超过 25 万美元。根据穆勒的估计，39% 的富人购买奢侈品牌，具体数字约为 97.5 万。但相较年收入在 10 万美元以下仍开着豪车的家庭来说，97.5 万这个数据已经很小了。约有 3000 万家庭的年收入在 5 万至 10 万美元之间。更直白些，在 3000 万人中，有 8%，即 240 万家庭购买豪车，但他们并不属于所谓的富人阶层。这一数值几乎是高收入 / 豪华汽车购买者人数的 2.5 倍。"

会不会是那些装富、"怀揣抱负"的人，让豪华汽车制造商存活了下来？

这是我的俱乐部！

《邻家的百万富翁》最让人难忘的是百万富翁不会"装富"。在 2011 年，我父亲写了如下这篇文章，再一次强调百万富翁对穿着并不讲究：

对于当今专业咨询服务领域，富人和邻家百万富翁仍然是他们关注的目标。但并不是每个走向市场、为这两类人提供服务的个人都会成功。谁最能摸透百万富翁们的需求？他们通常是那些拥有和百万富翁相似经历的那群人。

托尼·舒曼现如今是一个小有成就的投资经理。他早年就意识到低调的邻家富翁和伪富人之间的显著差异。托尼在10岁的时候曾做过报童。他回忆道：“蓝领阶层的人总是按时付钱，还会给小费。相反，有一次一位女律师最少花了20分钟才想起她要付给我55美元的报纸费用。她和丈夫都有工作，但从不给小费。”

跟我经历相仿，托尼后来成了一名球童。另外，他对高尔夫俱乐部成员的印象也与我一致。我在《停止装富》中提到，我在公共球场中为蓝领和白手起家的百万富翁提供服务的时候，拿的小费远比在一家私人乡村俱乐部为伪富人当球童的时候高得多。现在想想，那些小费真的算很多了。托尼分享了以下几个观点：

现在回想起来，我觉得从那份工作获得的学问比我在商学院学到的要丰富得多。白手起家的成功人士给了我很高的小费，并鼓励勤工俭学的我。其中一位人生导师——R先生，他拥有一家大型承包公司，并为该俱乐部一半以上的项目提供了资金。要知道康涅狄格州的冬天特别寒冷，所以他要充分利用夏天的几个月，加倍工作。星期六他要加班，所以他无法和其他成员一起打高尔夫球。周六下午，R先生会来俱乐部，在露台上喝啤酒……他穿着卡其布工作服，脚踩钢制靴子。一天，俱乐部来了一位新会员的妻子，她自称是俱乐部的老顾客。当她看到R先生在露台上喝着啤酒，抽着雪茄时，她对他大叫起来，“一个工人怎么有权利坐在露台上喝酒抽烟”。她最后一句话是：“你以为你是谁？你一辈子不可能拥有这个地方？”R先生平静地回答道：“女士，这个地方基本上就是我的。”听完，她尖叫着跑到经理跟前。接着经理告诉她：“R先生实际上拥有75%的俱乐部股权，如果您还有其他问题，您可以再和他谈谈。”

从当前的研究以及2007年对1594个高收入/高净资产家庭的调查中，我们发现，家庭年实际收入比净资产（财富）能更好地预测交通工具上的花销。在2007年的研究中，我们还发现，在收入20万美元及以上的受访者中，48.5%的人在新置交通工具的花费上低于32000美元。而收入在50万美元以上的人群中，有超过三分之一即35.9%的人，所支付的费用不足32000美元。收入在20万至50万美元的人士中，超过一半即54%的人支付的金额低于32000美元。

传说4：富人们都没有足额交税

里奇先生还因为一些与工作相关的原因讨厌“富人”。他认为美国的富人没有足额缴纳税金，因此，他工作所在州的税收下降了。这导致了公司的裁员，并改变了他的工作性质。

关于收入和财富的传说可以帮助我们理解为什么里奇先生会相信“富人”不交税。首先，里奇先生对豪华轿车和财富感到困惑——相反，他可能会谈论收入——在这种情况下，他又错了。

里奇先生应该想到，这些拥有高收入的极富有者购买豪华汽车的费用只是他们金库或年薪的九牛一毛。所以这些税款又何必在意？

所得税：一个高消费项目

伯克希尔-哈撒韦公司董事长兼首席执行官沃伦·巴菲特极其擅长将收入转化为财富。他是怎么做到的？你可能会说，明智的投资再加上他广为流传的正直品性及节俭的生活方式。对于消费，他似乎具有传统的中西部价值观。尽管他很富有，但他住在一个相对简陋的房子里，开着美国本土制造的汽车。除此之外，正如我父亲在《邻家的百万富翁》中所说：“百万富翁知道他们自己花的钱越多，他们就必须实现更多的收入。他们实现的收入越多，所得税也就越大。所以，他们坚持一条重要的原则：要积累财富，就要尽量减少已实现的（应税）收入，最大限度地增加未实现的收入（无需现金流的财富/资本增值）。”

超级跑车畅销的好处

在《停止装富》中，我父亲描述了一位被他称为“多车先生”的人。“多车先生”在我父亲的一项研究调查中草草写下了如下这段话：“我没有一辆法拉利！我有三辆法拉利……劳力士？我有三个以上……布莱特琳、卡地亚、莫瓦多、欧米茄、泰格豪雅……（两千多瓶珍贵的葡萄酒）。”我父亲解释了为什么“富人”俱乐部的“多车先生”不羞于向别人介绍他的经济成就：他“有很强的需求……把自己和贫苦的工人阶级家庭背景分裂开……作为家族中首个创造大规模财富的人来说，他（倾向于）在象征身份的物品上花大钱。”

父亲还说：“多车先生”的第一份全职工作是做销售。他很快就成功了。他用“佣金”全额支付了自己的大学费用……仅靠佣金！他在21岁时买下了自己的第一套房子，32岁时就跨过了100万美元的净资产门槛。还不到30岁，老板就提供给他一个带股权的职位。

“多车先生”完全是白手起家，但他也是个花钱大手大脚的人。要花大钱，就得赚大钱。赚了大钱，你的税款也随之变多。举个例子，“多车先生”用现金购买了一辆价值33万美元的法拉利。考虑到他付给联邦、州和地方的所得税，他需要多少钱才能买下这辆法拉利？他得赚60万美元（现金）才能买下这辆法拉利（60万美元的55%是33万美元），剩下的27万美元给了山姆大叔和他的州亲戚们。那些光彩夺目的富人，正如我在《邻家的百万富翁》中写的那样：

真正的爱国者具有巨额收入。支付的巨额税款成为此类爱国者的新制奖章。

在这个国家，太多人不理解那些光彩夺目的富人所扮演的重要角色。有些人认为，美国的百万富翁家庭没有缴纳他们应交的税款。有些人甚至认为，没有富人是靠自己独立获得经济成就的。相反，他们不择手段，抑或是通过继承才能成为现在的富人。一些野心勃勃的政治家利用这种信念实现其政治目的。

请想象一下这样一个场景。有一天，一对富有的夫妇决定在一座豪华的度假山庄享受周末时光。他们的顶级法拉利肯定会带给他们一段不错的旅途。在 2013 年，贾斯汀·伯科维茨为《汽车与司机》杂志撰写了一篇报道。他在报道中写道，当这对夫妇差不多到达度假胜地时，内政部突然出现，并要求他们以及另外几辆豪车停靠路边，不准乱动。内政部要对他们的税务记录进行检查。总共有 42 辆车需要接受检查。其中六分之一的车主称自己年收入微薄，根本买不起超级跑车……好戏还在后头，税务警察还设立了检查站……甚至突击了一个法拉利车主俱乐部的聚会……（目前）政府正计划对购买力强的人进行一项自动化的税务记录检查。

这个情景在 2013 年的意大利真实发生了。在政治上，阶层间的嫉妒被广泛利用。伯科维茨的标题就说明了一切："卡洛检查点：税备警察如何击溃意大利的超级汽车市场。"如果美国采用了这个制度会怎样？我们不仅会失去"超级品牌"的市场，而且百万富翁们也会因害怕被拦截，而停止购买多辆价值 33 万美元的跑车。最后的结果会是，他们可能觉得没必要继续创造高水平的应税收入来支付这些象征成功的东西。

我们应该向闪闪发光的富人致敬，而不是痛恨他们。他们中的许多人将收入的一半作为税款交给联邦和州政府。有趣的是，大约 50% 的美国家庭一分钱都没交给税务人员。但在接受意大利警察检查的 42 名司机中，6 名车主的收入不足以为他们的超级跑车买单。这是什么原因？难道大多数人或所有人只是靠大量资本存活吗？

邻家百万富翁们的实际收入只占了他们财富的 8.2%（中位数）。但巴菲特显然更擅长缩小这一比率。根据2012年福布斯美国400富豪榜，巴菲特的净资产为460亿美元。据美国有线电视新闻网报道，他在2010年的应税收入为39814784美元，这仅相当于他净资产的0.087%！我们也可以这样算，就实际收入占净资产的比例来说，邻家百万富翁们（8.2%）几乎是巴菲特先生的（8.2%/0.087%）95倍。

这个公式里其他要素也值得关注：所得税也受到净资产的影响。邻家百万富翁们每年缴纳的所得税大约相当于他们净资产的2%（中位数）。同样，巴菲特削减所得税的本领也很出众。据路透社报道，他2010年只缴纳了690万美元的所得税。

就数值来说，690万美元的所得税似乎是一大笔钱。但如果将巴菲特的税单看作是他净资产的一个部分——即690万美元与其460亿美元总财富的比值。按照这个比值，他只花了净资产的0.015%。而邻家百万富翁们平均支付的所得税比例为2%，这一比率是巴菲特的133倍多。事实上，如果巴菲特按同样的税率（2%）纳税，他将欠财政部9.2亿美元，也就是近10亿美元。你可能会说，不能全额支付税收是美国人的羞耻。但是巴菲特在这件事情上却得到了社会的认可。这是为什么呢？他承诺将其大部分财产留给社会，做一些慈善事业。据《福布斯》报道，他已经展现出了极大的慷慨："他在2012年7月向盖茨基金会捐赠了15亿美元，此时他的捐款总额达到了175亿美元……8月，他又向他的儿童基金会捐赠了价值30亿美元的股份。"

如果其大部分（有可能不是全部）应缴税收来自长期资本收益——在处理长期持有的资本资产时实现的，这些收益优先享受较低的联邦所得税税率，这无疑对他的事业是锦上添花的。

究竟是市政府还是有远见的慈善组织更有可能从你的资产中得到最大的收益？大家（包括巴菲特先生）对此都心知肚明。

传说5：富人越多，越会阻碍我实现财富自由

我们收到了很多信件和电子邮件。发件人认为自身的经济失败是由他人

导致的。他们的评论如下：

> 如果这些年我没有把投资总额的3%托付给一位投资经理，我现在就很有钱了。现在情况是他每年都赚钱，我反而没有。
>
> 我28岁的弟弟，高中就辍学了，现在还住在家里。他刚刚继承了我祖母90%的遗产。我是工商管理学硕士，这有什么用？！
>
> 如果我主修商业，而不是美术（就像爸爸妈妈当年所坚持的那样）……

大多数经济上成功的人都知道如何利用逆境。他们已经学会了如何利用劣势、逆转、偏见、裙带关系、“坏消息”和糟糕的运气。他们能及时走出不幸的处境；他们把情感能量放在成功上，而不是怨恨。许多百万富翁的经历告诉我们，他们成功的直接助推力就是亲朋好友、教师、雇主、索价甚高的财务顾问、媒体以及无数其他所谓公正裁判口中的“坏消息”。或者，正如一位被剥夺继承权的百万富翁说的那样，“为证明我父母对我做了错误的估计”。

生活会给我们带来无助感，这种感觉让你坚定地认为无作为会帮助你成功。这对于积累财富真的有弊无利。在前文已经谈论过这个观念：在我们的工作中，哪些因素有利于创造和维持财富。在多个样本中，我们得出：不管收入和年龄状况如何，我们对于自身行为影响最终财务状况的信念以及我们的行为特征与净资产密切相关。那些认为自己几乎没有什么办法获得财务成功的人，往往会从事一些不太有利的金融相关行为。事实上，相信传说对长期的经济成功是非常有害的。

但许多试图改善美国经济状况的“解决方案”都以政府监管和控制为核心。那些媒体、发言人等口中的解决方案都带有控制欲。无论是右派还是左派，他们都持有一种假设，即我们可以管理一个人，让他走上富裕的道路。但是，我们要反驳的是，目标的实现始于我们的家庭，始于我们独立的思想。

首先改变态度，然后改变行为（尽管后者可能首先改变）：不管是财务还是其他方面，学会改变你和家人一直在做的事，忽视其他人因消费驱动狂热导致的行为，把时间和精力集中在目标的实现上。

更多关于“游骑兵”里奇先生的故事

再谈一谈我们的泊车员：“游骑兵”里奇先生到现在仍是一个户外活动爱好者。这也是他选择为国家管理自然资源的主要原因。在上一次经济萧条未到来之前，他受命在荒野公园以及森林进行巡逻。保护国家自然资源带给他的还有强烈的自豪感以及加倍的自尊满足感，这让他非常热爱这份工作。但2008年发生的经济衰退很快就改变了这一切。人员削减、招聘停止都迫使里奇更换工作。如今他不再承担荒野巡逻工作，不再逮捕那些违反狩猎法的狩猎者。他的新身份是监督员，负责巡查停车场并向那些企图逃票的人开罚单。其余时间，他就坐在停车收费区，向来往车辆收取费用。

里奇先生不喜欢现在的工作。但他又深知，只有接受这份与停车扯不掉关系的工作，他才能继续为国家服务。在他心里，经济衰退并不是导致他对工作不满意的罪魁祸首。按照游骑兵里奇先生的话说，是“那群富人”导致了这场经济衰退。但他又并没有具体说明是“那群富人”中的谁以何种方式操纵了此次危机。他就是没来由地笃定是那群富人导致了工作的变化，促使他丢了“自然资源保护者”的身份。现在的他就是一个泊车员兼出票员。发生的一切让他失去了对工作的热情，并且使他对所有的富人横眉冷对。

参加成人教育课程可以帮助他提升职业技巧，从而获得更多雇主的青睐，但里奇先生从不去尝试。如果他真的从心底热爱每棵树和每片森林，他就应该去参加有关木材管理、森林农业的课程。他所在地区的好几所大学都提供了很多相关课程，任其挑选。回到学校这个象牙塔，他不仅能和班上同学交流，而且有机会与他们的雇主产生联系。说不准同学的雇主哪天就会成为他的顶头上司。

里奇先生和他的妻子自踏入职场起，就有机会融入蓝领富裕阶层。但这对蓝领夫妻不走寻常路，离富裕阶层越走越远。鉴于他们中下层的职业地位、接受的教育程度以及相关的社会经济特征，里奇夫妇虽然处于工薪阶层，但他们拿着两个人的工资，并不需要按照社会阶层花大笔钱住在富人区，也无需穿着高价衣服上班。他们每天的开销不高，理应可以轻松地将其收入的20% 转为存款或投资。但他们的现状却迥然不同：没有预算，没有财务计划，甚至不为他们以后的生活做打算。

传说 6：我无法通过自己的努力进入上层社会

在大多数情况下，美国仍然算得上是一个你可以通过创业取得成功的国家。你的成功与否同你的宗教信仰、肤色或者你移居美国时间的长短无关。只要你能在就业环境或自营职业中，创造出有价值的东西或服务，你就有机会成为美国富有阶层的一员。这种自由不断吸引着其他国家的人民来到我们身边：在 3.11 亿美国公民中，只有约 13% 的人属于第一代美国人。

无论你的家人在美国待了多长时间，或者你来自哪个国家，你必须回答以下与财富有关的关键问题：

- 你能通过创造一些有价值的东西（如产品或服务）来获得收入吗？并且你能继续持有并靠继续投资，使得这些收入不断增值吗？
- 你能运用你的技能和经验来创造一个为他人服务的职业吗？并且这份职业能使你始终如一地进行储蓄并从中获得满足感吗？
- 你是否具备足够的自制力节省你的花销？是否能充分意识到市场（就业、金融）变化的规律？以及你的技能需要如何改变才能顺应时间的变迁？
- 你能排除消费主义和媒体的干扰吗？

无论种族、宗教或性别，任何人都可以利用自己的知识、技能和其他特质，通过工作或创业来增加价值。但是，努力工作和自制力是必须具备的——如果你手中的牌不是很好，二者就显得尤为重要。

收入不平等是一个很受欢迎的话题。的确，在美国，收入最低的五分之一的家庭所占的比例越来越小。尽管前五分之一的人在收入蛋糕中所占的比例仍在不断上升，但真实情况是，位于收入最底层五分之一的美国家庭在总收入中所占的比例越来越小，而前五分之一的家庭所占比例则越来越大。

那么，媒体所宣称的“富人越来越富，穷人越来越穷”是真的吗？请注意，今天同1996年一样，包括新闻界的大多数人都将收入和财富混为一谈。美国仍是一个充满经济机会的国家，至少我们的数据这样表明。极富和极穷者之间的差异是真实的。但你要看到20年前处于最底层的人已经有所变化，也不是所有处于极富阶层的人仍然在那一阶层。美国有着巨大的社会经济流动性。即使在一代人的时间里，人们也会通过向上或向下移动来体现这种流动性。在几代人的背景下，这种情况更为明显。由于这个道理不为家长们所知，所以大多数白手起家的百万富翁的后代们并不会比他们父母更成功。

但是，许多人仍然坚持认为，这些财富肯定会被他们的后代所继承，所以那些越来越富有的人只不过是接受财产或转让财产的那群人。与这一说法相反，86%的百万富翁称，他们的净资产并不是通过馈赠、继承遗产或信托基金等形式获得。事实上，同1996年一样，我们的数据表明，大多数百万富翁都是靠自己积累财富的。

在美国白手起家

在美国，白手起家、创造财富并不是一种新趋势。1892年经济学家斯坦利·莱伯戈特针对百万富翁研究后发现84%的人是第一代富人。我们的研究结果也与史蒂文·霍维茨教授的研究结果一致。他站在那些不断告诉我们“美国正在面对日益扩大的贫富差距”的经济学家的对立面。除非是在不民主的国家，富人或穷人的命运才会被投进水泥中。正如霍维茨所说：“根据美国财政部的数据，我们震惊地发现，在1979年收入位居最底层五分之一的家庭中，有86%的家庭在1988年已经实现了脱贫。”他所指的最底层五分之一是“新成立的家庭”，如刚毕业的高中生、新移民，他们刚在收入阶梯上迈出第一步。

美国：白手起家的百万富翁们

《邻家的百万富翁》中最令人吃惊的一个发现是：80% 的百万富翁都是白手起家的。我们今天仍然能看到这种趋势，尽管有些人坚持认为没有一定的经济实力与难以置信的好运气就能成为百万富翁，已经是过去式了，这个时代将不会出现富人。我父亲在 2014 年的一篇博客中讨论了这个问题：

通过几十年对百万富翁的研究和学习，我发现一个定理：80% 到 86% 的百万富翁都是白手起家的。这也适用于非百万富翁。根据《福布斯》的数据，1982 年，美国约有 38% 的顶尖富有者靠的是白手起家。2012 年，这一比例跃升至 70%。

哈佛大学的切蒂教授和加州大学伯克利分校的萨伊兹教授强强联手，对大约 5000 万名父母及其成年子女的联邦所得税申报表展开了研究。此研究被认为是最详尽的全美社会经济流动性研究。《华尔街日报》提到了这项研究的部分内容："在过去的 30 年里，新生代孩子提升经济地位的概率一直保持不变……但在华盛顿流传这样一种说法：近年来经济流动性在下降。这两者相互矛盾。"

这个国家的经济机会一直处在旺盛阶段。但是大多数美国人还是不富裕。我们很轻易就将责任推给经济中所谓的"不平等"。但值得关注的是，美国人把全部或大部分收入都花在了几乎没有或根本没有持久价值的东西上！他们缺乏积累财富所需的自制力。大多数家庭都在工作和消费间循环往复。一般美国家庭的年实际收入中位数在 50000 美元到 75000 美元之间。这些人中只有 6.3% 的人有实际资本收益。

即便如此，2014 年《纽约时报》的一篇类似文章也赞同切蒂和萨伊兹的研究结果："研究表明，向上的流动性并没有下降。"这样的文章应该与朋友，特别是孩子们分享。当今天的人生赢家回顾他们早年的态度和信仰时，他们会告诉我们什么？他们的成功在很大程度上可以归功于他们的信念，他们相信他们可以成功，而且美国的致富机会的确有很多。他们的信仰和现实是同步的。不幸的是越来越多的媒体报道称，经济机会的浪潮越来越不利于经济的向上流动。

请记住，上面提到的研究只涉及收入方面的代际对比。收入与财富，即净资产相互关联。但考虑到衡量经济成功的标准，我们更应该选择净资产而不是收入。少数情况下，财富的变化可以用收入来解释。当然，反之亦然。19 世纪末到当前的研究都表明，80% 或更多的高净资产人群是靠白手起家的。所以，到底将百万富翁、亿万富翁，还是财富持有者前 5%、2% 或 1% 中的哪一个作为判断“富裕”的门槛，好像已经不重要了。

就实际财富（不将收入作为代替物）而言，我们发现，一直以来不低于 80% 的美国百万富翁都是靠自己白手起家的。《停止装富》一书中统计的 2005 年与 2006 年的数据显示：约有四分之一的百万富翁（24%）称，他们的父亲是蓝领工人（产生最多百万富翁的职业类别）；另外 19% 的父亲是小企业的所有者，4% 的父亲是农民；相反，只有 9% 的父亲是公司高管，3% 的父亲是医生；只有 47% 的父亲和 40% 的母亲上过大学；大约三分之一的百万富翁为自己的大学开支买单；大约 42% 的百万富翁开始全职工作时，他们的净资产为零或呈负值；大多数人（88%）报告称他们从未从信托、遗产、馈赠等渠道获得收入。如今，这些群体中也只有三分之一的人表示，在高中时代他们父母的资产多于同班同学的父母。在对于父母是否节俭的问题上，赞同的比例（约 63% ~ 65%）基本上没有变化。

传说 7：富人都是魔鬼

越来越多的富人担心媒体和政客们会把他们描述成“魔鬼”。在约 1000 万到 5000 万的美国百万富翁家庭中，肯定存在一些品行较低的人。但是，绝大多数富有的人都遵纪守法——他们以合法的方式进行创收。我们和其他研究人员也发表了一些关于多数富人传统价值观的相关研究文章，但很显然它们未能成为头条新闻。

我父亲收到了得克萨斯州的D.P.先生发来的电子邮件。在邮件中，他提出了一项对策，能让我们的年轻人了解富人的真实特质：

> 基于《百万富翁的思维》开展的相关工作，你们可以考虑在公立学校创建一门课程。现在大多数公立学校都教育我们的孩子要鄙视“富人”并与之为敌；相反，如果我们教导孩子们去模仿富人的行为，我们也许能在他们成为劳动力前，掌握局势，为大家创造更多的财富。我正在考虑在家乡参加学校董事会的竞选。我很想看到美国的孩子们见证教育的转变。

收到这样的评论真是令人开心。甚至还有一位来自俄克拉何马州的富人为当地唯一一所高中的所有毕业生购买了《邻家的百万富翁》。我在这仅仅说了几个例子。还有更多的人付出了时间和精力，来教育我们的孩子如何在经济上独立，并努力实现这样一个目标。

诚实相处

诚实和正直与财富紧密相关。斯克鲁奇的邪恶形象不会随时间消失。毫无疑问，“游骑兵”里奇先生认同这个角色的存在。在第五章，我们会谈到对于人格要素——责任心以及与其相似的诚信要素的研究。研究表明了它们在追求财务目标方面的重要性。以西北太平洋地区的劳伦斯博士为例，他是一名光学计量师，也是一位百万富翁。如今他的身价已超过500万美元。他利用自身兴趣以及专业知识，最终建立了一家公司。公司的目标就是以顾客的利益为首。他与我们分享了下面一段话：

> 我的工作就是提升和维护人类视觉系统。它让我有成就感。验光是一项保健事业，但它不妨碍个人独立进行创业。我实践的首要准则是把

病人的需要和愿望放在首位。得益于病人的口碑和先进的技术，我的业务总是很繁忙。以前我没想过要卖掉我的诊所，直到一位年轻的医生来找我，想要继承我的衣钵。61 岁的时候我把诊所卖给了他，现在我每周为他工作两天。一开始我认为自己不可能积累财富。然而，我慢慢觉得，只要个人行为的目的是高尚、善良的，我们就可以创造财富。一个人要永远真诚、诚实、具有前瞻性、着眼未来。除了我们的房子，其他花销都是用储蓄结清。这就消除了那些因一时冲动和情绪化而导致的购买行为，而这些决定往往会让你在未来追悔莫及。

百万富翁和亿万富翁的动机

那些一开始散布传说的组织有时候也承担了戳破“富人都是魔鬼”等泡沫的责任。我父亲有几个关于富人之爱的故事：

在 2011 年《纽约时报》的一篇文章中，安德鲁·罗斯·索尔金探讨了史蒂夫·乔布斯成功的动机，“乔布斯先生显然不是以挣钱为目的。他也从来没有炫耀过他的财富。在辞去 CEO 职务之前，他在苹果公司的年收入仅为 1 美元……”

乔布斯是个亿万富翁。他与邻家的百万富翁们有很多共同之处。他们都取得了巨大的成就，并且成就的动机并不是为了过高消费的生活。在《邻家的百万富翁》中出现的艾伦先生认为：“如果你的动机仅仅是为了赚钱和拥有更高的消费水平……你是不会成功的。金钱不应改变一个人的价值观……挣钱只是一张成绩单，对你的表现做出评价。”

索尔金在其文章中引用了乔布斯的话：“你们应该清楚我对钱的看法。我认为人们对钱的关注很有意思。但对我来说，它从来都不是最具意义或最有价值的东西。”

大多数人都误解了邻家百万富翁们的动机。创造财富更多的是为了经济上的独立，而不是为了住在一座摆满了昂贵文物的豪宅里。2011

年，在《美国思想家》发表的一篇文章中，克里斯·科拉多为那些主张增加所谓“富人”税收的人提供了一个绝妙的反例。他简要地讨论了邻家百万富翁的特征：

“一本由托马斯·J. 斯坦利创作的、极富价值的书告诉我们，富人的衣食住行相当节俭。约 80% 的富人都是白手起家。很少有人是靠祖辈遗产的帮助……对于那些想要向富人征税的提倡者来说，他们很难想象贪婪的富人们会穿着地摊货、开着老式的小货车。”

“在他们眼里，富人的形象一贯是道德有问题、穿着一套意大利西装、开着法拉利的群体。他们会乘商务机去地中海旅行。他们甚至用 100 美元的钞票点燃精美的雪茄。这是从左派角度看待财富。这种观点对于政治上是非常有利的。如果一定要有人为无节制背锅，富人这种反面形象绝对是千夫所指。我们暂且不论这种形象的真实性。”

百万富翁们的家庭

纽约一家大型金融机构的私人银行业务主管曾与我父亲分享过一个有趣的案例。一位来自美国小镇的律师把一对非常富有的客户夫妇介绍给了这位银行家。这对夫妇想在一家非国有机构开展经济业务。就像许多住在小城镇的富人一样，他们不想让当地的机构知道他们积累的财富“金库”。这一点特别重要，因为他们期待着从他们拥有的各种业务中获得更多筹码。他们还计划匿名向各种慈善机构捐赠一大笔钱。

在他们抵达纽约市的私人银行后，银行家就抓紧时间告诉这对夫妇他们可以获得的所有辅助服务，包括很难买到的戏票、参加高档俱乐部的机会、优先购买待售的合作公寓或联排别墅以及艺术品和古董等。大约十分钟后，妻子从她的大手提包里掏出一本书，把它放在银行家的桌子上，指着它说道：“这就是我们的身份——普通的百万富翁。如果你还没有读过这本书，你应该读一读。”

银行家很尴尬，脸通红。等到他恢复正常，他们都笑了起来。就这样，房间里的紧张气氛消散了。这对夫妇明确表示，他们只想要私人银行业务提供的传统金融服务，包括匿名服务。他们对雇佣顾问并不感兴趣，他们也不需要通过进入纽约社交舞台来增强自己的自尊心。此外，他们无意在纽约市购买联排别墅或任何住宅。

在向百万富翁推销产品或服务时，是否能与他人的需求产生共鸣是成功的关键。在这种情况下，银行家应该问这对夫妇："你是如何从一无所有到了今天的这个位置？"换句话说，银行家应该给这对夫妇讲述他们故事的机会。但大多数时候，没有人会就历史和成就，去和邻家富翁们展开讨论。

美国拥有世界上最多的百万富翁。这对夫妇仅仅是这群人中的一份子。他们是更多匿名富人家庭的一份子。我父亲以邮件的方式，查看了来自基金会、大学、慈善组织或其他社会组织的年度报告。在他看过的这些报告里，匿名先生和夫人的年收入通常都在五位、六位或者七位数的类别下。

超越传说

为什么一些人可以积累财富？而那些拥有中上收入、受过良好教育、一路上基本没遭遇过阻碍的人不能靠自己创造财富呢？或许这些人也认为"游骑兵"里奇先生口中的那些传说是真实的。他们并未亲身经历，但围绕在他们身边的新闻、各家观点以及那些凭空产生的财富传说征服了他们。

想要在这个国家取得经济成功的人需要忽视这些传说，包括那些被所谓的专家和政治上颇有建树的人所认同的传说。里奇先生对富人的鄙视实则是由未得到正确利用的情感能量所致。他陷入了消极情绪中，看不见自身极度缺乏的财务自制力。他周围的社交媒体持续灌输片面的新闻和评论。我们可以换个角度去思考这个问题。对于没有足够钱财以及净资产的里奇先生来说，浪费时间和精力去憎恨富人根本就是得不偿失。有意选择富人作为违规停车罚款的特定群体永远不会使他在经济上获得独立。

我们发现，一般情况下，仇恨是财富积累的重要替代物，而不是财富积累的补充。我们思考一下，如果里奇先生将仇恨富人的时间和精力重新分配到一个更有效率的目标上，比如经济独立，那结果会是什么样？如果他确实这样做了，他就没有那么多时间去憎恨富人和他目前的工作。极具讽刺意味的是，许多工作满意度低的人都存在共同之处。即使他们从事的是他们讨厌的工作，他们也不会采取有目的的行为去改变这个处境。

通常，我们讨论的都是拥有不错甚至极丰厚收入的中上阶层。考虑到他们的社会地位，大多数人都觉得他们有必要住在豪华住宅里，开着豪华汽车，穿着昂贵的衣服，去异国度假胜地来一个奢侈旅游等。但是里奇先生和他的家人没有这样的负担，那么对他们来说经济不稳定的原因究竟是什么？因为像里奇先生这样一群人的生活消费都比较高。

里奇先生和那些相信财富传说的人可以从美国的百万富翁那里学到很多东西。大多数百万富翁在走向财务独立的路上不会心怀怨恨或憎恨。一路上他们也会成为被剥削分子的一员。但他们继续前进，专注于积极的一面。仇恨并不能帮你建立起一个职业或资产负债表。更好的财务行为与更高的财务满意度并驾齐驱，共同进退。那些善于将收入转化为财富的人，他们中 92% 的人对生活非常满意，而在那些财富积累较少的人中，这个数字为 84%。

为什么有些人穷，有一些人富？

什么样的语言能说服里奇先生无视那些传说，并且走向自己的经济成功之路？对这种信念越是抓得紧，越是难放手。但是我们还是要试一试。我父亲在 2014 年通过一篇博客，描述了人们认为贫富现象背后的原因：

早些时候，皮尤研究中心试图通过对全国 1504 名成年人进行调查来回答这个问题。只有 38% 的调查者表示富人成功的原因是“他们付出了更多的努力”。

让我们瞧瞧那些真正富有的百万富翁们是如何解释其经济成功的？大约 88% 的百万富翁认为勤奋工作是非常重要的因素。

在这次皮尤的调查中，51%的受访者认为富人之所以富有，“是因为他或她比其他人拥有更多的优势”。另外50%的人表示，穷人之所以穷，是因为“出现了他或她无法控制的情况”。但其实有80%的美国百万富翁是靠自己白手起家的。还要注意的是，95%的百万富翁认为“极具自制力”是导致他们经济成功的一个非常重要的原因。

与百万富翁的信仰相比，普通民众的信仰迥然不同。与政治有关的观点差异尤其明显。

假设皮尤的研究能够代表美国的成年人口，只有4%～8%的受访者是百万富翁（如果真有这么多就好了）。所以，对于解释这个国家创造财富的差异，此研究中的受访者的反馈是否有效？就净资产来说，典型的美国家庭略高于9万美元，年收入约为5.2万美元（2014年的数据）。这些人是否掌握变富的秘诀？

如果你想成为经济的主人，你就应该违背大多数人的观点，应该向白手起家的百万富翁学习，包括学习方法、经验以及生活方式，你会受益颇丰。

56%的欠财富积累者会花时间担心没有实现财务独立，而只有25%的极具财富者会这样做。差不多五分之四的欠财富积累者在担心如何拥有一个安逸的退休生活，而只有五分之一的极具财富者会担心同样的问题。

忽视创造财富的传说

如果无视那些关于如何在美国创富的传说，我们能得到什么？答案是：我们的行为、选择以及生活方式。

当我们理解了这一点后，才能理解储蓄率的临界性不是由我们挣的钱所驱动，而是由我们所做的事情（我们如何消费和储蓄）驱动的。做出量入为出、储蓄为上的决定权在于我们。这是建立财富的数学真理。收入在数据上的确与财富有关联，但它绝不等同于财富。

大多数美国人终其一生，会发现他们的生活只有工作，缺少经济自由。背后的原因就是装富的消费方式。只有看透这一点，我们才能给自己的生活和生活方式留有后路。你的长辈们没有见过你的新生活。如果你足够努力和幸运，你的新生活甚至能在你的同辈和这个时代中脱颖而出。

我们要认清这样的现实：没有外部机构或捐助者会帮助我们改善财政独立时，能依赖的只有我们自己。只有在认识到积累财富取决于我们自身的能力时，我们才开始决定花费时间、精力和金钱的方式。

我们的财务前景取决于我们，而不是我们的老板、政府或者家庭成员。第五章会谈道：对自己的经济前景负责对于创造财富格外重要。

一旦我们意识到那些白手起家创富的人并不全是魔鬼，他们的存在本身是一件有利无弊的好事时，我们就会看到并学习使他们经济成功的行为方式，而不是自怨自艾，坐在一旁指责别人取得的成功。

如果我们将美国财富的传说抛之脑后，我们也许就能集中关注创富所需的行为和选择。无论我们的身份怎样，这些行为和决定都将给予我们在这个自由的国度创造自身财富的机会。

也许那个时候，我们才能用心向那些真正取得经济成功的人学习。也许那个时候，里奇先生也会加入我们的队伍。

第三章　要想积累财富，首先要学会尊重金钱

不论你祖父有多高，自己的个子还是要自己长。

——亚伯拉罕·林肯

科学时时刻刻都在提醒我们，我们自身的行为是先天（我们独特的气质）与后天（所处的环境以及成长的方式）结合产生的。当我们想要做出行动时，天性会圈定下可以做什么以及能做的范围。之后我们的后天属性会在这个圈内，决定我们将如何表现以及最终做出的行为。

任何关于经济成功公式的讨论都应该关注到后天属性的重要性，去考察我们的教养、挑选伴侣和朋友的方式以及社会文化是否或在何种程度影响我们将收入转换成财富的能力。例如，我们发现家庭和谐在白手起家的百万富翁培养性格以及创造财富的道路上起到了重要作用。在过去 30 年中，近 70% 的百万富翁在调查中坦诚，他们是在爱与和谐的氛围中成长起来的；其中近四分之三的人说他们的父母鼓励他们志存高远。但家庭内部的温暖和关爱并不是必须具备的条件。

我们不能选择我们的家庭，无法挑选我们的父母，也不能控制我们要接受的早期教育。我们可能会把今天的糟糕处境归咎于我们的成长环境——的

确，成长环境要承担一些过错。但是，当我们成年后，社会便无法控制我们的选择。我们有权利自由创造我们的朋友圈，自主选择我们的休闲方式。这些选择会影响我们的财务结果。那些在经济上实现独立的人专注于他们自己的选择，为他们与金钱相关的行为和决策负责。

行为模式决定财富状况

一些专家提出了避免金融文盲和不良金融行为的教育方法。但改变财务行为要比提供一个研讨会或为期六周的课程复杂得多。世界上不会有这样一个班级、一本特殊手册、一款应用程序就能帮助我们收获持久的经济成就。其实，经济成就的创造必须从一而终地坚持一套金融行为模式。金融行为萌芽得越早，不断创造成功的可能性就会越大。举例来说，邻家百万富翁约翰很早就拥有一套独特的行为模式，正是这套模式奠定了他的成功，也为他的后代提供了行为模板。

在我记忆里，我父母一直很节俭。50岁以前，他们都没有信用卡。办信用卡的原因也很简单。他们想要出去旅行，没有信用卡，他们无法预订酒店或租赁汽车。我父亲花了整整一个小时，向我和我的兄弟姐妹解释办这张卡的原因。并告诉我们，除非我们有能力在首个付款日前付清全款，否则不准使用信用卡。

我们家共六个孩子，我排行第四。在我上四年级时，父亲就让我们都坐在客厅里，向我们说明上大学的方式。他不会帮我们付学费。所有的学费都要靠我们自己。直到我们大学毕业，我们家才有可能买上一辆汽车。但是他会开二手车载我们到工作地点做兼职。在15岁的时候，父亲就要求我们每个人要找到一份兼职。

我们六个人都是靠自己挣钱，完成大学学业，获得了三个大专学位、四个学士学位、两个硕士学位和两个工商管理硕士学位。

我父母这一辈子只欠过一次债。他们花了20年时间才还清房屋抵押贷款。没有汽车贷款，没有股权贷款，也没有在第一个还款日到来时还未还清的信用卡欠款。

我的情况是怎样的？我拥有金融学士学位和市场营销与工商管理双硕士学位。和父母一样，我也没有在第一个还款日到来时还未还清的信用卡欠款。我成为有车一族已经28年，其中有过三次汽车贷款。但是利率很低，我挣的钱远远比支付的利息多。

目前，我手上就剩下房屋贷款和其中一辆汽车的贷款。从我拥有的401（K）计划来看，我的外部投资实际上比401（K）和养老金还要多。

我有两个儿子，妻子成为全职主妇已经快20年了。大儿子获得了学业奖学金，在两周前开始上大学。我存的钱完全能够承担他未来四年的学费。但书本费由他自己出。

我的大儿子一直以来都在帮我的副业做兼职。还在四年级的时候，他就为我们家的副业开始做设计，并且销路都不错，客户很满意。但我跟他说，他的设计费将会扣除设计品生产成本以及收入的税款。毕竟设计品的销售还是以我的业务为基础。剩下的钱都归他所有，但是其中80%的钱需要存起来，为大学费用做准备。还有10%的钱也要成为存款，因为你需要未雨绸缪，说不定哪一天你就需要换一台洗衣机、修理汽车或支付医药费。剩下10%的钱可以自由支配。但是仍需要经过我和他母亲的同意。

剔除生产资料费以及税金，他首次设计作品的最终收入为3万美元。虽然他可以随心所欲地用300美元购物，但是他把所有的钱都存了下来。几个月后，他决定买一台价值不到300美元的iPod。

等到他15岁的时候，他在我们的副业中承担了运输和文书的工作。产品的卸货、检查以及记账都由他承包。他拿的是最低工资。但为了更高的工资，他还在设计作品。小学的时候，他还投资过光盘。他还在当地一家医院做过志愿者。上大学前，他银行账户里已经有了1.5万美元的存款。这个数额是我上大学前积蓄的三倍。等进了大学，他在学校里经营了一家属于自己的店铺。

小儿子已经16岁了，也在跟他哥哥学习。这小子学习成绩名列前茅。尽管他暂时还没有银行账户，但他的存款也就只比他哥哥少5000美元。要知道他哥哥已经18岁了。

我两个儿子都没有车，也没有信用卡。所有的电子产品都是他们自己付钱。在小学的时候，他们俩想要买最新版的“游戏男孩”。我和妻子跟他们说，他们先卖掉手里旧版游戏，用所得的钱购买新版游戏。之后，他们懂得了珍惜拥有的物品，并把它们安置在箱子里。因为只有这样，他们才可以在闲鱼上卖出更高的价格。一段时间之后，他们就意识到他们可以买比全新产品便宜得多的二手电子产品，并且他们还能以当时所付的价格再次出售二手产品。

他们会不会变得有钱？时间会告诉我们答案。幸运的是，我们看到了他们都有一个不错的起步。

正如我们前面所讨论的那样，约翰家族获得的成果是天性和后天培养的结果。如今，我们可以控制后天培养的方面。但是，现在的父母能有几个愿意做下面几件事，去帮助自己和孩子们取得像约翰家族一样的成功？

这几件事包括：

- 鼓励你的孩子省钱。
- 鼓励或要求你的孩子工作。
- 让你的孩子为他们自己的电子产品买单（包括最新的智能手机）。
- 教导他们对消费品负责，尊重拥有的玩具。
- 为孩子的大学教育存钱（父母和孩子一起做）。

约翰培养孩子的方式极具纪律性和克制性。他教育孩子们要尊重钱，这就包括了一种艰难的选择模式。这种模式下的选择排除了在生活中享受消费以及在社交媒体分享消费的状况。

早期经历对财富积累的影响

让我们思考一下我们过去成长的经历是如何影响我们今天所做的财务决策的。父母培养我们的方式以及家庭影响等为数不多的其他因素会帮助我们形成储蓄和消费的模式。虽然我们不能肯定地说后天培养必然是财富创造的原因，但它们之间肯定有一定的联系。

经济上取得成功的人有许多相似的特点，这些特点我们将在第五章进行深入谈论。与此同时，他们还拥有类似的早期经历：他们往往有着稳定的家庭背景，具有良好的纪律，都是以目标为导向。他们的童年和青少年时期的经历各有千秋，但是他们都倾向于将难以克服的障碍分解成几个阶段，按阶段依次解决。在大多数情况下，拥有七位数净资产的富翁都是凭借一种持续的行为模式获得成就——从一美元开始的积土成山，而不是一时的财政紧缩。

当然，你完全有机会在一个温馨和谐的家庭里长大，没有财务管理方面的经验也没关系。但这会导致任何财务教育无法进入你幸福的童年。

举个例子，我们应该都清楚，美国人的金融素养低得不可思议。美国教师保险与养老金协会推出的个人财务索引主要衡量个人金融不同领域的金融知识。在其中一项研究中，他们发现只有 16% 的美国人具备他们所认为的“高水平的个人理财知识”。高水平的标准是指调查对象答对 75% 以上的调查问题。其中，五分之一的人知识水平较低。

此外，对青少年和儿童生活经历的研究表明，我们的早年经历对我们的事业、收入和成年后的个性会产生巨大影响。早在 20 世纪 60 年代，心理学教授威廉·欧文斯就在乔治亚大学开展了相关研究，研究表明环境和青少年时期的生活经历会对成年后的相关表现产生影响。欧文斯博士和他的学生在 20 世纪 60 年代末开始对大学新生开展调查。这些新生将在 20 世纪 90 年代迈入中年。研究人员发现，大学新生如果在拥有的杂志和报纸的数量以及父母的感情等众多事物上保持相似的话，他们在成年后就会倾向选择相似的职业，拥有差不多的收入，并且形成相似的性格。当然，其中一些经历更有可能发生在社会经济地位较高的家庭中。

2012年至2013年，我们对大众富裕阶层以及高净资产的美国人进行了一项研究。研究的主要问题是青少年经历以及行为模式在财富积累方面的影响。研究发现父母的节俭程度以及父母是否愿意教授孩子理财会影响孩子将收入转化为财富的能力。我们还对中等收入以及富裕人群开展了相关研究，结果表明，父母的节俭程度与孩子的净资产呈正相关。换句话说，如果你父母各方面的行为都有利于财富积累，你将有更大的机会走向经济成功。研究对象中声称平时经常讨论与金钱有关的话题，有良好的理财技巧的节俭父母的成年子女，比没有相似教育环境的个人更有机会成为极具财富者。

就家庭生活方式和父母在经济领域对儿童的影响，明尼苏达大学开展的一项研究会带给我们很多启示。研究人员发现，父母们主要为孩子提供了三个理财主题，包括储蓄、管理金钱的方式以及讨论财务问题。

在这些研究中，大多数儿童都是通过直接观察来了解家庭的储蓄和财务管理倾向，而非通过有关这些行为的对话来进行了解。换句话说，父母的行为并不是通过讨论与金钱有关的事情而受到了孩子的模仿学习。

这些结果并不影响百万富翁们在追溯财富成功时的分析，他们仍认为父母的影响力仅次于韧性的品质以及努力工作（详见第五章的表5–1）。有43%的百万富翁表示，他们成功的原因是背后有着忙碌、一心工作的父母。还有59%的人表示，他们的成功是因为有支持他们的父母。

忘掉过去不愉快的经历

其他类型的早期经验会影响我们的财务前景吗？除了是否拥有具备良好资金管理模式的父母以及其他家人，财政压力也可能会影响我们的财务走向。事实上，我们的百万富翁在童年时期都有一些有趣的观察，他们目睹了财务状况是如何影响家庭以及社会关系。其中许多情况突出了忘掉过去以往消极经历的重要性：

> 我目睹了很多与我年纪相仿的人最终沦落成为可悲的人。他们的父

母好像视金钱如粪土，不断地给他们钱。其中有一个女人从父母那得到过一辆崭新的梅赛德斯，这是她的生日礼物（这也是她的第一辆汽车）。但这辆车不到一周就撞毁了。她的父母很快就送了她第二辆。

——来自新泽西的一位百万富翁，其净资产为120万美元

我父母一生都不会管理他们的财富。

——来自佛罗里达州迈阿密的一位百万富翁，其净资产为190万美元

我目睹我父亲在理财上的失败。虽然他有着一份白领工作，但是从来没有闲钱。因为他是一个“日光族”。

——来自田纳西州纳什维尔的企业主，其净资产为110万美元

我还记得我父母因为失去了房产而大吵大闹。我真希望那时候就学习如何做信贷、储蓄以及投资。

——来自佛罗里达州一家纯净水公司的董事总经理，其净资产为170万美元

对孩子们来说，不良理财的压力往往不会消失。这位来自乔治亚州拉格兰奇的新兴百万富翁（净资产为82.5万美元）将为我们讲解这一点：

高中时，我就意识到，父母的经济压力不会因为他们非常努力地工作而减轻。回想起来，我才发觉我父亲在理财方面很糟糕。如果他赚了5万美元，他就能花到6万美元。所有的财务决策都是在绝望的气氛中做出的。我母亲因为父亲在经济上的不成熟或一窍不通，而整日沉浸在极大的痛苦之中。尽管父亲的业务流通值能达到数百万美元，但我父母仍靠社会保障维持生计。我觉得我父亲要承担绝大部分责任。现在的我都是从我父亲的角度进行经济决策……只不过都是选择我父亲的反对项……我真希望我能早点了解储蓄、投资、谨慎的信贷使用以及净资产积累的重要性。但是这些都不是我父母教给我的。不可否认的是，我的父母非常爱我和我的兄弟姐妹。他们是伟大的父母，但就是没有教给我们关于钱

财的知识……我妻子比我大两岁。31 岁时，我和妻子的净资产是负 4 万美元；今天，我已经 48 岁了，我们的身价已达到 82.5 万美元。这中间到底发生了什么？我们开始完善我们的退休计划：就从 403（B）和个人退休账户着手。我们要确保最大限度降低债务负担。幸运的是，我们找到了最适合我们的管理钱财的方式，这就避免了重蹈父母的覆辙——随意挥霍浪费我们的经济财富……描述我父母在理财方面的失败并不是件荣耀的事，但我希望我的这番话能促使现在和以后的父母认识到教育孩子关于钱财的重要性。我们正在把理财的重要性灌输给 8 岁的儿子。当你看到他的时候，他就会告诉你：家庭和朋友比金钱更重要。同时，他也会告诉你：钱很重要，因为糟糕的理财策略会毁了你的生活。

你在成长过程中经历了很多，在理财方面也做了很多有效或无效的决定。这些已经扎根在你每个细胞之中，你无法改变。但请你记住：决定你是否能取得经济成功的根本原因在于你此刻的行为。

尊重金钱，财富才会向你靠近

财务知识对于创造财富至关重要，但自制力在储蓄和支出中往往起着更大的作用。

一定的金融知识加上对于花销的自我控制力，二者的结合可以成为推动未来财务成功的有力武器。金融素养和个人责任感与持有的资产（非流动性和流动性）呈正相关。基于一项研究，研究人员得出了以下结论：金融素养、自制力以及经济成功之间的关系为“对旨在提升童年、青少年及成人时期自制力的干预手段提供了支持。”

财富会主动靠向那些尊重钱的人，而对钱的尊重包括有效管理金钱所需的自制力。那些不按年度消费类别编制预算或记账的人是对金钱的不尊重。这样家庭中成长的孩子往往会像他们父母一样，属于收入富裕阶层。在我们的最新研究中，大约 70% 的百万富翁表示他们的父母非常节俭。

我父亲跟我说过，他采访过很多邻家百万富翁，他们的实际家庭收入从未超过 10 万美元，但是他们却可以清晰地说出他们在预算中分配给每个消费类别的金额。他们还根据自己的预期收入、消费类别、投资、退休、大学资金等，编制了年度预算。试想一下，这种尊重金钱的环境将对孩子们产生怎样的影响。光是每天看着父母为财务忙碌，孩子们就可以学习到一些技巧。这些技巧将帮助他们在成年后积累财富。

想一想你成长过程中是否有过一些与财务管理相关的经历。如果金钱成了一个禁忌的话题，或者你从未从你父母或家人口中听到这样的话“我们这个月的预算中没有考虑这个”，那么你财务行为模式的基础可能与克丽丝蒂天差地别。还记得克丽丝蒂吗？我父亲在第一版《邻家的百万富翁》中提起过她。在她心里，她受到的培养方式极大程度地推动了她的成功。她特别提到，父母的勤奋和开明在培养她对金钱尊重的道路上格外重要。她父亲是一名军士，母亲则是全职家庭主妇。在其早期社会化过程中，家庭预算和节俭的家庭生活方式承担起它们的角色。她解释说：“每月的第一个星期天下午，我们都坐在一起。我们其实没有多少钱……我们只是会看看爸爸的工资单，然后各自开始做作业。”

克丽丝蒂的父母总是首先考虑慈善认捐，然后是未付账单。之后他们会预估这个月可能产生的开支。当回忆起她的父母把大部分家庭收入用于子女的大学基金时，克丽丝蒂面带微笑地说道：“我深知他们存钱让我们上大学是多么困难。但是每次爸爸为大学基金写下一张新的支票时，他都会微笑着说：‘我喜欢写支付学费的支票账单，总有一天你也会为你的孩子这么做。’”

克丽丝蒂成功的原因之一是她父母提供的优质教育环境。作为计划生育委员会的成员，克丽丝蒂和她的兄弟姐妹受到了极大的尊重。他们很早就学会了预算和计划。他们需要为购买笔记本或鞋子提出适当的理由。这些经历都为克里丽丝成为商业领袖做了铺垫。

当然，过度节俭会产生负面影响，特别是当节俭导致一种被剥夺的感受时。在某些情况下，孩提时代经历过这种情况的个人最终可能会做这样的决定：在自己的家庭中，对储蓄或支出方面的谨慎都不该出现。以后的日子里，我们会继续探索成长在过度节俭家庭里的孩子是否会积极看待父母节俭的教育方式。现实是，一些拥有这样背景的美国人取得了经济上的成功。他们能够充分看到过度节俭的最佳教育意义，并且能够将它们蕴藏的经济优势发挥到极致。

表 3–1　百万富翁的早期经历

	同意 / 十分同意此观点的百万富翁的比例（%）		
相关陈述	1996 年	2000 年	2016 年
父母是否过着节俭的生活	66	61	70
父母是否鼓励我获得成就以及变得优秀	–	63	73
是否成长在爱与和谐的氛围中	–	–	70
父母是否比高中同学的父母有钱	–	–	32

遵循邻家百万富翁生活原则的年轻注册会计师

财务导师的早期经验和源源不断的支持可以对财务成功产生重大影响，并且它们也能使那些接受非常可观的经济馈赠的群体做好准备，避免落入因意外之财而增加消费的陷阱。就拿《邻家的百万富翁》中的一个案例研究来说，这位主人公拥有父母给予她的可观馈赠，但她仍然保持着极其合理的经济行为。我父亲在 2014 年写了以下这篇文章。

邻家百万富翁们以及那些即将成为他们中的一员的人基本上都成长在充满和谐、相互尊重、以自制力和节俭为特色的家庭环境中。下面的例子将围绕我的一个读者展开：

“当我还在读高中的时候，我父母就将《邻家的百万富翁》列为我和我弟弟的必读书目。我们对这本书都很感兴趣。透过这本书，我们可以看到父母是如何管理家庭的。我父亲一直都是工薪阶层。他每周工作 37.5 小时，并且一直陪伴在我们身边。我母亲是家庭主妇。她的身影总是活跃在车库贱卖现场。一年到头，我们家只会外出用餐四次……因为我们喜欢工作的感觉，所以我弟弟和我很小就开始工作！我父母定期会给我们一人一笔钱，这样我们就不需要张口跟他们要钱，而且我们还可以学习理财。现在我和弟弟都已经快 30 岁了。年轻时学到的经验也开始有了回报……我母亲在三年前离我们而去。作为对她去世的补偿，我们家得到了一大笔钱。我父亲存下了其中一大部分钱，又给我和弟弟每个人 25 万美元。父亲仍然住在原来的房子里，继续开着 2003 年的老式丰田。我弟弟在同一个社区买了一套房子，继续开着 2005 年的丰田凯美瑞去上班。我也继续上班（从事注册会计师这份要求很高的工作），选择和其他四个女孩共享一套房子。原因很简单，因为这样做，我的租金远远低于华盛顿特区周边的平均水平……我所得到的遗产都存在了投资账户里。另外我又将收入的 20% 存下，为退休做准备。我们并不是守财奴。我们也会去享受生活。我喜欢旅行；我弟弟喜欢美食。但这些花销都是我们力所能及的……为什么我要说这些事呢？因为我觉得我和弟弟在当代美国人里显得有些格格不入。大多数孩子在 23 岁或 26 岁（我们得到遗产时的年龄）一下子得到这么多钱时（或者还没有这么多），他们会选择辞职，去买品牌车，把所有的钱用来疯狂购物或者旅游。但是我弟弟和我都没有这么做，我们仍然开着原来的车去上班，保留了我们原来的生活方式。因为我们知道真正的满足感源归何处。”

因此，如果父母们早早向孩子灌输健康的金钱观，并为他们提供管理金钱的有效工具，那么父母和孩子在未来都会收到无价的礼物。他们不需要“经济门诊”护理，便可以在通往经济独立的路上快人一步。

永远不要对孩子说你很富有

有这样一位财富管理公司的负责人。他主要与东南亚拥有高收入、高净资产的人士打交道。他告诉我们，他接触的客户的财富经历与《邻家的百万富翁》里所描述的不一致。他的大多数客户都不是靠节俭致富。他们的收入特别高，以至于不用去考虑开支。事实上，有些人的确可以在不节俭的情况下积累大量财富。

同样，在《停止装富》一书中，我父亲也描述了这样一群“闪闪发光的富人”。这些人拥有极高的收入和净资产，他们没有家庭预算，也没有计划。他们根本不需要。不管他们买什么，产生的花销只是他们净资产的九牛一毛。换句话说，即使是那些“闪闪发光”的富人，他们的消费也远低于他们的产出。如果你是这群人之一的话，恭喜你！你的财富在美国居于前1%。

那些以高收入起家，但还未踏进“闪闪发光”的精英阶层的人很可能会走上另一条路。一条路通向节俭和财政紧缩，而另一条路则伴随着挥霍无度的支出。“闪闪发光”的富人可以很轻松地做到这点，并且不会给后代带来任何影响。但是那些欠财富积累者也会模仿并展示其消费成果，包括开的车、穿的衣服、戴的配饰以及旅游等娱乐方式。实际上，他们这是在向后代以及周围的人宣告他们的富有以及彰显他们的价值观。

高收入、白手起家的父母会给后代一个怎样的童年，我们来设想一下：乘坐豪华汽车去私立学校；抢先拥有最新的电子产品以及名牌衣物；出国旅游；去五星级餐厅（孩子们甚至不会读这些餐厅的名字）用餐。当这些孩子开始独立生活时，他们还能放弃生活中的这些奢侈品吗？他们是否会明白父母的高收入是这些高消费的保障，而很少有人能拥有这么高的收入？这些概念可能不在10岁儿童的理解范围内。这也就预示着他们的“经济门诊”服务即将到来。

事实上，《邻家的百万富翁》的读者经常会问到这样一个问题：“为什么我的孩子在成年后成了高消费一族？”

答案很简单，也很直接：有其父必有其子。《邻家的百万富翁》中提到如何抚养有生产力的孩子，而这些父母违背了第一条准则：

永远不要对你的孩子说你很富有。

更糟糕的还在后面，很多时候，父母都在通过过度消费的方式向孩子们传递他们有钱的信号。可实际情况是他们的资产并不能承担起这样的高消费，他们拥有的还只是他们的收入。

那些一手拥有高收入，一手持有高净资产的“闪闪发光”的富人仍然选择克制消费。这是为什么呢？也许他们已经意识到确保经济成功的两个真理：孩子永远不知道你的财富值；虽然节俭并不是不可或缺，但它仍是财富积累的重要组成部分。

如果你没有运气能继承一笔巨款或者成为信托基金受益人，积累财富的必由之路就是保证你的支出少于你的收入。这将自制力与数学联系在一起。节俭是一套能够预测净资产的行为，它不受年龄、收入，以及馈赠等外部因素影响。如果你想靠一己之力积累财富，节俭是一项要求。正如我父亲在《邻家的百万富翁》中指出：

节俭是财富积累的基石。

如果你还不是“闪闪发光”的富人，仅依靠现有积累的财富去照顾一家子，同时你的孩子在储蓄和支出上丝毫没有显现出谨慎态度（即节俭），那么你的孙辈们怕是沾不了你资产的光了。除非你成了“闪闪发光”的富人，你的孙辈们才有可能两手一甩，不做任何财政计划，也不需要靠自己积累财富。如果你的父母只是在“装富”（总有一天你会发现这一点），有一种意识就会慢慢发展起来：父母所拥有的“经济成功”总是距离你很遥远，因为你的经济成功需要持续的消费品和奢侈品作为支撑。

富豪们的早年生活经历

你的父母及家人、你的教养以及成长过程中学到的与金钱有关的经验教训都会影响你的消费、储蓄和投资行为，并最终影响你的财务状况。因为这些早期经历，我们走上了现行道路。但是，通过有意改变行为，我们可以遇到十字路口，重新选择自己的道路。虽然下一个十字路口离我们还很遥远。

我们需要看到，在过去20多年的研究里，众多百万富翁虽然开头不顺，但最终仍然获得了成功。命运一开始曾数次捉弄他们，但他们还是找到了生存和成功的方法。我们过去的经历以及我们家人表现出来的行为方式是否能为我们的经济生活定下基调，决定权在我们手里。让我们重温一下邻家百万富翁们分享的早年的生活经历：

> 我的父母花钱总是大手大脚，从来没有存下钱。他们总是看起来有钱。我父亲在61岁的时候去世了，没能给母亲留下什么钱……这些痛苦让我走上了与他们不一样的道路。
>
> ——一位净资产为200万至250万美元的企业主
>
> 我眼中的父亲就是挥霍无度的代名词。他能把房租（举个例子）花在昂贵的艺术品和那些彰显地位的物品上。我总是想不通他为什么要这么做。因为我母亲总是抱怨家里面没有钱。我父亲总是让我去接电话。我母亲是个护士，那段时间她正值二班。我一个月有好几次接到过“万事达”或“美国运通”（金融机构）的电话，他们想要找到我的父亲，想要他还钱……当时我只有14岁，对于整件事就是这个印象。父母在我16岁的时候离婚了，这使我母亲脱离了苦海。所以要记得：入不敷出是一条通往毁灭的道路。
>
> ——一位来自俄亥俄州的营销主管，净资产为700万美元

许多成功人士能视逆境为粪土，从而轻易跨越逆境。在某种程度上来说，他们会对未发生的事情采取超脱淡然的态度，集中精力专注于创造更好的结果。去想一想新兴企业的失败率，成为企业领导者、婚姻成功以及经济独立的可能性。

如果我们过于关注逆境的存在，而忽略了自身行为和选择，那么我们就不会踏出第一步。一位来自威斯康星州的工程师正大步走在成为百万富翁的

道路上：

> 那时我23岁，刚跟妻子离婚，没有任何工作技能，靠一份最低工资养活自己和两个孩子。我祖父母在旅行途中，突然来访。因为那时候我的手机欠费了，所以他们未能成功地提前通知我。我祖父问了我一个问题，这个问题改变了我的人生："你为什么要这样生活？"毫无疑问，没人愿意这样生活。祖父继续说道："在美国，是你自己选择变得穷困潦倒。"最后，他说服我去上大学，争取获得工程学学位。感谢美国！

再看看这位来自佐治亚州的高管，他现在的净资产为100万到150万美元：

> 几年前，我母亲（在快到退休年纪时）失业了。那时候，我父母刚用30年的抵押贷款买下了一套新房子，每个月都要还贷。我父亲比母亲大四岁。母亲的失业给他增添了额外的压力……回想我的童年时代，父母一向经济拮据。他们总是用信用卡付款，为新车融资。我不赞成父母的这种行为模式，并决心找一份体面的工作，拒绝欠债。我用现金买车。当然为了买房子，我们还得还一大笔抵押贷款……这是一种不一样的体验……（在整个家族）只有我们家是一个人挣钱（我妻子是全职主妇，心思全在孩子身上）。我下定决心尽快还清抵押贷款，这样我的家庭就能拥有真正的经济自由。

上述案例仅代表了过去20年间的一些故事。这些故事表明，在一个人的成长过程中，的确会出现一些不太利于财富积累的因素。也许正是因为这些早期经历，经济成功人士想寻求一种真正意义上经济自由的生活，并着手实现这些目标。但这种轨迹的改变是因为他们改变了对财务目标的态度以及（最重要的是）他们的行为。态度和行为的改变使他们更好地积累起了财富。

真正的美国梦是什么？

在我们这个消费过度、异常浮躁的社会里，我们仿佛遗忘了（或忽视了）在美国才能拥有的巨大自由。而这种自由是一些人通过巨大牺牲才换来的。在百万富翁们分享故事时，很多人都记不得他们家族是如何移居到美国的。大多数人都对上辈的经历一无所知。大多数人不知道他们能在美国生活的机会，是上辈们在付出情感、心理以及经济的巨大代价后才换来的。我们不仅没有铭记那段经历，尊重先辈们的付出，而且一点不珍惜所拥有的机会。那些移居美国并开始新生活的人值得我们学习。通过学习，你会看到不一样的世界。在下面的段落中，H 女士告诉我们她的母亲是如何在移民后一步步成为亿万富翁的：

> 我母亲在 20 世纪 80 年代初移民到美国，独自抚养我……她不怎么会说英语，也不会写英语……她应该是我知道的最节俭的人。她是一个吝啬的首席执行官，每天通过削减开支来管理家庭……

她母亲通过勤俭持家，存下了一笔钱。但这笔钱很快就被用来投资家族产业。餐厅成为家族产业的第一炮。H 女士说从小学开始，她和她的兄弟姐妹就喜欢在餐厅打下手。为了省钱，H 女士的母亲在各种旧货商店、慈善超市和跳蚤市场给一家人买衣服。尽管如此，这家人却从不认为他们经济贫困。这家人将财富积累视为从中等收入过渡到富裕阶层的跳板。因此，他们从不认为穿二手衣服会掉价。

后来她母亲买下了这家餐厅所在的大楼。自那之后，她开始买进越来越多的房地产。这些房地产给她带来了巨额收入，最终帮助她收购了几个购物中心。目前，H 女士的母亲和大多数经济独立的老年人一样，享受着悠闲的生活。

请记住，那些光顾慈善超市的人并不全是经济菜鸟。有些人即将成为新兴的企业家，另外有些人是精明的消费者。我们会在下一章中集中讨论。

他们决心通过简朴的生活来创业，并最终创造财富。我们已经注意到，不是人人都喜欢这种生活方式。但这不影响它作为财富积累的可靠途径。

H 女士写信是为了赞扬一位慈爱、有教养的母亲，而不是为了指责她。H 女士和她的兄弟姐妹都认识到，他们的母亲渴望着家庭的经济独立。另外，作为母亲的孩子，他们都深知只有少数母亲能和他们的母亲相提并论。他们的母亲努力工作，将时间都花在工作以及家人身上，没有时间考虑自己。H 女士从她母亲身上学到了一些人生道理：

> 我母亲告诉我，品质的真正价值不在于一个人消费的方式以及消费带给他的个人的变化，而在于这个人如何通过财富积累和公平地对待他人，做一些伟大的事情。工作只有诚信与否，没有高低贵贱。

那我们可以从 H 女士母亲财富积累的方法中学到什么呢？许多人梦寐以求的经济机会与谨慎支出和储蓄密切相关。市场营销以及媒体行业的人试图向我们灌输有关消费、储蓄以及收入的知识，别理他们！不管你的交际圈流行的是怎样的消费方式，逆势而行！一套有自制力的行为模式才能通向经济独立的生活。想要财政独立的目标清晰明确，想要成为美国社会的经济成功者，先尝试过一段简朴的生活吧。

经验很重要

即便我们不是儿童心理学家或育儿专家，我们也有必要讨论早期生活经历，理由有二：一是很少有研究能表明生活经历可以决定成年后的格局；二是因为众多读者向我们征求相关意见。我们的研究对象是那些独立创造财富的人，研究范围包含了他们的生活方式、习惯和心理，结果表明：

- 有证据表明，如果父母拥有节俭和理财习惯，这会帮助他们的孩子在经济上取得更大的成功。在过去 20 多年中，我们分享的故事就充分证明了这一点。

• 不管父母在子女面前展示的是怎样的经济行为，最终是否延续这些行为的决定都取决于个人。

的确，很多百万富翁都有勤俭的父母。只有 32% 的百万富翁认为他们的父母比高中同学的父母有钱。这样的情况还在延续。很少有百万富翁能从富有的亲戚那里获得额外财产。事实上，百万富翁从遗产以及信托中获得的资产只占总资产的 14%。另外，10% 的收入来自亲戚的现金支持或其他形式的馈赠。

配偶的支持对你的财富积累很重要

我们平均每天与配偶相处的时间为 2.5 小时，这也就很容易理解为什么婚姻会影响我们与财富相关的行为和经济成功了。不管是过去的调查，还是我们的最新研究都表明，百万富翁都是已婚或再婚状态，并且将配偶作为促进其经济成功的重要因素。在对百万富翁的最新调查中，93% 的人结婚或再婚，其中超过 80% 的人认为配偶的支持是他们经济成功的关键因素。美国国家经济研究局发现，65 岁至 69 岁已婚夫妇的净资产中值是同一年龄段单身人士的 2.5 倍。此外，充满爱意、相互尊重的恋爱关系会带来经济利益：俄亥俄州立大学的一项研究发现，离婚会使财富减少 77%。

我们将在第五章中讨论家庭的角色分工，有些人必须承担与财务管理有关的各种任务。如果配偶双方意见一致，相关任务分割起来也会比较容易。经济成功的夫妇倾向于在经济上共同努力，并且对追求目标以及实现这些目标的方法没有争议。甚至有证据表明，夫妻双方的信用分数越相似，婚姻持续的可能性越高。一位退休的百万富翁和我们分享了他对婚姻和财富的看法：

> 我妻子改变了我的人生。她百分之百地相信我。她坚信即使我心有顾虑，也会成功。我们有着相似的人生目标。我们量体裁衣，为未来储蓄。结婚的前八年，我们都在工作。我知道我妻子想要在家陪着孩子（至少在孩子上学之前），所以我们以一份工资为基础，买了一套房子。

家里有一个全职主妇会带来好处。在我整个职业生涯中，妻子给了我源源不断的支持，这让我能勇于承担一些商业风险，为今天拥有的独立的经济生活铺平了道路。

如果将一个典型家庭看作是一家企业，我们就可以发现，这个家庭的各个主要成员在资源管理方面扮演着不同的角色。一位邻家百万富翁的妻子告诉我们：

我丈夫经常开玩笑说，如果他是我们家的首席运营官，那么我就是首席采购官。他也承担了首席财务官的角色，但我们经常会在如何分配预算，预算是否应该落实、核查以及坚持等方面意见不一……一旦摩擦因钱而起，其他事情也会开始出现矛盾。但是，即使我们在金钱问题上有不同的看法，我们也会努力工作，以确保我们大部分时间都保持一致。

在某些情况下，配偶一方必须承担更多的财务管理责任。尤其是在配偶一方花钱没有节制时，这会发挥更好的作用。根据这位妻子的说法，这一点就是这对邻家百万富翁夫妇的真实写照：

几年前，我们都退休了。也是那时候，我丈夫才开始对我们的财务状况感兴趣。我们结婚 32 年了。如果没有我，我想我们可能一点存款都没有。为了维持和平，我们在结婚初期就把个人开支分开。他花他的钱，而我负责家庭开支和储蓄。

在《百万富翁之心》一书中，几乎所有受访的百万富翁都承认他们的配偶诚实（98%）、有责任心（95%）、有爱心（95%）、有能力（95%），以及会提供支持（94%）。大多数百万富翁在他们求婚之前就知道未来的伴侣已具备了这些品质。一位亿万富翁兼高级企业高管告诉我们，他的妻子是怎样在他的成功中发挥作用的。结婚两年后的某一天，他问她想要什么生日礼物。她回答道，如果他能回到大学并完成他的学位就是最好的礼物。她提出搬进学生公寓，并找了一份全职工作，全力支持他。这份礼物最终给他的事业和他们的生活方式上带来了巨大的惊喜。

让我们再看一下另外一个案例研究。案例出现在一位名叫欧文的公司高级销售主管发给我们的电子邮件中。过了50岁这道坎之后，欧文觉得自己的黄金岁月已经不复存在。焦虑至此缠上了欧文，他的工作机会也越来越少。但他妻子不以为然，因为她相信她丈夫的职业前途，甚至动用了自己的小金库，花了5000美元聘请了一位就业服务专家，请他帮助欧文分析怎样得到工作机会。

灵魂伴侣的试金石？

常有一些有远见的读者会向我父亲咨询关于配偶选择的问题。很明显，他们或从亲身经历，或从读物中明白配偶选择会对未来的财务是否成功产生重大影响。我们的研究无法充分回答这个问题。我父亲只能这样回答："百万富翁成功婚姻的背后的确有具有某种特质的配偶的支持。"在《百万富翁之心》调查的男性百万富翁中，大多数人（86%）将"无私"作为最重要的特质。此外，大部分百万富翁告诉我父亲，他们的妻子是在充满爱的环境中长大的。她们似乎并没有被过度消费的需要所驱使。对于他们卑微的开端也是如此。勤俭起家的她们并没有在有钱之后产生高消费的需求。

正如《百万富翁心目中的最佳配偶》一章所述：

> 典型的百万富翁夫妇在一起都近30年了。他们的婚姻关系很持久，就如他们的经济生产力……让夫妇中的一方去解释他们家庭生产力强盛的原因……双方都归功于对方。
>
> 如果有100位百万富翁称其经济成就背后并没有一个支持自己的配偶，那么就有1317位百万富翁表示他们的配偶对于其成就至关重要。在这100位百万富翁中，22人一直保持单身，23人处在离婚或分居状态。

也就是说，剩下的 55 人拥有配偶，即只有 4.2% 的人认为他们的配偶在其经济成就中没有发挥重要作用。

配偶……和 1% 的富人

几年前，我父亲写了这个博客。在这个博客中，他比较了两个行为——把责任推卸给某个群体以及学习某个群体带来的差别：

几年前，尼娜·伊斯顿在《财富》杂志的一篇社论中写道：不要责怪富人：来自 1% 的富人的辩护。停止一味地指责 1% 的富人，那么大多数人都可以通过了解富人的习惯来学习财富积累的知识。她言简意赅地说："指责那些有权有势、贪婪的富人没有任何意义。"但是，如果我们真的想解决日益扩大的不平等问题，我们就应该弄清楚那 1% 的富人究竟采取了哪些值得学习的方法——并将其中的一些方法用来缩小差距。

原本《邻家的百万富翁》的书名是《这就是他们富有的原因》。虽然稳定和长期的婚姻不一定能带来财富，但它们往往与百万富翁如影随形。我们都清楚，离婚会带来很多麻烦的事，包括转移以及分割财产，向子女提供照顾（抚养费）。一段婚姻的解除必定会带来预算以外的费用。正如《百万富翁之心》中提到的那样："持久的婚姻会带来更高的财富值。相反，那些结婚多次的人往往在日后很难积累较多的财富。"

百万富翁以及那些有潜质成为百万富翁的人具备一种独特的能力，他们会选择出具有某种特质的伴侣。当谈到他们的伴侣时，百万富翁会提到"脚踏实地""无私""具备传统价值观""情绪稳定""有耐心""善解人意"……

之前的一项研究选取了全国范围内近 670 位百万富翁，其中 68% 的人与原配共度一生，25% 的人再婚。在同一项调查中，86% 的百万富翁表示，他们的父母在其成年前未分居或离婚。这个数据相较于 2005 年出版的《停止装富》中的 90% 的数据有所下降。

诸多证据显示收入与财富紧密相关。高收入家庭往往属于传统的丈夫 / 妻子类型。收入在 20 万美元及以上的家庭中，约 85% 的家庭的报税表是夫妻共同提交的。而在收入低于 5 万美元的家庭报税表中，只有 18% 是夫妻联合申报的。越来越多的高收入家庭是由全职丈夫和妻子组成。

诚实是最好的婚姻良药

当你考虑结婚的时候，发现自己还有未还清债务，该怎么办？诚实是最好的方法。你应该就你的经济状况向你未来的配偶提出忠告。你最好深入讨论一下未来要如何偿还债务。道格向我们分享了下面这段话。这段话改变了他的一生：

> 对我来说，这是为了满足我（未来）妻子的要求……她告诉我："她不会嫁给一个背着债务的人。"我花了 14 个月才还清债务（总计 4.5 万美元）……之后她把我介绍给了邻家富翁戴夫・拉姆齐。这两件事都对我的生活产生了深远的影响。

缺乏诚实，特别是在财务责任方面，很有可能使蓬勃发展的恋情戛然而止。以亨利和萨莉为例。经过几年的相处，他们终于决定结婚。但就在婚礼前不久，亨利收到了萨莉其中一个贷款人的信。萨莉竟然曾在好几份贷款申请中，把亨利作为信用担保人。后来他又发现她违反了贷款协议。她已经拖欠了 2 万美元的消费贷款。另外还有 1.5 万美元即将到期，需要偿还，这些贷款还不包括她未偿还的助学金。

当亨利质问萨莉的信用状况时，她提出了一个解决办法。因为亨利收入比较高，她竟然要求亨利"帮助"她偿还债务！萨莉认为亨利既然能说出"我愿意"，她的信用问题就不会影响亨利对她的态度。可是，萨莉误判了亨利，亨利解除了婚约。这不仅仅是因为萨莉糟糕的信用状况，也因她背叛了彼此之间的信任。亨利认为萨莉在钱的问题上完全不负责任。

无论你的家庭是否充满爱，无论你的家庭是否在财务管理方面为您提供了一定程度的教育，无论你的配偶或家人与你在财务问题上的观点是否一致，我们仍然可以控制其他两个重要的影响因素，它们也会妨碍我们实现财务目标。

第一种是攀比游戏：攀比我们拥有的东西，我们可以消费的东西，以及我们与周围其他人的成功。

社会计量学领域关注的是个体如何融入一个群体。此外，该领域还格外关注排名，即我们与身边人的比较，对行为和态度的影响。研究发现，一个人的主观幸福感（通常是你对本身以及命运的看法），而非社会经济地位，与你的社交地位密切相关。换句话说，你对生活的满意度并不一定由你在国民财富或收入的等级决定。实际上，你的满意度受你所在社区的影响。社交地位的高低是看同龄人（通常是你交往密切的人）对你的尊敬和敬佩程度。

第二种是忽视我们周围人的消费习惯的必要性。我们对百万富翁和其他人群的研究发现，不顾年龄和收入的差异，忽视别人正在做的事情（《邻家的百万富翁》的主题）将影响你的净资产。

举个例子，我们都知道群体购物会影响我们看待消费的方式，并最终影响购物的次数。将群体购物与独自购物放在一起，结论不言而喻（青少年是很好的研究对象）。即使是那些节俭的消费者，他们与高消费的朋友在一起时，往往也会花比平时更多的钱。那一刻节俭的意识渐渐被他们抛在了脑后。我们将在下一章集中讨论消费问题，但现在让我们讨论另一组家庭：每个人都会遇到的那个好攀比的邻居家庭。

想要积累财富，你必须学会“冷漠”

不再关心别人开的车、穿的衣服以及买的东西就是我们常说的社会冷漠。那些对所有消费类别都表现出高度社会冷漠的人具有更好的机会去积累财富。

这种对他人开的车、穿的衣服以及娱乐方式的冷漠（想一想最新的智能手机）与长期积累财富的能力有关。具体而言，社会冷漠可以帮助我们抵御生活中的炫耀性消费竞争。

以可靠的标准进行衡量，我们就会发现，对周围变化的冷漠与一个人的年龄和收入无关，与净资产有关。那些花时间关注别人的消费，并一直惦记着最新、顶级的消费品（如电子设备以及首饰）的群体不太可能积累财富。

不论你的年龄多大、收入多高或通过继承、馈赠获得多少财富，社会冷漠将影响你的净资产。就像《邻家的百万富翁》中的极具财富积累者，那些对社会冷漠的人创造财富的可能性更大。

与其他人相比，那些成功地将收入转化为财富的人在私家车、穿着及社交媒体上的互动都表现出一致的行为模式。来看一下这位来自俄亥俄州的百万富翁：

> 我们（我的妻子和我）在创业的头十年里显得有些“落后”，不愿意与他人攀比……我的朋友们握有体育赛事的季票，去听音乐会，并且拥有豪华的汽车。而我一直在工作中盘旋。我和我妻子都拒绝参加这些活动。现在回想起来，我们没有错过什么，也没有真正“受苦”过。我们一向节俭，乐于存钱，但我们不抠门。扩大我们的业务，推动家庭成员的成长是我们主要在做的事——这两件事想要做好都不容易——但现在我们可以享福了。

在消费者的“军备竞赛”中，你不会是第一名。任何一种潮流，一种风格，一种时尚都将被后势推翻，进而被取代。在追求财富的过程中，那些能够将收入转化为财富的人可以忽略消费习惯、新出的电子设备和闪亮的时尚装饰。以C夫人为例，她的一个朋友热衷于在消费游戏中相互竞争：

> 直到我的其他朋友提到这件事，我才注意到这个现象。我买了辆车，

她便买了一辆更大、更贵的车。如果我的孩子们在学校里表现很好，她就会宣扬她孩子获过的奖及其他成就。我买了一所房子，就把我的第一套房子出租出去了，不久她就买了一个更大、更贵的房子，然后将她另一套房子租出去了。这个相互竞争的现象表现在各个方面——养育子女、教育、休假等。她不遗余力地指出每个事项的花销、他们挣的钱以及列举购置的东西。

她想要让我效仿她，但实际上却适得其反。她花得越多，越吹嘘，我就越不想乱花钱。

有一个小女孩问C太太："你的朋友是有钱人吗？"C太太告诉她："她拥有的东西只是表明她（邻居）在花钱，并不能显示她的价值。"

内隐成功

很多邻家百万富翁都喜欢淡化他们巨大的社会经济成就。你有没有想过这背后的原因？他们不需要通过购买奢侈品和昂贵的房子来展示他们的经济实力。在很大程度上，他们拥有的成就是他们成功的勋章。举例来说，经济成功，尤其是经济独立就是勋章之一。相反，那些没进入富裕阶层的人不出意料地热衷于对外宣传自己的消费能力。你要知道，想要让普罗大众相信你收入丰厚，是一项需要斥巨资的大工程。通常情况下，这会使你一直处于高消费状态。攀比游戏的对立面是对地位这个概念的正确认识——我们应该通过我们的消费模式向他人展示地位。我们的研究对象涉及百万富翁、亿万富翁、大众以及新富族群。在这些人中，我们发现那些对别人冷漠，不需要或没有动力向他人展示自己地位的人，更可能在经济上取得成功。举个例子，娱乐业的顶级巨星一般都乐于待在幕后，而不会迷恋聚光灯下的生活。《华尔街日报》曾刊登了这样一篇文章，我父亲非常赞同其中阐述的这一原则：

黛安·沃伦是一位出色的作曲家，已经写了超过1500首歌曲。席琳·迪翁和罗德·斯图尔特都曾演唱过她写的曲子。事实上，她的客户名单看起来就像是“流行音乐名人录”。但在我看来，名单上的大多数歌手都属于高消费，止步在收入富裕阶层。

他们需要经常站在舞台中央，接受观众的注目。但我们并不能说这完全是谋生需要。在某种程度上，这些人是原始的生命形式。他们必须亲自去“猎取”和“采摘”收入和粉丝。而且这个过程是终生的。

但黛安·沃伦正好相反。她是人类学家口中的“耕种”一族的成员。耕种者播种，种植庄稼和树木，养牛和写歌。与现场表演不同，作曲者写的歌曲可以被视为存货。他们一生可以享受一首歌曲带来的版税收入。

以下是这篇文章的原话：“沃伦女士不在乎普通听众是否知道是她写了这首歌。她本人认为‘我希望他们热爱唱这首歌的歌手，甚至可以认为是歌手创造了这首歌。但这首歌法律意义上的创作者必须是我，因为我要赚取收入！’”

想要通过四处旅游，购买汽车、住宅等消费去展示对成功的渴求，会成为财富积累道路上的羁绊之一。

说完，C太太暗想，“我的经济状况还算不错，未来的退休生活也应该比较舒适。可是我那个邻居还在守着她的工资，为她的退休生活做准备”。

在《停止装富》一书中，有这样一个问题：“当你的孩子在学校或其他场所遇到那些喜欢炫耀高价消费品的朋友时，你会怎么办？你的孩子可能会问你为什么不给他们买同样的产品。你可以这样告诉他们：一个人的品质或者能力是无法用金钱能买到的东西去衡量。那些穿着华贵、开着豪车的人并不都有钱。”

良好的自我感觉与我们在社会群体中所处的地位息息相关。有些人总是更容易受到社会群体的影响。和朋友共度时光当然有它的好处，但是如果你总是拿自己与那些超前消费的人做比较，那么你便失去了快乐，也失去了财富。

为什么大多数医生的净资产是负数？

美国人的平均年收入（49630美元）不足内科医生和外科医生收入（210170美元）的四分之一，要注意这里所说的收入是平均数，而不是中位数。美国大约有65万名内科医生和外科医生。他们通常都会被人视为高收入群体（这种推断存在合理成分），但他们在财富积累方面的能力受到了质疑。我们在“数据点”（一家数据公司）的趋势研究中也关注到了这一点：在节俭方面，77%的人做得比大多数医生优秀；此外，大多数医生在理财能力（有关投资和财务管理方面的知识和技能）上得分也较低。在2011年版《邻家的百万富翁》的序言中，我父亲指出那些收入高、财富积累却很低的富人不会消失：

> 相较于20年前，如今这些实际拥有高收入的人是否在财富积累上显示出了更高的能力？“不都是”应该是最恰当的答案。我20年前所写的大部分内容至今仍然适用。即使在今天，高收入的医生、律师和公司的中层管理人员在将收入转化为财富的能力方面仍然低于平均水平。一般来说，大多数高收入夫妇都停留在收入富裕阶层，而不属于资产富裕型。

我无法拥有那辆车

正如我们之前讨论的那样，一部分人经常会对他人做出的财务决定，不屑一顾。我父亲在2014年分析过这个话题，他认为这一部分人经济上占据优势，但却不受人尊重：

在《停止装富》一书中，我提及了这样一群“闪闪发光”的富人，他们有着极高的收入，手中掌有大量的财富，将大笔的钱花在了品牌汽车和豪宅上。但不管他们把钱撒向何处，花掉的钱也只是他们净资产的九牛一毛。用我朋友乔恩·罗宾的话来说，这些人集中生活在“贵族社区”。

我很喜欢美国历史博物馆。有一次，我在那里的招待处待了一个多小时。在那里，我与吉利斯首次碰面。吉利斯薪酬很高，是“财富100强”的高级执行官。我们先对展出的文物进行了简短的对话。在随后的交谈中，我们又发现彼此都对高性能汽车感兴趣。吉利斯说他现在拥有保时捷、宝马和奔驰三个品牌的汽车。然后他问我：“你觉得最新版科尔维特怎么样？”我就回道：“《名车志》《车在路上》《汽车周刊》《汽车趋向》四本杂志对它的评价都不错。”然后吉利斯告诉我，他真的想买一辆，但是现实不允许他这么做。如果你住在“贵族社区”中心，你就不能开一辆科尔维特车！事实上，吉尔斯和他的邻居们不久前讨论过这个话题。但吉尔斯的邻居们都不想在社区开一辆科尔维特。

我经常向别人解释为什么吉利斯这群人不会开科尔维特。开保时捷的有钱人（吉利斯就是其中之一）不想与他们眼中的“金链子”人群联系在一起。即使科尔维特的性价比比保时捷高，他们也愿意花更多的钱买一辆保时捷。在早期作品中，我提出过下面这个问题：收入、净资产或住宅的市场价值，哪一个变量是消费的最佳预测指标。住宅的市场价值是最准确的答案。如果你住在“贵族社区”，那么就存在巨大的社会压力。此时，你只能放弃性能，投向品牌。

通常，医生的净资产中位数是负值。在很大程度上，是受他们学生时期的贷款和年龄所影响。但还有另外一个因素在起作用：我们对医生地位的刻板印象。

当我们的邻居、朋友和同事都变成超级消费者时，我们会感到很大的压力。如果你从事的是定义明确的专业工作（如医生、律师、行政人员等），压力会变得更大。许多人对于医生应该开的车和住的房子有一套固定的设想。

看一下这个数据：在最近的一次全国调查中，百万富翁们在手表上的花销不超过300美元，医生则不超过700美元。我父亲在《邻家的百万富翁》中写道："受过良好教育的人往往在财富规模上落后的另一个原因是：社会赋予他们的地位。医生，以及其他拥有高级学位的人，都在扮演别人心中的那个自己。"

想要积累财富，医生也需要"叛逆"：他们需要做出能够使他们财务成功的选择；而不是扮演医生群体或身边人的角色，也不要去做其他人认为医生应该做的事。为了创造财富，我们需要管好自己的事情，专注于如何将高工资转化为财富。学会忽视医生邻居开的车、住的房，以及刚买的那只漂亮的手表，这将对财富积累产生重大影响。

科技的进步反而会阻碍财富积累?

一些记者和读者都在不断问我们这样一个问题：现在想成为邻家百万富翁是否比20世纪80年代或90年代更难？或许你也心存同样的疑惑。答案可是可否。正如许多心理学家和社会科学家所回答的那样，这取决于个人。

医疗和教育的支出降低了通过储蓄成为百万富翁的可能性。但自从《邻家的百万富翁》首次出版以来，我们不断进行案例研究、访谈和调查研究，所有结果都表明经济独立和财务成功的基石并没有改变。

但是，由于技术的影响，这一目标的实现的确变得更加困难。基于与社交地位相关的概念，技术上的突破可以让我们更好地与朋友、家人、同事、熟人和名人之间建立联系。

人们原本就拥有无数种方式去花费时间和金钱。现在这些无所不在的联系又提供给我们一种全新的选择。如今，我们的人际关系沟通方式正在被科技入侵。科技帮助我们建立永久稳定的联系。正因为此，我们可能会忽略它背后的财务风险。

这个时代，别人对我们的影响如影随形，它可能就藏在你的口袋或者钱包里。我们每天在社交媒体上平均花费2个小时，其中50分钟都花在了脸书上。试想一下，如果这2个小时用来发展一项新技能，研究一个新的商业理念，或者与朋友、同事或雇员互动交往，会如何？相比之下，在我们最新的样本中，百万富翁每周在各类社交媒体网站上仅花费2.5个小时。我们已经知道社交网络会影响我们内心可接受的行为。这也体现在购物和消费上。朋友们购买的消费品，穿的衣服都会在心理上影响我们，使我们渴望消费。我们花在社交媒体上的时间越长，产品和服务就越会影响我们的购买习惯。

在最近的一次采访中，一位百万富翁跟我们说："你可以在脸书上看到众生万象——你感觉所有人的生活都不可思议、妙不可言，但事实并非如此。"

另一位百万富翁更为直接："如果有些人能将花在社交媒体上，用来策划个人形象的一半时间用来工作，我们的生活会变得更好。毋庸置疑，他们自己的生活也会提升。社交媒体除了浪费时间，毫无作用——外在的东西转瞬即逝——它不具备持久的价值。时间都被浪费了，人们应该将它花在更有价值，更重要的事情上。"

与20世纪90年代相比，如今，科技的发展使我们成了"斯金纳盒子里的老鼠"，就电子设备的使用以及由此产生的满意度而言，科学家们用多巴胺将两者联系起来，并且认为使用电子设备也会成瘾。我们特别容易被身边人（家人、朋友、邻居）或社交媒体上看到的其他人（名人、政治家、专业人士）的消费习惯所影响，因此，为了取得经济上的成功，我们必须用克制来缓和这种联系。

警惕"新营销"的陷阱

实际上，学会对虚拟的社交网络所呈现的新趋势说"不"只是开启了节俭生活的第一步。如今的技术还造就了另外一种强大的信息来源：社会营销。在21世纪初，生活中的营销活动还只局限于使用非社会性和非追踪性的方法。换句话说，顾客可以翻阅杂志，随意调换电视或收音机的频道，或者直接忽略路边的广告牌。营销人员必须做市场调研，组织广告活动，然后通过各种非社交渠道推广他们的品牌。他们做不到时刻打扰我们的生活。如今，通过电子邮件、社交媒体订阅和网站跟踪，我们可以选择是否将我们的认知资源放在重要的事情上。花几分钟思考一下概念制造者塞斯·高汀对“许可营销”的定义。塞斯·高汀还格外关注怎样通过许可营销，表现对他人的尊重，而这些方法被许多公司刻意忽略：

> 许可营销是将预期的、个人的相关信息传递给真正想要得到这些信息的人的特权（而不是权利）。
>
> 它使最好的顾客会忽略掉营销这件事。它实现了尊重他人是赢得关注的最佳方式的目标。
>
> 注意力在这里显得尤为重要。因为许可营销者明白，当有人关注时，他们实际上已经在付出价值。如果他们后来要改变想法，付出的关注也将覆水难收。注意力，值得被重视，它已经成为一种重要的资产，不能被浪费。

今天，你的“数字”足迹将引导营销人员走到你的身边，他们根据你的在线行为模式定制内容、消息和频率。这种新的营销战略巧妙又有效，尤其对那些容易被具有说服力的形象和信息所征服的人。

高端洗发水的消费科学

我父亲是做市场研究出身，所以他非常了解消费者心理对行为产生的巨大影响。他在2010年写下了这篇文章。文章讨论了将自尊与洗发水联系在一起的荒谬性，营销对我们的认知和身心健康的潜在影响，以及最重要的一点：如果我们要创造和维持财富，一方面我们要看到营销的作用，另一方面要通过自制力，保持我们的认知关注。

在过去的一周，我发觉自己兴奋度上升了，更有自信，注意力也更集中了。羞愧、紧张以及愧疚感都开始远离我。我觉得这可能有两个原因，一是我的书籍销量上升了；二是我收到了我新买的丰田车的用户手册。但后来我发现，情绪高涨的真正根源是——我换了洗发水！

2010 年的夏天，我在淋浴间发现了一瓶潘婷洗发水。洗发水上的广告语是“直击损伤源头，还你亮泽发质”。从那之后，我便开始使用这瓶洗发水。神奇的是，我的头发再也没有出现受损的情况。某一天，我在《华尔街日报》上读到一篇文笔犀利的文章，文章讲述了宝洁公司花尽心思去研究如何鼓励更多的消费者购买潘婷系列产品。看起来，在市场研究上斥巨资是值得的。根据这篇文章，宝洁公司的潘婷系列产品卖出了 30 亿美元。在宝洁的最新研究中，该公司对近 3400 名女性进行了调查，并让她们对 20 种基于头发的情绪进行排序。研究结果显示，发质差会导致敌意、羞耻和易怒情绪。宝洁甚至聘请了耶鲁大学的心理学教授拉弗朗斯来分析调查结果。拉弗朗斯博士发现，“糟糕的头发会对自尊产生负面影响，并给人带来社会不安全感，使人更易专注于自身的消极方面”。谁知道对不对呢！

当然，我相信宝洁公司对潘婷的宣传，会帮助人们解决头发的烦恼。这也就意味着用户将感受到更强的自尊。但我认为一个人必须积累财富，取得经济独立之后，才能做到这一点。

在《停止装富》一书中，我提到了我的导师，著名的营销教授比尔·达顿博士。他经常对他的研究生们说：“要准备好与一些名副其实的人才在市场上竞争。在美国，真正聪明的人不会为国务院工作的，也不会在医学实验室工作。聪明的大脑将在市场营销领域发挥作用，他们通过各种方法……来说服我们相信某个牌子的痔疮药优于其他牌子……某个牌子的洗涤剂去污性能更好——能让一位女性持续获得丈夫以及孩子的赞赏。”

他说这话时很认真。如果比尔还在我们身边，我们说不定可以请他评估一下酒类（或护发业）产业做出的营销策略，他会告诉我们，很显然，美国一些最优秀的人才是在营销洗发水。

一位来自世界上最大的营销公司的领军人物曾向我们解释过被我们遗忘的数据（即大数据）的“力量”以及参与营销的理念，以下是他的原话：

> 随着购物者行为的不断变化，以及消费者“参与度期望”的上涨，广告商必须采用整体策略，通过传统以及数字化的方法，不仅要提供大规模分发的服务，还要提供包括相关的、有针对性的内容。要对基于市场创建的大数据进行有效的分析，只有这样，才能满足这些不断增长的期望，同时为消费者提供价值。

通过数据分析以及我们在网上留下的足迹，营销人员非常清楚应该如何通过产品和服务来迎合我们。就像他们在20世纪80年代和90年代做的那样，邻家百万富翁们继续无视这种炒作和外部的喧嚣。媒体和科技正扩大营销对我们的影响。对于那些本就易受干扰的人来说，他们需要超强的自制力，从而忽略与朋友照片同时出现的目标明确的广告以及充满虚假信息的文章。

想想今天的市场营销，问问你自己为什么要相信这款产品的营销：

- 因为内容营销的存在，你会在“好管家”或“红皮书”上读到这样一篇文章。你以为这篇文章是编辑或特约撰稿人写的，但实际上是宝洁公司的作品。

- 如果你在谷歌上搜索过洗发水，社交媒体广告就会持续“跟踪”你。自此你访问过的每一个网站都会出现洗发水的广告。

- 当你最终决定购买洗发水时，亚马逊或其他地方提供的评级实际上是由聪明的营销公司操作的。营销公司通过提供免费产品，以换取那些水军所谓的“诚实”评级。

2017年，宝洁公司在广告上花了71亿美元。如今，若是想积累财富，我们必须敏锐地意识到我们接收的信息种类和信息来源可能对我们购物行为产生的影响……甚至包括自尊心。我不责怪公司使用的数据挖掘和一些最有效的营销方法：这是他们的事。但我们必须记住，我们是他们的目标。那些专注于创造和维持财富的人明白，天上是永远不会掉馅饼的。

任何时候都要学会节俭

在我们的案例研究中，许多人都有节俭的购物行为。而《邻家的百万富翁》的一些批评家似乎对此行为表现出一种优越感。有趣的是，2008 年至 2012 年的经济衰退使节俭变成了一种趋势。在折扣零售商店购物，废物循环利用以及在家做手工等都受到大众的追捧。

有时候，时尚的节俭者碰到对的时机，如当他们以低价购买到名牌产品时，他们会很乐意宣扬他们的成功，以及背后量入为出的美德。这个群体以及我们中的许多人都没有意识到，节俭的时尚会随经济和趋势的变化而变化。

例如，美国人使用优惠券也是周期性的。Inmar 是一家全球营销研究公司，它跟踪“分销”（有多少家公司提供优惠券）和“赎回”（有多少人在使用优惠券）两种行为。他们的结果表明节俭会随着时间而变化。例如，2011 年赎回了 35 亿张优惠券。但 2015 年，只赎回了 25 亿张优惠券。靠优惠券的使用就能成为百万富翁吗？不一定。但如果使用优惠券是追求财务独立的唯一方法，而优惠券的使用又只是周期性的，那答案就一定是不。那些善于积累财富的人展示了更加一致和有纪律的消费模式。所以，我们可以把“如今谁可以做到节俭？”这个问题换成“无论经济趋势的走向如何，哪些人在消费方面能时时刻刻做到自我约束？”一致性和自制性是最重要的节约型行为。这是一种与消费有关的一贯的行为模式，而不是季节性的。这两点可以帮助你从那些伪节俭邻居中脱颖而出，他们在做的只是暂时的顺应这种趋势。当我在撰写这篇手稿时，这一观点仍然显得特别重要。如今，我们再次面对一个盛世，充足的就业机会和热火朝天的股票市场已经使节俭（再次）不受欢迎。

想要幸福，就别再装富了

追求财富究其本质就是一件毫无意义的事。如果一个人毫无节制地消费，完全不考虑此时的消费对于未来自由的影响——这里的自由代表脱离工作的束缚以及工薪阶层，那这个人浑身上下都充斥着浅薄。我父亲经常说，钱买不到幸福。基于采访的大量的百万富翁，他认为相较于所选投资组合的成功，信念、良好的人际关系、推动高尚事业的发展以及创造新的人生价值带给他们更多的满足感。在 2010 年，他围绕金钱、满足感以及幸福之间的关系，创作了下面这篇文章：

生活中的幸福到底来自何处？我无法给出满意的答案。但是，那些看过我的书以及博客的人都会知道，手表的品牌和价格、你常光顾的那家商店、你汽车的牌子或你喝的伏特加的牌子都不会和你的快乐完全对等，甚至关系微乎其微。你对生活的总体幸福感与你喝的酒的价格、房子的大小、市场价值以及理发的价格毫无关系。

为了更好地说明这个问题，我在全国范围内选取了 1574 名高收入、高净资产受访者，分析他们的幸福感与超过 200 个特征、行为和态度之间的关系。但请注意，相关性不等同于因果关系。

除健康、家庭和工作因素之外，为什么有些人拥有更高的生活满意度？就统计数据而言，一个人的幸福程度越高，他（她）就越有可能支持以下说法（按支持程度依次排序）：

1. 我比大部分同等收入群体都有钱。

2. 我们家的财务状况好于邻居家。

3. 去年我把不低于收入的 5% 捐给了慈善机构。

4. 我量入为出。

5. 我在充满爱与和谐的氛围中长大。

6. 我父母教我如何投资和管理资金。

7. 在政治上，我不是自由派，更趋向于保守。

8. 净资产中，我继承的财产不到 1%。

9. 我的配偶比我节俭。

10. 去年超过 10% 的收入被我用于投资。

另外，你也会注意到幸福与净资产和收入密切相关。从统计学上讲，净资产比收入更为重要。但是相对净资产比净资产更重要（如上面第一条说的那样）。相对净资产到底代表什么？它代表你在拥有同级收入的同龄层中以及左邻右舍之间，将收入转换成净资产的能力。

有些人勉强维持生计，但是还要装富。还有人很轻松就能负担起自己的消费支出。很明显，后者比前者要幸福得多。我早就发现，在同龄人或同级收入阶层中，那些由慈爱和教养较高的父母抚养长大的人往往比那些没有相似成长环境的人花费更少，储蓄更多。

这些积累财富的方法都是经过千锤百炼后总结出来的。如果你能根据这些方法做出决策，你就有机会取得经济上的成功。对于那些在成长过程中已经拥有与财务相关的成功经验，进而已经形成一种行为模式的人来说，他们会比那些丝毫没有财务经验的人更容易长久地保持经济独立。不要去比较我们成长环境的异同。对我们的财务决策负责也是对我们的净资产负责。在这个国家，我们有自由做出选择。但是我们任何时刻做的选择都影响深远，它决定了哪些人会参与我们的生活，也决定了我们的发展轨迹。所以请用心选择！

第四章　消费自由就是想买什么就买什么？

我经常告诉我的家人，我的目标是赚取利息而不是支付利息。

——一位来自佐治亚州的54岁退休的百万富翁

人们可以采取不同的方式取得经济成功。在美国，对于那些收入在中上层的人来说，要想取得经济上的成功，就必须在一定程度上限制消费。许多收入水平很高的家庭经常承受消费主义和“富贵病”带来的痛苦。要想获得经济成功，人们必须首先意识到两者的存在，并进而学会预防。

很少有美国人在拥有中上收入的情况下，既维持高消费的生活方式，又能在有生之年成为百万富翁。我们已经发现，就像第一章提到的雅各布森的家庭一样，大多成功人士在追求经济成功的过程中选择了一条节制或简朴的消费道路。另外，即使在成为百万富翁之后，大多数人仍会继续这样做。

即使你的父母成功仿效了理想的财务管理行为，你也克服了通往富裕道路的重重障碍，但你还是有可能成为高消费主义的牺牲品。这种消费主义可能在某一个社会团体或媒体对你的影响下催化形成。但也有可能是某一次最新的消费给你带来的满足后。自由消费以及随心选择花费时间的方式都要付出代价。即使你已经决定买下一套位于中等社区的简陋房子，和其他与你生活方式相似的人住在一起，你也很难避免从工作到花钱的循环。

我们从小就被灌输消费理念。美国最不缺的就是专业消费者。

在《邻家的百万富翁》“节俭、节俭、节俭”一章中，我父亲写到了经济成功的美国人在消费方面的行为和习惯。当人们将节俭的心态运用在购买消费品时，就可以帮助家庭量入为出，并将促使储蓄行为的发生。就像电视节目《省钱折价王》里展现的那样。许多人认为做一个节俭的消费者是荣誉的象征。但对于另一些人来说，节俭与否取决于当时的经济状况。

为了更好地为财富研究服务，我们把节俭者定义为那些生活方式简朴，而且一直量入为出的人。那些节俭者表现出一套经济行为模式，而这种行为在本质上就是节俭的，他们根据收入水平设定自己的花销。正如我们过去所指出的：

节俭的生活方式将帮助人们轻轻松松地负担起家庭生活的开支。

在过去的20年间，我们的研究已经证明了百万富翁的节俭。同时，在我们将富裕阶层的样本分成极具财富积累者（前四分之一）和欠财富积累者（后四分之一）后，这些群体在与节俭有关的表述方面存在差异。在有关大众富裕家庭和新兴富裕家庭户主的样本中，无论年龄或收入如何，节俭行为的一贯模式与净资产之间存在着明显的关系。这种关系也体现在高净值家庭和中等收入家庭。节俭，或者至少是朴素的消费生活方式，需要与之匹配的是自律和对发展趋势的“社会冷漠”。从本质上讲，节俭的生活方式是通过预算、计划、设定目标和自律来强化的。节俭需要知识、能力和个性，但最重要的是，一些特定的行为创造了一种并非每个人都愿意体验的生活方式。

无论你是一名行政人员、一名教师还是废金属经销商，如果你想致力于经济成功和经济独立，节俭永不会过时。我们的研究表明，57%的极具财富积累者一直保持节俭，而只有40%的欠财富积累者有相同的习惯。这与我们1996年的调查结果是一致的。

高档社区是财富积累的“天敌”

还有哪些因素会对我们的财务决策产生影响？我们知道，对邻里的选择会影响我们对工作的态度，同时也会影响我们的消费。我们将自己与街区和社区中的其他人进行比较（回想一下社交地位的概念）。我父亲在《停止装富》一书中写道：“创造财富的最大威胁是我们的家庭/邻里环境。如果你住在高级社区的价格不菲的房子里，你的行为方式和购物倾向渐渐就会向你的邻居靠拢……这个社区越富裕，居民花在每件产品和服务上的钱就越多。我们从邻居那里获得消费‘线索’……大多数白手起家的百万富翁之所以能够创造财富，恰恰是因为他们从来不居住在这样的家庭或邻里环境中。”正如我们在前一章中所讨论的，这在一定程度上是由我们与周围人的比较以及其他人对我们消费行为的影响造成的。你的社区是否居住着那些高收入、高消费、停留在收入富裕阶层的人？如果有的话，花点时间反思一下自己的消费模式。你的消费模式是基于自身实际情况，还是基于某个欠财富积累者的情况？

不仅仅是一栋房子，它还是一种生活方式

除了我们邻居带来的影响，房价与收入的比值也会影响我们财富积累的能力。对这个国家的大多数人来说，拥有一套房子是比租房更好的选择，但是财富创造的关键是你要住在一个能轻松负担得起各种费用的房子里。我们研究过的大多数邻家百万富翁都表示，他们从没考虑过购买超过年收入 3 倍的房子。

在最新的研究中，百万富翁的住房价值中位数约为 85 万美元（相当于他们目前收入的 3.4 倍），而最初的平均购买价格为 46.5 万美元。请注意，在我们的研究中，大多数百万富翁（66%）在过去 10 年中没有搬过家。在美国，平均搬迁费用超过 1.2 万美元，所以不搬家对财富积累非常有利。

哪些因素会导致百万富翁做出购置新房的决定？在最新的研究中，没有一位接受调查的百万富翁是因为突然接到一通电话或一封信件，就做出了再次买房的决定。另外，只有 3% 的人是因为听取了经纪人的建议而再次买房。相反，这一群体的新购房需求通常是由房子的质量、外观、距离公立学校和

社区远近驱动的。这些百万富翁中，只有不到60%的人受到收入增长的因素驱使。研究显示，无论是职业营销策略还是社会营销策略，与住房所有权相关的策略对百万富翁的影响都很小。

表4-1　百万富翁购置新房的最重要原因

最近置房的原因	重要程度的百分比
想要高质量的房子	81.2%
喜欢新家的外观	80.2%
靠近高质量的公立学校	71.6%
想住在更好的社区	69.0%
优惠的利率	59.9%
收入增加	59.1%
职业道路发生变化需要重新安置	58.14%
旧房子已积累了充分房产净值	54.9%

表4-2　百万富翁购置新房的最不重要原因

最近置房的原因	重要程度的百分比
已收到退休计划分配	6.9%
出售了全部或部分业务	6.1%
经纪人基于财务成功,建议我们升级资产	3.3%
出售版权、专利而获利	1.6%

表4-3　百万富翁购房时的买入价和当前住房的价值

	在每一类中,拥有住房的百万富翁所占的百分比	
价值	买入价	当前价
低于40万美元	41.4%	4.8%
40万~59.9999万美元	19.9%	19.5%
60万~79.9999万美元	15.3%	21.5%
80万~99.9999万美元	7.0%	19.0%
100万美元以上	16.4%	35.2%

努力偿还房贷

当我们谈论购房的社会压力时，我们指的可能是来自同龄人或家庭的压力，我们必须在特定的地点、街区或社区购买住房（“斯普林菲尔德有最好的学校，汉普顿高地社区有很多年轻的专业人士。”）。我们还提到了某些专业人士所面临的压力，以律师为例，他们被困在高薪律师事务所的围墙内，这些律师事务所将巨额抵押贷款称为“合伙人留用政策”。我们可以想象入不敷出带来的经济负担。在这种情况下，年轻的职员不得不继续工作，以支付家庭的房屋贷款，从而致使生活方式脱离正常轨道。此外，过度操劳自然也会产生另外一个成本——影响总体健康。阅读下面关于一个百万富翁的案例研究，他的健康和经济生活都需要调整：

> 那是在 2006 年 7 月。还有不到一个月，就到我 40 岁的生日了。那天，我下班之后，准备开车回家。我突然感到胸口疼痛……后来，我的医生告诉我，我有很大概率会患上严重的心脏病和糖尿病……自那之后，我开始认真对待我的身体……有时候，当你注意并开始修复生活的某一部分时，越来越多的部分也会出现问题。就经济状况而言，我们是年收入六位数的中等收入家庭。我们有数十万美元的抵押贷款，大约 8 万美元的消费债务，另外还有一些基本的活期支票需要支付。我们在为退休存钱，但我们的净资产，包括个人财产，只比我们的收入多一点。几位金融“专家”告诉我们，我们做得很不错。但我们自我感觉不太好。我们意识到自己的处境，决定做些什么。我们按照设定的目标，制订并落实了行动计划。我们还清了消费债务。我们建立了应急基金，又还清了房贷。如今，我们无债一身轻，而且净资产超过 100 万美元。我们养育着我们的孩子，过着我们想要的生活。这是一段漫长而艰难的旅程。我们还需要几年的时间才能真正富有（富有意味着我们不需要依靠收入，钱永远不会用光）。我们有目标和计划，每天都在努力。

投资房地产并不会让你变得真正富有

2008 年的房地产泡沫的破裂和随之而来的经济危机也许在你想要购买价值为年收入 3 倍甚至更高的房子时，会将你及时点醒。我们以及未来的那些富裕的美国人会从中得到关于房屋价值、收入和财富的哪些教训？ 2010 年，一个叫杰瑞的人和我父亲表达了他对自己房地产状况的担忧。杰瑞是一名计算机程序员，他的妻子是一名兼职牙科医师。这对夫妇的年收入约为 10 万美元。他们有三个孩子。

就在房地产市场崩盘前，这对夫妇花了 49.5 万美元在一个新开发的小区里买了一套房子。2009 年至 2010 年间，小区的三位房主因丧失了抵押品赎回权，而分别将各自的全新住房以 30 万美元的价格售出。“唉！”杰瑞叹息道。他“在几年内以可观的利润转售房子”的梦想很快就破灭了。但他超过 30 万美元的抵押贷款却不会消失。我父亲所能做的就是告诉杰瑞不要惊慌。

幸运的是，杰瑞的情况确实有所改善。因为他的房子位于一个全国知名的公立学区。

除了利润动机外，为什么杰瑞夫妇想卖掉价值为 28 万美元的房子，然后去买价值为 49.5 万美元的房子呢？以下是他的三个理由。

1. 首先，一位抵押贷款经纪人告诉他们，他们有能力支付这笔款项。就像《邻家的百万富翁》说的那样，这就相当于让狐狸数一下鸡的数量，或者像问理发师自己是否需要理发一样。关于你能否承担某笔款项，到底是谁在给你“所谓的”建议？他们的建议与报酬到底有多大关系？

2. 其次，在人口统计和社会经济特征方面，社区的居民与杰瑞夫妇相似。换句话说，他们的新邻居拥有相似的职业、兴趣、目标和消费欲望。

3. 第三点是最重要的原因。结婚 20 年以来，这对夫妇创造了历史最高收入——10 万美元。因为拥有六位数的收入，所以他们开始觉得自己是“富有”的。按照杰瑞的想法，富人是不会住在 28 万美元的房子里的。杰瑞对富裕的错误看法妨碍了他做出合理的购房决定。

杰瑞，请你注意。无论你指的是富有、富裕还是有钱，它们都跟净资产有关，收入不是财富，财富也不是收入。这对夫妇的净资产现在还不到 15 万美元。2007 年，国税局为那些留下的遗产价值不低于 350 万美元的人整理了遗产税数据。在杰瑞诉说他的故事时，我父亲查看了他基于 2007 年国税局遗产税数据所制的表格。那些人的住宅市值中位数为 46.9021 万美元，这还不到他们净资产中位数的 10%。平均而言，这些死者投资在其他房地产上的钱是他们私人住宅价值的 3.5 倍。如果杰瑞事先知道这些信息的话会怎样？他是否还会购买一套比已故百万富翁所住的房子价值更高的房子？这取决于杰瑞是想装富还是想有一天变得真的富有。

将住在富裕的社区作为一个要求

经济产出较高的购房者在找房方面有着明显的优势，主要是因为他们不要求自己所居住的地方具备“展示”或宣示自己地位的功能。他们没有杰瑞的心态——“我现在的高收入要求我必须住在一个‘富裕’的社区”。但是，特别是在经济衰退持续多年的情况下，会出现更多的杰瑞。黛布，即将成为邻家的百万富翁，她分享了关于买房的想法。《停止装富》里的文章让她想起了以下几点：

> 我丈夫和我买了一套房子，那时房地产行情很低迷……我们找房的范围就是蓝领社区，因为那时我丈夫想住进一个学区……虽然社区附近才刚开始发展，我们最终还是买下了一套殖民地时期风格的四居室的房子……后来，我的一个同事和她的未婚夫开始一起找房子。有一天，她哭着来上班，说他们买不起漂亮的房子。“我想要一套像你这样的房子”她说。但我同事想要的房子必须要在上层社区中。我告诉她，如果她能选择和我一样的蓝领社区，她可以住进比我更好的房子。我的话激怒了她，后来的一个星期她都不肯跟我说话！

也许黛布的建议太过直接，直击她同事的伤口。摇滚明星布鲁斯·斯普林斯汀曾在一次采访中说，不管是精英蓝领社区，还是满是昂贵豪宅的社区，他住的每一个社区都有一些混蛋。如果黛布的同事早点听到这番话，她可能会对所谓的“上层”社区有更现实的看法。一位大都市区的高级房产经纪人发现，这些“上层”社区的邻居和那些蓝领邻居一样吵闹，不尊重财产，忽视财产管理。

然而，在住房选择上，黛布的同事绝对不是最后一个排斥节俭的人。正如我们之前讨论的，节俭和适度消费并不适合每个人。与《邻家的百万富翁》铁杆粉丝对应的是那些对这本书嗤之以鼻的读者。我们可以把眼光放到20世纪90年代末，那时候经济和股票市场蓬勃发展，有人会在亚特兰大机场卫生间里看到《邻家的百万富翁》，也有人会在图书馆里看到这本书。这种行为背后可能有多种原因。但很明显，这些读者并没有期望从这本书中得到有关一致性和自制力的经验。

也许他们想要寻找的是一个快速致富的计划，或者他们想要通过读这本书，坚定自己不存款，仅靠一份年收入18万美元的工作去支付房贷、私立学校的费用以及车库里那辆越野车的相关费用的信念。但这本书里的数据却让他们很受挫。因为书里的数据不仅不支持这种行为，相反表明这种行为有害于他们的经济前景。

你的邻居和（他的）财产收入

在我们最新的研究中，只有35%的百万富翁住在价值百万美元的房子里。当我们关注到他们创造收入的方式时，一些令人惊讶（因人而异）的统计数据涌现了出来。首先，当我们研究那些拥有来自信托和遗产收入的百万富翁（大约14%）以及那些没有来自信托和遗产的百万富翁（占样本的86%）间的差异时，我们发现，相较于普通的百万富翁，拥有信托和遗产收入的百万富翁更倾向于居住价值百万美元的房子。（即在拥有信托和遗产收入的百万富翁中，55%的人住在价值至少100万美元的房子里。）

一个社区里的住宅市场价值越高，这个社区就住着更多拥有继承财产的房主。举个例子，美国顶级豪华街区的住宅市值已经超过100万美元，而住在该社区的人当中，约有四分之一的人通过遗产或信托方式继承了一定数量的财富。相比之下，在那些住在房屋售价低于50万美元的社区的百万富翁中，只有8%的业主从遗产或信托中获得过收入。

不管你是有意或无意想要仿效和融入你身边的人，你都是在玩一个很难取胜的游戏。要遇上那些挣了足够多的钱，才住在价值100万美元房子里的人，就会很困难。

表 4–4　按原始购房价格统计的有或无遗产 / 信托收入的百万富翁房主的占比情况

	生活在不同价值区间的百万富翁所占比例	
原价区间	无来自房地产或信托的收入	有来自房地产或信托的收入
低于 40 万美元	42.3%	33.3%
40 ~ 59.9999 万美元	20.0%	23.6%
60 ~ 79.9999 万美元	15.5%	18.1%
80 ~ 99.9999 万美元	6.1%	9.7%
100 万美元以上	16.1%	15.3%

表 4–5　按当前住房市值统计的有或无财产 / 信托收入的百万富翁房主的占比情况

	生活在不同价值区间的百万富翁所占的比例	
原价区间	无来自房地产或信托的收入	有来自房地产或信托的收入
低于 40 万美元	5.6%	0.0%
40 ~ 59.9999 万美元	21.1%	15.1%
60 ~ 79.9999 万美元	23.0%	17.8%
80 ~ 99.9999 万美元	19.6%	12.3%
100 万美元以上	30.7%	54.8%

拥有住房并不等于拥有百万富翁的地位

有一次，一对夫妇向我父亲咨询住房所有权与净资产之间的关系。当时他们正在考虑购买他们的首套房子。他们说道：“汤姆，你在书中提到，大约95%（差不多几乎所有）的百万富翁都是房主。”但房主不都是百万富翁。当你搬进新家时，没有人会给你递上一张七位数的支票。然而，住房所有权与净资产之间存在一定的相关性。根据政府的统计数据，在过去20年，租户的家庭净资产中位数一直徘徊在4000至5500美元之间。同期，房主的净资产中位数要比租户高出30至45倍。

2016年，美国房主的净资产中位数约为23万美元。但不要指望你的房屋能让你变得富有。我父亲在《停止装富》中提到，如果所有的成本都按实际价值计算，那么房屋的升值幅度会很小，几近为零。我们又要说：创造财富的关键因素就是你要住在一个很容易负担得起各种费用的房子里。

什么样的房子算是负担得起的？几年前，Bankrate网站建议，负担得起的住房是指每月的住房费用（包括抵押贷款、保险和税收的本金和利息）要低于家庭总收入的28%。这个数值跟《邻家的百万富翁》三版的数值都很接近。你不仅应该考虑生活成本，还应该特别考虑如何衡量你在新的城市和社区中的幸福感。

表4-6　按月计算的住房总费用的中位数及美国特定城市的满意度指标（2012年）

城市	花费的总成本	情绪健康	幸福指数
旧金山	2497.68美元	3	69.20
圣地亚哥	1746.21美元	8	65.80
华盛顿特区	1735.45美元	13	64.14
西雅图	1726.50美元	25	63.16
明尼阿波利斯	935.63美元	9	62.59
洛杉矶	1474.75美元	24	59.91
丹佛	1160.94美元	53	59.25
波士顿	1833.73美元	40	56.93
波特兰	1148.11美元	81	56.11
纽约	2068.96美元	66	54.66
圣安东尼奥	938.13美元	79	54.55
萨克拉门托	929.22美元	64	53.90
亚特兰大	606.92美元	51	52.97
菲尼克斯	703.71美元	66	52.67
达拉斯	1013.58美元	53	52.62

续表

城市	花费的总成本	情绪健康	幸福指数
芝加哥	1172.46 美元	58	52.57
匹兹堡	756.60 美元	109	50.67
迈阿密	1073.52 美元	76	49.78
休斯敦	1033.51 美元	70	49.77
坦帕	840.1 美元	121	46.65
密尔沃基	1068.35 美元	105	46.44
巴尔的摩	1276.98 美元	113	45.07
圣路易斯	728.92 美元	132	43.06
费城	1183.43 美元	142	42.77
底特律	509.88 美元	150	27.78

我们仍然认为，当涉及你的个人幸福时，与你有直接关系的社区（如你所在的学区、街区和城镇）显得更重要。当你拒绝在城镇买一套两居室的房子，偏要考虑在郊区买下一座 4500 平方英尺的巨无霸豪宅时，你必将忍受通勤的不便。所以，房子大小和通勤的便利到底哪个对你更重要？

也许你可以从《邻家的百万富翁》得到一点启示：

> 也许你并不应该像你现在表现的那样富有，因为你是在用你当前和未来收入的大头换取特权——住在高档社区的房子里。因此，即使你年收入 10 万美元，你也不会变得富有。你可能不知道，你的邻居是在发财后才买下那套价值 30 万美元的房子的。你买房子是为了要变得富有。那一天也许永远不会到来。

一些人无法或不愿意理解大规模采购对财务产生的长期影响。但他们也会受到“未雨绸缪”式消费理念的困扰。还记得肯吗？那个放弃曼哈顿社区，毅然选择亚特兰大社区的男人。他的同伴对他的选择持怀疑态度，但最终肯靠 20 多年的低生活成本得到了丰厚的回报。在当前房地产价格上涨和工资停滞的背景下，量入为出——而不是入不敷出的理念在住房问题上和以往一样重要。

百万富翁参加的都是“廉价的约会”吗？

如果你的约会对象说他（她）对某些不可或缺的礼物和娱乐休闲活动非常感兴趣，但这些都超过你（或对方）的支付能力，你是否还会继续进行约会？我父亲在 2011 年设想过以下境况：你可能会与一位纯消费者式的对象建立关系，但对方可能无法适应经济成功所需要采取的节俭的生活方式：

每次人们问我关于百万富翁的活动时，我回答的都很简短。正如我在《百万富翁之心》中所写，一个典型的百万富翁热衷于“廉价的约会”！你没有看错。廉价的约会在美国前 1% 的财富持有者中也很流行。许多百万富翁参加喜欢的活动的花销都不高。活动花销与你财富状况无关。生活中最美妙的东西基本都不用花钱。当我读到一封来自一位自称千万富翁的电子邮件时，我又再次想起了“廉价约会”的概念。这位的千万富翁在邮件中写道：

“（我）过去八年都骑自行车上班，往返路程共 12 英里……我现在 59 岁，结婚 38 年了，无继承财产……三个孩子都成年了，也都很成功……我们付了三所私立大学的学费……没有房贷……没有任何债务……我的工作强度很大（每周工作 60 个小时），但是我仍然和孩子们一起运动，参加教堂唱诗……种一些花花草草，每年可以酿不少苹果酒……还养蜜蜂……六次和家人去墨西哥参加家庭联谊会，并在各种专业委员会任职……我和妻子拥有许多相近的基督教价值观……这非常有利于维护我们的婚姻关系。身边的朋友也都有着与我们相似的价值观。”

他提及自己没有想买新车的强烈愿望。正如他所说：“我对我的车很满意，它们的性价比都很高。2002 年购买的‘雪佛兰塔荷’，开了 9

万英里。三年半以前，我们仅花了 3500 美元就购买了一辆 1995 年产的别克。”

不管是对花钱还是花费时间，这位百万富翁都感到非常满意。进行“廉价约会”对他不会产生任何困扰。

“节俭致富”亘古不变

节俭的生活是《邻家的百万富翁》着重强调的观点。而这一观点既得到很多人的支持，也受到一些人的厌恶。自从它出版以来，世界各地的人都发表过评论，他们觉得自己选择的生活方式是正确的：一种回避“消费机器”的生活方式。他们从看上去很小的行为出发，详细地描述了他们的生活习惯，包括剪优惠券以及购买最新款汽车的方式。《邻家的百万富翁》的案例研究证实，他们并不是少数人。

与 1996 年相比，消费趋势的周期变得更快了。20 年来，市场营销和消费主义都发生了巨大的变化，这改变了市场上消费品的性质，使购物随时随地触手可及。尽管发生了巨大的变化，但媒体、社会等仍继续对我们施加影响，在过去 20 年间，百万富翁的数量稳定增长。相较于欠财富积累者，极具财富积累者仍更加节俭，并且他认为自己在经济上比邻居取得了更大的成功。虽然预算没有太大的差异，但总体财富和节俭程度却存在明显不同。

表 4–7　极具财富积累者与欠财富积累者在预算和节俭程度上的比较

表述	完全同意或同意的百分比	
	欠财富积累者	极具财富积累者
我一直很节俭	40.7%	57.0%
就财富而言，我们比大多数邻居都富裕	42.9%	72.5%
我家的年度预算相当详细	58.0%	61.6%
我知道我家每年要在食物、衣服和住房上支出的费用	69.0%	63.2%

与 20 世纪 80 年代或 90 年代相比，如今我们在支出方面是否需要更多的

自制力？答案是肯定的。社交媒体的出现，以及营销人员采用各种先进方式对我们进行追踪和再营销的现实，都要求我们必须具备更强的自制力来抵御它们。

随着时间的推移，我们也可以看到一些相似之处。在 1996 年，大多数百万富翁都会为消费品买单。2016 年，百万富翁在西装、鞋子和手表上的花费与 1996 年差不多。以西装为例，从 1996 年到 2016 年，它的支出中位数下降了约 18%，主要原因可能是服装成本的下降以及非正式商务服装在今天被接受度的增加。但还有一点值得关注，邻家或一般的百万富翁都不是顶级奢侈品的消费者。换句话说，无论是在 1996 年，还是在今天，即使是那些想要"装富"的人也不会去购买高端产品。你的消费行为是更像真实的百万富翁，还是更像你心中看起来很富的人？

表 4–8　百万富翁在衣服及配饰上支付的最高费用：1996 年对比 2016 年（以 2016 年美元的购买力为标准）

		西装		鞋子		手表	
	中位数	612 美元	500 美元	215 美元	200 美元	361 美元	300 美元
低于该费用的人群比例	高于该费用的人群比例	1996 年	2016 年	1996 年	2016 年	1996 年	2016 年
10%	90%	299 美元	200 美元	112 美元	97 美元	72 美元	50 美元
25%	75%	437 美元	300 美元	152 美元	120 美元	153 美元	100 美元
50%	50%	612 美元	500 美元	215 美元	200 美元	361 美元	300 美元
75%	25%	919 美元	1000 美元	305 美元	300 美元	1726 美元	2500 美元
90%	10%	1533 美元	1500 美元	457 美元	500 美元	5831 美元	8150 美元
95%	5%	2148 美元	2000 美元	512 美元	600 美元	8132 美元	12000 美元
99%	1%	4296 美元	4720 美元	1023 美元	1656 美元	23016 美元	25260 美元

扮演角色？一位律师的建议

36 岁的内德·戴维斯是一位成功的辩护律师。在职业生涯的早期，极高的胜诉率就让他声名鹊起。内德认为服饰在法庭上起着非常重要的作用。接着内德向我们耐心地分享了他的相关见解：

> 我对手表的牌子不感兴趣。但也有一段时间，我很想买一款带有皮带的金表。我已经有一块银质的劳力士手表，这是我大约 15 年前收到的礼物。我想买一块金表换着带。在我看来，花 2000 美元买一块新手表一点也不过分。因为我从没有买过手表（我妻子甚至愿意把它作为情人节礼物送给我）。然而在读了《停止装富》后，我决定不去用几千块钱买那块看起来很酷的金表了。某一天，我在街尾的古董旧货店看中了一款天美时手表。这款手表有一种古典老式的外观（像是 20 世纪 70 年代），所以它看起来就像一块搭配礼服的手表。并且这块天美时手表的标价也很便宜——40 美元！
>
> 当我不想以一位西装革履的律师形象出入一些场所时，这块价格亲民的手表就发挥了它的作用。当我站在陪审团面前或与客户或见证人会面时，我现在更喜欢佩戴天美时手表。它会给人带来信任感。我认为衣服、手表（和汽车）确实传递了很多信息。这些信息有好有坏。我认为一个人不适宜在法庭上过分展现他的衣服、手表或珠宝。这句话我也会告诉我所有的客户。顺便说一句，《停止装富》也坚定了我继续驾驶 2004 款沃尔沃的想法。我的沃尔沃已经陪伴了我 7 年。接下来的每个月它都能帮我省下 500 到 700 美元！

内德取得的许多成功以及随成功而来的尊重都是他成就的标志。西装和配饰都可以在商店里买到，但在它们成功帮助主人获得在法律（或其他经济形式的）竞争中胜利后，它们便不可替代了。另外，就全国范围而言，典型的百万富翁在手表上最多支付 300 美元（中位数），约四分之一的人仅花费了不到 100 美元。《邻家的百万富翁》中谈的都是传统手表。请注意，在相关调查中，我们没有区分传统手表、智能手表或其他可穿戴设备。有些人认为智能手表可能代替了百万富翁的传统手表。即便如此，一款智能手表的价格也就差不多等于前面提到的中位数。

品牌牛仔裤

让我们再来看一看“星期五企业俱乐部”的新宠：牛仔裤。美国牛仔裤行业的市场规模是 137 亿美元。最近的一项研究报告称，美国人平均拥有 7 条牛仔裤。

平均来说，美国人在每条牛仔裤上的花费不到 50 美元。但在我们的研究中，百万富翁的花费刚好达到这个数字，他们在牛仔裤上最多花费 50 美元。如果放在奢侈品领域，名牌牛仔裤的价格肯定不止 50 美元：只要在亚马逊上输入“牛仔裤”，然后按从高价到低价排序，你很有可能会买下一条要价超过 8000 美元的杜嘉班纳牛仔裤。

只有 25% 的百万富翁会花超过 100 美元买一条牛仔裤。我们曾经采访过一位选择离开企业去继承家族产业的百万富翁，他的牛仔裤价格远低于 100 美元：

> 我在沃尔玛买了两条威格牛仔裤。每条牛仔裤仅花了 12 美元。它们非常合身，性价比很高。最近我感觉它们不是那么时尚了。所以当我看到好市多（Costco）超市在卖李维斯时，我买了三条更好看的牛仔裤。这五条牛仔裤我可以穿 10 年。

需要注意的是，在撰写这篇文章时，我发现威格牛仔裤在亚马逊上的评论超过 4000 条，平均评分为 4.4/5。

表 4–9　百万富翁在牛仔裤、太阳镜和家具上支付的最高费用

		牛仔裤	太阳镜	家具
	中位数	50 美元	150 美元	3800 美元
低于该费用的人群比例	高于该费用的人群比例	最高价花费	最高价花费	最高价花费
10%	90%	30 美元	20 美元	1200 美元

续表

		牛仔裤	太阳镜	家具
25%	75%	40 美元	50 美元	2000 美元
50%	50%	50 美元	150 美元	3800 美元
75%	25%	100 美元	250 美元	6000 美元
90%	10%	195 美元	350 美元	10000 美元
95%	5%	200 美元	500 美元	15000 美元
99%	1%	300 美元	800 美元	39000 美元

波特太太的服装小贴士

如今美国人的换装速度又创新高。美国服装与鞋业协会的数据显示，2015 年，美国人均服装消费量为 67.9 件服装和 7.8 双鞋，已恢复到衰退前的水平。

高质量的家具：从长远看更便宜

的确存在一些高质量商品，它们可以在一个家族中循环使用，甚至可以被卖掉，在另一个家族继续延续寿命。许多情况下，它们的价格往往较高，但购买一次可以享用终生。我父亲在 2013 年写了这篇文章，表达了他对木工的热爱以及提出了高质量消费品的概念。但这里所说的质量并不会影响有些人每两年就要重新设计房间的强烈需求

我在网上的简历往往不会出现与我相关的爱好："12 岁开始热衷于木工，制作手工桌椅和橱柜，用原始森林里的白雪松来雕刻鸭子……"作为一名木工，我经常对新旧家具，甚至是一些古董的质量和做工进行评价。我承认我喜欢传统实木家具。制作精良的传统家具是很多邻家百万富翁的首选，因为他们认为这是一辈子的投资。

我最喜欢的家具品牌之一是汉高哈里斯。它的木材质量和工艺都是顶级的。

2013 年汉高哈里斯倒闭了，对此我感到很难过。我自言自语道：

"现在美国乐于购买传统家具的消费者还不够多。"通过数十亿美元的营销活动，消费者已经成了一次性社会的一部分。一些家具业人士当然是这种文化的一部分。作为消费者，我们正在接受所谓的"时尚"或"时尚家具"的"培训"，在购买和更换、再次购买和更换中来回选择。这种家具常常是用刨花板做的，有些甚至是由用胶水粘在一起的锯末制成的。别忘了某品牌，它就是由廉价的贴面和彩绘彩印钉在一起的，而非固定在一起。这种家具要流行多久？

因为美国被认为是世界上最伟大的经济体，所以拥有世界上最优秀、最有进取心的营销人员是一件理所应当的事情。他们成功地说服了越来越多的人，使他们相信家具不再是一种经久不衰的物品，不可能使用好几代人，它们只是一种一次性消费品，就像塑料剃须刀一样！

诚然，高质量的家具是昂贵的。据报道，百万富翁平均在一件家具上的花费最多可达 3800 美元——这个费用可以从低质量的零售商那购置到一整间配备齐全的"房间"。但考虑到质量优势，购买汉高哈里斯牌家具对那些预算有限的人来说，可能会带来更大的价值。在我上一次参观亚特兰大的斯科特古董博览会时，我注意到一套汉高哈里斯餐厅组合，组合包括桌子、椅子、餐具柜和断层式橱柜，这些全是由红木制成的。价格仅为 899 美元！在今天，打造这套组合所需的原始木材都至少要花 899 美元。即使这套家具经过了专业改造，899 美元的价格也比你购买一套新家具要少 20% 的费用。

下面是一些好消息。有一天我在谷歌上搜索了"汉高哈里斯"的关键词，弹出了以下信息："汉高哈里斯又复出啦……这距离 2013 年初汉高哈里斯关门，仅仅过去了几个月的时间……"

我们还以惊人的速度扔掉衣服。根据纺织品回收委员会的统计，在美国，每个人一年会扔掉重达 70 磅的衣服和其他纺织品。

波特夫人和丈夫首次接受《邻家的百万富翁》的采访时说，他们住在得克萨斯州顶级社区奥斯汀的一个四居室的房子里。“我相信我住在这座城市最棒的地段……地段很重要……我可以接受没有豪车（没有其他奢侈品），但是我一定要有一个美好的家。”波特夫人这样说道。

波特夫人深知服装的价值。她从不会在衣服上花大钱——衣服贬值得太快，会使人的净资产缩水，但她又想穿得光鲜亮丽。这是她的解决方法：“没错，我会在少年联盟店买高级定制服装（二手的）。”（是的，旧货商店也有等级制度！）她购买的许多衣服仍然附有原来的销售标签。换句话说，它们从来没有被穿过。看来那些“闪闪发光的富人”帮助波特夫人减少了一部分服装开销。那些富人不知道的是，他们的“进取心”也提高了波特夫人将收入转化为财富的能力。如果有些衣服不合身，波特夫妇就会把衣服改一下，而不会去买新的。只有五分之二的百万富翁会采取和波特夫妇相同的对策。波特夫人用节省下来的钱去购买优质股票。“我认为现在生活在一个‘创造医学奇迹’的时代……我投资与医药有关的股票。我们不会把自己持有的资产告诉朋友们，因为他们的资产远远没有我们多。”波特夫人说的是不是那些仅仅是收入较高的人？

为什么富豪不开豪车？

消费者不太可能因为某次决定就促成或破坏创造财富的能力，行为模式才能更好地反映创造和维持财富的可能性。购买汽车的确是一项重大的财务决策，可能会对财富产生长期影响。

2016 年，百万富翁最近一次购买的汽车的价格中位数为 3.5 万美元。大多数百万富翁并不开豪华汽车。丰田、本田和福特是他们最喜欢的汽车品牌。在我们的样本中，有近三分之一的百万富翁选择了这三个品牌。请注意，1996 年的一些顶级制造商（奥兹莫比尔、凯迪拉克、林肯、吉普）并没出现在 2016 年前 15 名。

随着时间推移，非奢侈品制造商仍然处于“百万富翁汽车”排行榜的首位。在百万富翁中，丰田、本田和福特是最受欢迎的品牌，宝马紧随其后。

因此，对于那些想要效仿富人或显示自己的百万富翁地位的人，可以考虑当今百万富翁的三大选择。

表 4-10　百万富翁拥有的汽车品牌（1996 年和 2016 年）

制造商	车型	1996 年(百分比)	2016 年(百分比)
丰田	凯美瑞、卡罗拉、汉兰达、普锐斯	5.1%	12.5%(1)
本田	雅阁、思域、CRV、奥德赛、先锋	1.6%	11.4%(2)
福特	锐界、翼虎、探险者、猛禽、福克斯	9.4%	9.0%(3)
宝马	325、535、328、428、X3	2.2%	6.4%(4)
雪佛兰	探界者、索罗德、塔霍	5.6%	5.9%(5)
雷克萨斯	ES 350、RX 350	6.4%	5.6%(6)
尼桑	天籁、西玛、奇骏	2.9%	4.8%(7)
斯巴鲁	斯巴鲁、傲虎	–	4.2%(8)
道奇	道奇凯领、道奇、RAM	2.2%	4.1%(9)
梅赛德斯 - 奔驰	C300、E350、S550	6.4%	3.9%(10)
奥迪	A4、Q5、A6、A7	1.8%	3.7%(11)
大众	捷达、帕萨特	1.1%	3.0%(12)
现代	伊兰特、圣达菲	–	2.8%(13)
讴歌	MDX、TSX、RDX	1.6%	2.7%(14)
起亚	索兰托	–	2.0%(15)

那些专注于精神内在，而非开的车、穿的衣服以及住的房子等外在物质的人更能在生活中得到满足。即使是像我父亲那样喜欢汽车的人，他们还是会对能帮助他们创造财富的东西更感兴趣。我们曾经询问一位来自北卡罗来纳州温斯顿 - 塞勒姆的百万富翁这样一个问题：你为了获得巨额财富，放弃了什么？他回答道："我放弃了每几年换一辆新车。我一直在保养我的车，如今它已陪伴了我 21 年。这一决定为我节省了约 25 万美元。最后的结果就是经济独立。"

质量的一致性

如果一辆车的行驶寿命要达到20多年，那它必须具备很高的质量。经济成功人士在买车时也会考虑这一点。但豪华汽车仍是收入富裕阶层的名片。前面的统计表已经显示丰田和本田在百万富翁的购车选择中名列前茅。几年前，我父亲围绕排名第二的本田，写了下面一篇有趣的文章：

2011年本田雅阁的广告称，其转售价值在同类产品中位居第一。我对此并不感到惊讶。一辆汽车的价值取决于几个因素。可靠性肯定是其中之一，但还有其他因素，包括零售销售以及大客户销售情况。如果你打算买的那辆车在大客户销售中已达到几十万辆，这辆车的前景会怎样？租赁汽车公司往往就是那些大客户，这些公司要求制造商要给予非常大的折扣。后来的情况是，这些车龄只有1年、2年或者3年的旧车出现在了二手车市场。

有一次，我朋友利请我帮她卖掉她祖父的车。这辆车在三年前的出厂价是25400美元。在转卖的过程中，我亲身体会到了这一点。这辆车只跑了1.4万英里，且车况很好，但只卖了7000美元（已经很幸运了）。这是为什么呢？三年前，租车公司从同家生产商，购买了大量同款型号的车。

当年她祖父买车的时候，商家给了他很大的折扣，所以他认为这个交易很划算。考虑到这辆车的“原始成本”很高，他的祖父在汽车“寿命周期成本”上付出了巨大的代价，所以最后才保留了不到30%的价值。也许他当年应该买一辆本田！如果他那样做的话，他至少能净赚5000美元。

《汽车新闻》2011年的一篇文章称，本田美国2010年的销量仅占大客户总销量（210万辆）的1.6%，为3.36万辆。相比之下，本田向零售客户售出了1197500辆汽车。与此形成鲜明对比的是，通用汽车占29.2%，约为609000辆汽车；福特占29%，约为604900辆汽车。

具有讽刺意味的是，我最近偶遇了一家大型本田汽车经销商的老板。自从研究生毕业，我就再没见过他。我对于他取得的极高的声誉表示了赞扬。他回答说："这要归功于本田的性能以及一群出色的同事。但是一旦你把一辆本田卖给了顾客，他们便不再换车了。这让以旧换新业务很难开展起来，也对我的收入产生了重要影响。"

表 4-11　不同年份，购买最新车型的百万富翁的比例（1996 年、2016 年）

购买最新车型的年份	百万富翁的比例	
	1996 年	2016 年
本年度	23.5%	15.4%
一年前	22.8%	17.8%
两年前	16.1%	15.1%
三年前	12.4%	10.2%
四年前	6.3%	7.6%
五年前	6.6%	6.2%
六年以上	12.3%	27.7%

注：1996 年，在以上百万富翁中，购买汽车的人占 81%，租车的人占 19%。而到了 2016 年，86% 的百万富翁选择买车，只有 14% 的人选择租用最新车型。

租赁、奢侈、引导性消费群体

从一个人开的车，就可以轻松对他做出判断。基于此，营销人员花费数十亿美元，使人们对豪华汽车拥有者有了某种（有些不准确的）看法。但你不能仅根据邻居、朋友或家人开的车来判断他们的财富。这些豪华车通常都是租来的。收入较高的消费者在经济繁荣时期特别倾向于租赁豪车。

2010 年，《汽车新闻》报道，梅赛德斯 – 奔驰汽车金融服务公司的副总裁表示，租赁业务占梅赛德斯 – 奔驰汽车销售额的一半。另外，无论经济状况如何，这一半的销售额始终都保持不变。在过去十年中，汽车租赁量约占所有新置客车量的 20%。

引导性消费群体渴望成为富有的人，通过消费，他们假装自己已经很富有。如果这群人真的有兴趣效仿那些真正富有的人，他们应该去购买而不是租赁汽车。

谁会买一辆 13 年车龄的丰田车？

根据我们最新的研究，近 28% 的百万富翁开的是车龄至少 6 年的汽车。当然，据我们所知，很多百万富翁的驾龄都达到了两位数。在一项实地调查的研究中，我父亲通过描述几位想要购买他 13 年车龄的丰田车的潜在买家，以检验关于购买习惯的种种证据。他在 2010 年写了这篇文章：

我们家的那辆车是 1997 年产的丰田 4 Runner，它已经成为我们生活中的一部分，我们一家人都对它很满意。它已经跑了 18 万英里，但车况一切正常，油漆几乎是完整无缺的。

不过在我们将转卖信息发布到网上后，大量潜在买家就来联系我们，我们还是感到有点惊讶。我着重谈论两个潜在买家。一号潜在买家是名男子，36 岁，已婚，是 3 个孩子的父亲。他和他妻子都有全职工作。这对夫妇正准备换掉拥有的两辆新型轿车。为什么这些人对一辆 13 年车龄、价值 5000 美元的丰田汽车感兴趣？这并不是因为他们陷入了可怕的财政困境，也不是因为他们对自己工作中的裁员感到担忧。正如这位一号潜在买家解释的那样，他和他的妻子虽然有着高薪的工作，但是他们仍然不断地用贷款支付，包括前两辆汽车。每逢月底，他们付完所有账单后，几乎就没钱可以用来投资了。这对夫妇决心在经济上独立。他们准备卖掉两辆价格不菲的车，并卖车所得的 3 万多美元进行股权投资。而这只是一个开始。

二号潜在买家是一位 26 岁的男性，处在订婚状态。他刚刚卖掉了他的新型货车，轻松获得了 2 万美元。他想用这笔钱，好好筹划一下即将到来的婚姻生活。他是联邦政府的公务员，还有一份兼职。他认为，考虑到他的生活范围不大——一个大学城而已，即使在两年后卖掉1997年的丰田4Runner，他也可以收回至少大部分成本。

二号潜在买家考虑了不到五分钟，就决定买下我的车。一号潜在买家放弃了。因为他想要一辆七座SUV，方便未来进行拼车服务。后来他的确买了一辆。

“高价商品换低价商品”并不会让所有人感到失去了自尊。这两位潜在买家就是例证。那些计划通过缩减投资规模来积累财富的人，反而会更加有自豪感。我们通过这些行为掌控我们的生活，而不是被消费和信贷的过度使用所控制。这种信念不会在一夜之间产生。这时候，一位能帮助你改变并引导你获得经济自由的导师就很重要了。

在我们最近的调查中，只有14%的百万富翁租赁过汽车，这些汽车的平均价格是4.6万美元，而百万富翁购买的新车的平均价格为3.5万美元。根据最新研究，百万富翁租用的汽车中有25%是豪车，而75%租的车是非豪华汽车（如本田、丰田）。

我父亲在《停止装富》中提到了引导型消费者。也许莎士比亚说的“闪光的不都是金子”指的就是这群人。许多人都犯了一个错误，就是根据别人是否开豪车来判断他们的财富。这类判断往往是不准确的，还可能对谨慎的消费行为产生抑制作用。有一次，我父亲收到一封电子邮件，邮件表达了对消费者购物和财富问题的冷嘲热讽：

有一段时间，看到别人的豪宅以及豪车，我便很难让自己不那么愤世嫉俗。在一个教堂被认为是“富人”教堂中，我看到很多人都开着凯雷德、宝马等顶级豪车……反正我们认为这些人都是挥霍无度的人，不懂得积累财富。我们的孩子在这所教堂学校上学……其他孩子都身穿北面、阿贝克隆比品牌的衣服，脚上穿着昂贵的鞋子。我们很难向孩子开口说他们并不需要这些东西去显示地位……每次我妻子看着这些人，都很想知道他们的钱到底从哪里来，才能买得起这些昂贵东西。这种情况下，谁能不愤世嫉俗？

想知道我父亲给他的建议吗？首先，千万不要用能买到的东西来判断一个人的真实品性；其次，正如他所怀疑的那样，不是所有穿名牌和开豪车的人都是有钱人。

在最新的研究中，我们发现购买的车辆的价格与净资产之间存在相关性。其实这个发现并不出人意料。年龄、收入和净资产的组合只能解释购买价格差异的四分之一。实际来看，购买汽车的价格与我们收入的多少及我们的年龄关系不大，但与我们对待奢侈品的态度以及邻居开什么车密切相关。这些社会心理因素可能起了重要作用。另外，我们发现，在预测某人下一辆车的价格问题上，收入比净资产更有用。这一点用在租车问题上更为明显。

对那位愤世嫉俗的读者来说，答案很清楚：与大多数人所认为的不同，汽车的购买价格更多与财富或收入以外的因素有关。如果将财政方面的因素考虑在内，那么收入水平，而非财富，会起到更大的作用。

正如《圣经·旧约》所说："人是看外貌，耶和华是看内心。"（撒母耳记上 16：7 和合本）。

如何购买二手奢侈品

如果你就想要开豪车，怎么办？"二手车买手"的邻家百万富翁向那些选择以二手形式拥有奢侈品的人提供了一些建议。一位工程学教授向我父亲详细介绍了他最近的购车经验：

很多人见钱眼开。我从现金应急储备中拿出 2000 美元，并把它们都换成 20 美元的纸钞。我把 500 美元放在我的右裤袋，剩下的 1500 美元放在我的左衬衫口袋里。在预约好看车时间后，我请了一位海军战友开车送我去约定的地点。卖主住在一个昂贵小区里。他的车库里停着一辆全新捷豹轿车、一辆丰田轿车，以及一辆凯迪拉克凯雷德 SUV。他的大女儿之前一直都是开奔驰去学校上课……她马上要搬家了……他刚给她买了辆新的丰田。他还说："我和妻子根本用不到四辆车。"试驾之后，我从衬衫口袋里掏出一大叠20美元的钞票，放在梅赛德斯的车盖上，问道："你愿意接受1500美元的报价吗？"他同意了。这之后，我（每天）开着一辆20世纪80年代的老式豪华奔驰上下班。它性能不错，每加仑汽油能跑25英里，它能带给我美妙的开车经历。梅赛德斯－奔驰因坚持高质量的制造标准和独特的设计款式而享有盛誉，这当之无愧。所以这辆车买得很值。我的内心还住着一个20岁的小伙子，他终于得偿所愿了，虽然这愿望在38年后才得以成真。

很多美国人都相信，驾驶一辆新车就可以效仿经济成功人士。但只有16%的百万富翁驾驶的是最新款汽车。如果你开着一辆旧车到处奔波，千万不要感觉自己低人一等。

专业顾问们开的车

约翰是一位财务顾问。他正准备搬到佛罗里达州南部的一个富裕之地。关于如何选择"理想"的汽车，他向我父亲征求了意见。约翰很看重邻家百万富翁的相关理念，他在寻求一种"特殊分配"。他担心驾驶一辆"普通"（即非奢侈品）的汽车会影响潜在客户的选择。

很多与约翰地位相仿、为富人提供专业服务的人无数次想要说服我父亲，他们认为开一辆昂贵的汽车是必备条件。但我父亲坚持认为，成功的关键在于提供超出预期的高水平的核心服务。换句话说，约翰更应该关心怎样成功管理客户的钱，而不是担心自己驾驶的汽车品牌。

以下是我父亲在《停止装富》中对那些"闪闪发光"的富人的描述：这些人在每一种名牌产品和服务上都挥霍无度。然而，他们应该量入为出。因为如果他们想要真正成为富人中的一员，他们必须拥有不少于2000万美元的净资产。"闪闪发光"的富人……都拥有……宝马、奔驰或雷克萨斯等系列的顶级车型……大多数人至少有一辆SUV。然而这些SUV中，有许多并不属于豪华车型。全尺寸SUV……在“闪闪发光”的富人中非常受欢迎。

我父亲为约翰设计了一个折中的解决方案。既然全尺寸SUV在“闪闪发光”的富人中似乎非常受欢迎，为什么不买一辆二手全尺寸SUV呢？他在通用汽车系列中，选择了一种车型推荐给了约翰。这款车的特点是空间很大、舒适、安全，并且被许多人认为是所有全尺寸SUV里质量最好的车。约翰可以轻松买到这款车。

除了购买消费品、汽车和房屋之外，百万富翁还有哪些分配收入的手段？第七章中我们会谈到，我们调查的大多数百万富翁会将家庭年收入的1%用于金融咨询，还有三分之一的人没有这样做。

三分之一的百万富翁没有把家庭收入用到“经济门诊服务”上（也就是给亲戚的高价理财礼品）。三分之一的百万富翁将其收入的1%用于“经济门诊”；36%的百万富翁将其收入的5%捐给慈善机构；大约四分之一的百万富翁将不低于10%的家庭年收入用于高尚的事业。

表4–12 不同消费类别收入支出比中百万富翁所占的比例

支出类别	收入支出比							
	0%	1%	5%	10%	20%	30%	50%	75%及以上
	百万富翁的比例(%)							
所得税	0.8	0.6	1.8	5.8	21.8	50.1	18.0	0.3
信用卡/分期付款贷款利息	71.7	16.4	8.4	3.1	0.2	0.3	0.0	0.0
现金/等值慈善捐赠	3.1	37.0	36.1	19.8	2.6	1.4	0.0	0.0
财务咨询/管理/交易费用	32.7	56.3	8.3	2.5	0.2	0.2	0.0	0.0
教育/学费	47.6	12.2	16.2	14.8	5.7	2.6	0.6	0.2
赠予亲戚的现金、证券、车辆等礼物	33.6	33.9	23.2	7.3	1.4	0.3	0.2	0.0
养老金/年金缴款	35.1	7.2	19.8	24.3	12.0	0.9	0.5	0.2
投资(养老金/年金缴款除外)	20.3	10.8	27.4	19.2	13.8	5.2	2.2	1.1
按揭贷款	32.6	6.6	14.6	21.8	15.1	8.3	0.9	0.2
俱乐部会费/费用	68.1	19.5	9.8	2.1	0.5	0.0	0.0	0.0

续表

汽车购置/租赁付款/服务/燃料/保险	1.8	59.7	32.3	5.5	0.5	0.0	0.2	0.0
衣服	1.8	59.7	32.3	5.5	0.5	0.0	0.2	0.0
商业贷款支付	83.8	5.2	5.5	4.0	0.8	0.6	0.2	0.0
所有其他类别(未列入上文)	14.2	8.5	19.5	15.9	17.6	12.9	9.2	2.2

我们送过什么礼物

据相关资料记载，迈克尔·布隆伯格——这位亿万富翁、前纽约市市长，只有两双工作鞋。但是，他会定期更换鞋底，这样就可以不断延长这两双鞋的使用寿命。数据显示，在美国前 1% 的财富持有者中，70% 的人定期更换或修理鞋子。这也证明了我们一直以来的一个基本观点，即那些有财富积累倾向的人在将他们的钱用在产品消费时，他们往往是相当节俭的。很明显，布隆伯格是极具财富积累者：一个真正富裕的人。然而，布隆伯格——与更多的极具财富积累者保持一致的是——往往慷慨地将自己的财富捐给更崇高的事业。另外，数据还显示，在极具财富积累者同龄段中，那些收入高财富积累低的人倾向于在自己身上花重金，基本不会捐钱给崇高事业。

我们在 2016 年展开了一项调查，样本显示大约 52% 的欠财富积累者会将不少于 5% 的家庭年收入捐给慈善事业，而将不少于 5% 的家庭年收入捐赠给慈善事业的极具财富积累者竟占了 69%。乍一看，这些数据可能有悖常理（那些极具财富积累者不是应该汇集财富，而不是将钱捐出去吗？），但经过反思，我们认为这是有道理的。那些仅仅是收入较高的富人不会捐出那么多钱，是因为他们需要更多的收入来满足高消费的生活。极具财富积累者有更多的钱可以用来分享，是因为他们生活方式较固定，且生活成本较低。美国国税局的遗产税数据也显示，随着遗产规模的增加，慈善捐赠也会大幅增加。

表 4–13　不同遗产规模下慈善捐赠扣税额占遗产总额的比例

美国国税局遗产税数据（2016 年）	
遗产规模	慈善捐赠扣除税额占遗产总额的比例（%）
小于 500 万美元	2.71
500 万~1000 万美元	3.91
1000 万~2000 万美元	5.84
2000 万~5000 万美元	9.75
大于 5000 万美元	15.80

2013 年，布隆伯格向他的母校约翰·霍普金斯大学捐赠了 3.5 亿美元，从而将他对学校的捐赠总额提到了 10 亿美元以上。假如我们把这一数额转化成对等的消费品：布隆伯格的每一双工作鞋价值 5 亿美元。

我们的研究表明，赢得赞誉并不是促使富人支持崇高事业的主要原因。富人通过帮助他人获得满足感，并以此促进后代的成长和发展。以上两点可能是他们考虑的重点。

量入为出才能致富

如果你认为节俭不适合你，你想尽情消费，那你还可能创造财富吗？你面对的终极问题是你是否仅仅想停留在“收入富裕”阶层！问题在于，大多数中等收入或高收入的美国人对自己、家庭、子女（最重要的是成年子女）的生活方式寄予厚望。但前提是你需要保持高收入，享有大量的“经济门诊服务”，或者承担巨额的债务。

正如之前提到的，在编辑苏珊娜·德加兰未想出《邻家的百万富翁》的书名之前，它最初的书名是《这就是他们富有的原因》。“他们”富有的主要原因是他们量体裁衣，购买物有所值的商品。那些成功积累财富的人以一贯的自制力对待支出和消费，将每一次交易视为培训，争取早日迎来“金融独立日”。

正如我父亲在《邻家的百万富翁》中写道：“一位百万富翁的一家公司最

近上市了，他将价值 800 万美元的股票送给了妻子，妻子有何反应呢？……这位妻子回答：‘我很感激，真的很感激。’说完她就笑了。自始至终她都没有离开她的餐桌，一直坐在那，不停地从报纸上裁剪下 25 美分和 50 美分的食品优惠券。”

忽视趋势，漠视大众的观点和影响，过量入为出的生活。以上都是那些百万富翁善于把收入转化为财富的标志。通过这种生活方式，他们拥有了更多的自由和安全感，从而改变了职业，开创自己的事业。从本质上讲，一种一贯而有自制力的消费行为模式是那些白手起家的富人的“标配”。

第五章　如何才能守住财富？

现在充斥着太多关于如何获得经济成功的信息，这实在让人感到困惑。美国的百万富翁到底是如何变得富有的？解决这个问题的最好方法就是去问他们。

——摘自《百万富翁之心》

如果没有一份高于平均水平的收入，大多数职员是不可能轻松地积累财富的。不是每个小企业主都能获得成功（事实上，截至 2016 年，美国小企业在创业前五年的失败率为 50%）。在工作中获得巨大的满足感，虽然对长期创收很重要，但它并不能保证财富积累。简单地说，将收入转化为财富的能力仍然取决于有效的储蓄、管理财务的自制力和辛勤工作。这包括日常琐事（如编制预算、支付账单）和更为复杂的问题（如纳税、投资分析）。

为了实现财务独立，某些人（今天来说，应该是更多的人）将不得不承担“家庭财务官”的角色和责任，对预算、计划以及与财务相关的事务进行全面干预。百万富翁有一双慧眼，总是可以精准定位市场机会。经济成功的家庭里，它们都拥有一个以积累财富为目标，并充分利用自身优势的领导者或领导团体。他们像经营企业一样管理自己的家庭，把关键的任务分配给能够完成工作的团队成员。

所以，新问题来了，究竟什么样的能力或特征能够更好地进行个人财务管理？我父亲一生都在研究富人的习惯和特征。

在刚加入父亲的研究工作时，我会用之前学过的学科知识，帮助自己弄清富人的特征是否确实与净资产相关。有些人在经济上取得的巨大成功，到底归功于节俭，还是只是运气在起作用？信心和自制力真的有可能影响一个人将收入转化为财富的能力吗？或者说，在1996年取得经济成功的百万富翁只是因为适逢时代，做了几个正确的决定？

对于我们而言，大部分调查富人的工作都集中在人口统计和与消费者相关的数据上：他们购买了什么，他们住在哪里，他们开什么车，以及他们是如何管理时间的。《百万富翁之心》的研究还包括生活经历和个人特征。从2010年开始，我们开始拓宽研究的重点，试图探寻不同等级的财富积累者的共性——那些在将收入转化为财富上高于平均水平的人（极具财富积累者）以及那些在将收入转化为财富上低于平均水平的人（欠财富积累者）。由此，我们可以对那些成功积累财富的人的行为共性，做出一定的推论。

我们每个人或多或少都会体现这种行为共同点。所以为了研究这项关键的工作，我们在2012年开展了一系列研究，选择了处于大众富裕阶层的美国人作为研究对象。这些人基本上都是自由职业者或兼职者，会为自己或家人创造额外收入。在某些方面，这项工作是与我们其他研究工作相背而行的。过去，我们调查百万富翁的特征和习惯，有时候重点关注年龄、收入和净资产，将样本分为极具财富积累者和欠财富积累者，然后确定各组的显著行为特征。最近几年，为了更好地回答为什么极具财富积累者在将收入转化为持久财富方面更胜一筹，我们把研究重点放在了寻找其他主要行为的共同点上。但在我们关于购买决定和职业道路的调查研究中，这些其他的行为特征并没有那么明显。

你需要一名“家庭首席财务官”

暂时抛开意外之财和遗产的影响可以使我们更关注那些最有利于积累财富

的行为特征。

不管你的年龄和收入如何，哪些特征可以“预测”净资产，或者说与净资产相关？为了回答这个问题，我们首先将个人财务管理视为一项工作，这项工作涉及一套诸多的责任与相关活动。为了更好地阐释这项工作的运作方式，请你设想一下：你必须雇佣一名专业人员来管理你生活中的每一笔金融交易，而不仅仅是“财务计划”或投资。这位新员工事无巨细，从支付账单，到就金钱问题与你的配偶或其他重要人士进行的互动沟通。科学和常识的结合将更好地指导你的决策过程，从而帮你找到最适合这份工作的人选。那么这样一份招聘公告会是什么样？

招聘：家庭首席财务官

职位描述：家庭首席财务官的作用是确保他/她的家庭财富积累，以便最终实现财务独立。

家庭首席财务官将监督家庭的预算和财务规划。他/她需要每年创建、管理、解释、维护和协商家庭预算，并监督与上述预算相关的支出和储蓄活动。他/她需要为家庭的经济保障和稳定做好计划，应特别侧重于退休计划、大学学费储蓄计划和可预期的其他大笔开支。家庭首席财务官需要平衡支票簿，提交纳税申报表，按时支付账单，制订财务计划，制订房地产计划，研究投资，监督投资，统筹负责家庭的所有财务事项。家庭首席财务官将负责检查家庭开支，因此将与以下个人密切合作：家庭首席采购干事及其团队成员［即配偶/本人和（或）子女］。家庭首席财务官可选择将其职责的任一部分外包给值得信任的顾问，因此，家庭首席财务官的工作可能还包括研究调查和雇佣高质量专业人员，从而共同为家庭谋取最佳利益。

如果经过仔细的搜寻，仍找不到合适的候选人。这时候，你可能不会再去考虑资格问题，而是决定由你或你的配偶担任这个角色。

最后几句话最贴合现实。即使家庭中的某个人执行力不强，甚至对工作不是很上心，这个关键的角色还是会由他 / 她全部或部分完成（如，有些任务会外包给专业人员）。不管家庭成员是否有兴趣，有能力，总要有人承担这个角色。可以从以下几点区分美国人是否取得了经济成功：

- 充分了解完成这项工作任务范围。
- 充分认识到自己的优势和短板，以及需要外包的任务。
- 对于创造和维持财富的关键领域，应该要用行动凸显对该领域的重视，并努力改进相关领域的工作。

正如在第三章中讨论的那样，天性和后天培养的结合一方面可以给予我们巨大的力量，让我们积累财富。而另一方面，它会阻碍我们在经济上取得成功。一旦某个人成了“家庭首席财务官”，他将用独特的经验、能力、行为和态度，去完成相关工作。除非你的经济生活完全由他人照料，否则我们必须履行管理金钱的角色。

过去几年，我们将部分研究的关注点集中在了对个人财务管理所需任务的分析上。分析采用了工业心理学家研究职业的方法。对担任家庭首席财务官的人，我们应该提出什么要求？这个人需要采取哪些行动来管理家庭财务？一旦我们知道了这项工作的相关要求，就可以继续研究怎样成功达到这些要求。当某个人担任了家庭首席财务官，他 / 她主要从事与支出、预算有关的事项，并要做出与投资有关的决定，最终要学会与其他人进行合作（最后一点对于有子女的夫妇或家庭格外重要）。

假设一个家庭有专人从事这项关键工作，并且“团队”内部没有人（配偶、子女）强烈反对这些目标，那么这个家庭很可能获得经济上的成功。某种程度上，这些任务需要不同的技能组合。但幸运的是，任务之间有一些重叠。下面这个清单对于那些没有管理自身财务经验或者不具备独立管理自身财务能力的人来说格外重要。

家庭财务管理的关键任务

常规任务

- 在决定行动方向之前，先预期行为可能带来的后果。
- 根据家庭的预算、规划和长期目标做出财务决策。
- 将财务管理工作的重点放在消除债务方面。

支出

- 生活（消费）低于（收入 / 净资产）。
- 在一段时间内，支出少于家庭总收入。

预算

- 设立应急基金。
- 在为可有可无的消费（如娱乐）编制预算之前，为基本需求（如食品）留下足够的预算。
- 在编制预算时，要考虑到重要的家庭需要（如食物、衣服、住房）。
- 分析预算和财务目标时，考虑那些可能影响目标实现的重大生活变化（如工作变化、搬家）。

行政工作

- 按时缴付账单，防止产生滞纳金或利息。
- 按时填写及提交报税表（不论是内部解决或依靠外部协助）。
- 按时缴付信用卡账单，防止产生利息。
- 每月支付所有信用卡欠款。

与他人合作

- 对于不可预见的消费，要与配偶 / 其他重要的家庭成员进行讨论。
- 与配偶 / 其他重要的家庭成员一起管理家庭财务问题。

投资

- 了解投资的性质及其风险和回报。
- 投资雇主提供的退休储蓄账户。
- 对于自身投资组合的风险等级，要有所认识。

如果一个家庭没有人完成这些任务，那么这个家庭将无法有效地运作。在有些任务被外包的情况下，这项工作的成功也要归功于一位合适且值得信赖的顾问。这里列出的任务只是冰山一角：我们发现，家庭首席财务官的任务总数超过 240 项。

哪些品格有助于获得经济成功？

在看完家庭首席财务官的相关任务后，问问自己是否会乐于完成这些任务，以及是否有知识和能力来完成这些任务。现在，我们讨论的不是财务管理工作需要完成什么，而是完成这些工作所需要的个人特征。

在创造财富的道路上，总有几步显得格外重要，包括认清自我，评估你的价值观和兴趣，设定目标，进而再去实现目标。每个人的能力范围都很广。这其中包括鲜明的个人特点，从注重细节并富有条理到善于组织和运筹帷幄；还包括纷繁的兴趣，从热衷艺术活动到关注日常问题，如列清单和记录日常生活；当然还有从高度自我到关注集体和团队的价值观。

基于工业心理学领域多年来的研究，我们发现其中一些成功因素不仅可以预测未来的工作表现，还可以预测经济成功。在所有品格中，尽责最能精确地预测各类工作表现，它也与经济成功有关联。另外，自制力往往与非流动资产和流动资产持有量以及净资产估值呈正相关关系。

责任的重要性

主动承担起家庭经济成功或失败的责任对家庭能否取得经济成功至关重要。换句话说，如果你觉得经济管理谋事在人，理应承担责任与后果，那么你的净资产往往高于那些视其他因素（如政府、金融市场）为经济成功要素的人。这与心理学中“控制源”的概念相似：那些相信外部控制源的人常常认为自身无法控制或影响生活中的结果，而那些相信内部控制源的人则认为他们自己是决定成功的主人。不可否认，不管你相信以上哪种观点，都会出现不利的一面。但是，只要你学会对财务结果负责，并采取相应行动，就可以对财富积累产生积极影响。在2012年的一篇文章中，我父亲强调了责任和领导力的重要作用：

罗恩·切尔诺创作的《国家的选择：华盛顿与他的时代》好评如潮。2012年，谢里夫在接受《华尔街日报》的一次采访中，用以下这段话描述了华盛顿总统："你不必成为那个最聪明的人，也不必成为那个最富有想法的人……华盛顿一生都拥有清晰的目标，他意志坚定，展现出了坚韧的性格特质。他告诉我们，只要你把目光放在终极目标上，你就能创造人生辉煌。"

在《百万富翁之心》中，我引用了弗莱德·费德勒和托马斯·林克的著作。这两位都是智力与人类表现研究领域的学者。他们得出以下结论："众所周知，认知能力测试（标准化智力测试）并不能很好地预测领导力的表现……智力与领导力和管理表现之间的关联度最多只有10%……但从实际来看，10%的关联性也很高……在某些情况下，领导者的智力与表现呈负相关。"

遗憾的是，很少有辅导员会告诉学生，90%的领导力差异不能用标准化智力测试来解释。

有多少孩子早早就不抱希望了，仅仅因为他们在学校的表现不佳，或者在学术能力测试中名落孙山。也许有人应该对他们说："你还有机会。你只需要更努力地工作，总有一天你也会具备领导别人的能力。"

我曾采访过一位很有趣的百万富翁，他从未在学校或标准化考试中位居前列。到了高中，情况仍然没有任何改变。他的父母很沮丧，便向一位经验丰富的指导顾问寻求建议。顾问是这样对他们说的："别担心你的儿子。他是天生的领导者。他的潜力无穷。"顾问对这个年轻人的评价是正确的，如今他已取得成功，是一位成熟卓越的领导者。

同大多数成功人士一样，乔治·华盛顿很早就学会了承担责任，敢于做领导者。年轻人应该去寻找成为领导者的机会，而不是随波逐流。

很显然，大部分的财务管理活动都需要注重细节。因此，那些具有行政或文书技能的人能够更好地记录支出、储蓄并关注到相关细节。经济产出较高的家庭往往有一名领导力极高的成员。该成员能够高效地记录这些细节。随着时间的推移，注重细节以及尽责都将对个人的经济成功起到巨大的推动作用。

基于广泛的样本，我们再次假设年龄和收入为恒量，试图确定预测净资产的最佳特征。接着我们进行了一系列平行研究，试图找出一些广泛的行为类别。这些行为类别与一个人在一段时间内财富积累的能力有关。基于两组广泛的样本，分别是净资产达 10 万到 100 万美元的美国人以及拥有高净资产和超高净资产的个人，在这两组样本中研究发现，无论年龄和收入水平的差异如何，行为的关键领域都影响着一个人将收入转化为财富的能力。

这些行为和经验往往可以分为六类，具体来说，我们发现与自制力和责任心相关的能力（包括节俭和社会冷漠，或不受趋势干扰）与净资产呈正相关。在自制力和责任心方面，我们认为，财务计划的行为以及保持专注集中的能力也会影响到净资产。在任何年龄或收入层，有无信心做好财务决策以及是否能对自己的财务负责也都会影响净资产。一位退休的百万富翁曾告诉我们说："1982 年，我丢了工作，这让我意识到我应该对我的家庭和经济健康负全责。因为对伊利诺伊州的 457 就业计划很感兴趣，我便学习了购买和持有等概念，并懂得了怎样投资共同基金。到现在，我们已拥有了 100 万美元的净资产。"

表 5–1 与财富有关的行为模式分类

类别	定义	示例问题
自信	在财务管理、投资和家庭领导方面表现出信心和协作意愿	你是否有信心做一个有关家庭经济的重大决策
节俭	与致力于长期储蓄、降低开支和严格遵守预算有关的财务行为	我的朋友和 / 或家人会用节俭形容我

续表

类别	定义	示例问题
责任	相信行动、能力和经验有助于带来经济成果。坚信运气对创造成就的作用微乎其微	我对家里的财务状况负责
社会冷漠	群体性购买新款消费品和/或奢侈品、服装和汽车带来的社会压力，不影响其一贯的消费和储蓄行为	你是否经常忽视邻居或朋友消费购物带给你的压力
专注	在任务完成的全过程中，展现出的定力	我觉得自己在不分心的情况下很容易完成任务
计划	与设定目标、规划和预测未来需求有关的行为	我有一套定义明确的每日、每周、每月、年度或终生的目标

总之，不管你的年龄与收入状况如何，这些财富因素都与你的净资产相关。在研究中，我们将样本分为高、中、低财富积累潜力组，并为每一组都收集了相关数据。在这三个群组中，最显著的差异可能在于每个群组的中位储蓄值，“高潜力”组的储蓄值几乎是“低潜力”组的 2.5 倍。就是说，“高潜力”组每个月以及每年都比低潜力组多节省 143%。试想一下，如果职业生涯是 30 年，这一不同会带来多大的差距。如果将这两组的差额放在华尔街，会产生怎样的效果？那些赚得盆满钵满的基金经理通过投资组合，能提供（至少能承诺）比市场高出一两个百分点的回报。

将“年龄和收入视为恒量”是什么意思？我们是否可以说这些因素并不能影响财务结果呢？当然不是，或者我们可以这样说，年龄和收入对财务状况和净资产有重大影响。虽然我们都清楚一位 65 岁，年薪百万美元的外科医生会比一位 23 岁的建筑工人拥有更高的净资产，但是我们的研究想要探究除年龄和收入以外，造成他们财富不同的行为差异。

工程师们是如何积累财富的？

在财务管理、创收、投资等方面，那些经济成功人士往往会意识到自己的优势和弱点。他们能清楚地认识到，即使自己有管理财务生活的相关技能，他们仍需要偶尔将一些复杂或耗时的任务外包给专业人员。

这个特征也体现在那些愿意在自己的工作中崭露头角的人身上：他们往往能意识到自己的长处和不足、兴趣、态度和价值观，并针对自身的独特技能，找到一份合适的工作。

在建筑工程行业，我们能轻松地找到那些将收入转化为财富的人。许多邻家富翁都是从这一行起步的。在《停止装富》一书中，有一段话是这样描述建筑工程师们的节俭的：

> 富有的工程师具有通过其将收入转化为财富的卓越能力，将节俭的本质体现得淋漓尽致。平均而言，工程师们 1 美元实际收入创造的财富比百万富翁多 22%。
>
> 在同层收入/年龄群体中，他们会更倾向于财富积累，所以他们也不会偏爱彰显地位、价格昂贵的品牌产品。

为何工程师们更擅于将收入转化为财富？是因为他们对工程感兴趣？还是因为他们的态度？正确答案是：作为工程师所必备的那些重要能力。

我们来设想一下航运工程师所需的关键工作能力：可靠性、对细节的关注、分析性思维、独立性和正直的品性。许多相同或相似的能力会影响一个人在一段时间内创造和维持财富的能力。

如果从与工作有关的行为的角度来审视自身的财务能力，我们会认识到：

1. 并不是只有百万富翁才能做出一个或多个好的决定。

2. 哪些地方存在不足，哪些地方需要改进。

3. 随着时间的推移，我们可以做出改变，成为更好的自己。

这些财富因素，即与净资产相关的行为特征，可以不断改善。随着时间的推移，我们有可能变得更加节俭。无论是知识积累，还是在通往金融独立道路上取得的一些小成就，它们都可以提升你对金融事务的信心。因为取得了成就，你开始关注到自身财务行为产生的影响：逐渐提高的存款，将预算坚持到底，月底越来越多的余额。

今天的邻家百万富翁

迈克和霍莉·韦尔斯居住在佐治亚州亚特兰大的中上阶层郊区。他们对自身定位、职业生涯、养育子女、教育和生活都有着极其严谨的态度，这使得他们在 40 岁出头就成了百万富翁。他们的房子虽然简朴，但是处在一个前景很好的公立学区。他们拥有两辆老式轿车，遵循量入为出的生活方式。戴夫·拉姆齐在创造财富方面的许多经验教训都成为他们学习的宝库。通过设定财务目标、详细记录支出并努力控制债务，他们不断地冲破弥漫的消费至上主义，从而获得了财务上的成功。

对于通过这种缓慢稳定的途径获得的经济成功，霍莉仍然表示不可思议："我从没想过会以这样的方式成为百万富翁……我一直认为只有通过继承财产，在好莱坞演戏或者成为首席执行官，才能获得这个称号……这实在是个惊喜。"

得益于迈克的合理计划以及对家庭财务目标的高度关注，他们家才有可能在一个火爆的学区拥有一所能承担得起费用的房子，这也为他们未来创造财富打下了良好的基础。想要买下一套郊区的房子，必然会面临一些陷阱。迈克的同伴都将希望寄托于雇佣的房地产经纪人身上，但迈克选择了忽视身边的这种趋势，最终独立完成这笔交易。他说："我们住的地方不需要屋主协会，也不需要高尔夫球场。要学会拒绝来自乡村俱乐部的诱惑。所以我们不愿意与房地产经纪人合作。"他们很重视孩子的早期发展，想给孩子提供一个先人一步的机会。这就需要极为出色的计划，这样才能保证他们的三个孩子不背负巨额的学贷，轻松进入大学。他们毅然承担起这份责任。即使社区中的其他家长认为孩子就应该依靠债务来上大学（或者压根没有这方面的思考）。当然，为教育以及退休提供资金就需要规划，以及节俭的生活方式。

自制力也是他们生活的一部分。为了不超出预算以及维持一个节俭的生活方式，霍莉专注于家庭的财务目标，制定了与之相匹配的消费方式，而不是盲目追求任何最新以及顶级的产品。她这样解释道："如果产品没有降价或清仓销售，我是不会去买它的。我拒绝支付零售价……买东西不能着急，要有耐心。我有儿有女，所以我通常都会去买黑色或中性的衣服，这样，衣服就可以在孩子身上循环利用。我们购买二手运动器具，也没必要去买新的，不是吗？我们从不攀比，我们不想超越任何人……但我们需要平衡孩子们的期望和需求。”

表 5–2 欠财富积累者与极具财富积累者在与财富地位相关的自制力上的比较

观点	完全同意 / 同意的比例（%）	
	欠财富积累者	极具财富积累者
我们家的年度预算相当详细	58.0	61.6
我有一套定义明确的每日、每周、年度和终生目标	55.0	59.0
我在财务规划上花了很多时间	49.0	64.3
我一直很节俭	40.7	57.0
在做某个项目的时候，我很少分心	48.5	51.0

同大多数“X 一代”一样，韦尔斯一家也重视全家人的共同经历，例如，为全家跨国旅行进行储蓄。韦尔斯一家在消费时，考虑的是沉浮不定、无法控制的市场状况。他们绝不会基于对未来经济成功的期望以及升职加薪的可能而盲目消费。他们表现出一种恒定的行为模式，而不是只有在经济不景气的时候，他们才会选择节俭。

这种自制力超强的家庭理财方法不仅使他们在 40 岁出头就成了百万富翁，而且在周围环境很恶劣的情况下，他们也获得了一定的缓冲。迈克说：“2010 年，房地产市场崩溃了，这让我们的生活也陷入了水深火热。但是我们仍然在坚持自己的计划。过去我们一直在监控我们的资产负债表，现在我们不再反复检查。我在 2013 年换了工作，这样我就有了更多的自由，也更容易维持工作与生活之间的平衡。我之所以能够做出这样的改变，是因为我们的财务状况一直处于稳定的状态。”

当我们向韦尔斯一家寻求一些建议，希望借此帮助更多的人从仅仅收入较高转变为真正的富裕，他们不停地提到自制力——创造财富必备因素之一：

- 不要让你的生活方式支配你的财务目标。对韦尔斯一家以及其他想要获得百万富翁地位的人来说，必须采取相反的做法。

- 对消费品要有一种“足够好”的心态。
- 不管当前的经济状况如何，总是要有一个深思熟虑的计划。
- 要学会以一种不同于他人的方式行事，特别是当你身边的人都奉行高消费主义时。
- 对期望和需求进行公开讨论。

韦尔斯一家都为目标全力付出，他们的自制力超出凡人。他们展示了坚持不懈的努力，艰难的抉择，以及制定和实现目标的纪律。他们始终坚持一种生活方式，不与他人攀比，只选择家庭需要的。他们没有价值 70 万美元的房子，也没有一辆新式越野车。所以当看到他们的资产负债表以及拥有的经济自由时，许多邻居、同事和朋友都会感到惊讶。毕竟韦尔斯一家无需改变生活方式以及放弃难得的经济自由，就可以承受经济变化带来的诸多影响。

创造财富就像跑马拉松

我父亲的著作中还一直有一个普遍观点，那就是：还有更多未挖掘的因素会利于财富创造以及在其他方面取得成功。他在 2011 年时写道：

在《百万富翁之心》中，我曾说创造财富的过程就像是在跑马拉松。平均分数并不能完全代表你在这场比赛中的表现……标准化测试（比如学术能力评估测试、研究生入学考试）无法替代这场马拉松比赛。否则，我们的政府大可以每年简单地重新分配一下国家的财富——直接将财富分给所有高智商的人群。这场比赛终将会结束，那么如何加速这个进程呢?

为什么会想到这个问题呢？是因为有一天我读到了这样一篇文章。文章对于使用标准化测试来预测整个职业生涯的成就变化，提出了质疑。作者指出“无论是学术能力评估测试，还是全美橄榄球联盟的新秀训练营，它们都有一个共同的问题：即它们用的都是短期测试。”

"事实证明，推动人生成功的许多重要因素是性格特征：如坚韧和自制力，这些都无法在短期内衡量……坚韧体现了一个人对长远目标的投入程度。"

正如我在《百万富翁之心》中所言，哈佛大学杰出的智力与成就研究的学者大卫·麦克莱兰德曾说传统的智力数据只能部分解释生活中的成功。

我们调查的百万富翁有的并不是优秀学生，他们在传统测试中没有得过很高的分数，那我们从他们身上看到了什么？他们拒绝让那些"高举学术胜率"大旗的人支配他们在生活中的表现。他们认识到，他们的创造力、辛勤工作、自制力以及某些社交技能，包括领导能力，远远要比成绩和能力测试结果更重要。

一位典型的百万富翁在工作59800小时后，才能迈入7位数净资产的门槛。这些时间要比他完成学术能力测试的时间长得多。

智力并不能决定一切

就像在工作场所一样，那些认真负责的人往往也会在财务管理方面做得更好。我们总是能听到许多人在谈自制力在财务管理中的重要性，但他们通常没有太多的研究来支持这种观点。在过去长达40多年的研究中，我们选取经济成功、白手起家的美国人作为研究对象，得到的结果始终支持以下观点，即自制力（如节俭）、辛勤工作和毅力是经济成功的必备要素。在《百万富翁之心》中，我们对高净资产和超高净资产的人进行了研究。后来，我们又通过"数据点"公司对大众富裕阶层做了相关研究。这些研究都证实了责任心在企业经营以及家庭财务管理中发挥了重要作用。责任心被认为是最重要的成功因素。另外，责任心与净资产的关系不受年龄与收入的影响。

翻开任何一本关于人们工作表现的出版物，你会发现它们都将认知能力作为预测工作成功的主要因素或指标。换句话说，大多数研究发现，只要我们越聪明，我们就能做得越好。这是否也适用于美国国内的财务管理？

《百万富翁之心》对于百万富翁的研究揭示了财富和智力（受访者在学术能力测试中的分数）之间的关系缺乏强有力的支持。《百万富翁之心》中百万富翁们的本科平均学分绩点为2.92，平均学术能力测试分为1190分，这只是个意外吗？

一些研究人员开始使用更多的样本来分析智力和财富之间的关系。相对于《百万富翁之心》中的研究样本，这些样本在人口特征上要更广泛。杰伊·扎戈斯基博士的一项研究在发表时得到了很多媒体的关注。扎戈斯基博士基于1979年对美国全国青年的研究，试图回答以下这个问题：智商与净资产有关吗？他对33～41岁之间的近7500人进行了重新审视，并没有发现智商与净资产之间有任何关系。

也许我们应该将视角放在财务素养或与个人财富管理实践和方法相关的知识和使用能力上，而不应是认知能力。通过他们对于简单的金融知识问题的回答，我们知道大约57%的美国人稍懂一些财务知识。

安娜·玛丽亚·卢沙迪和她的同事们展开了相关研究，证明了财务知识教育在全世界都受到了冷落。安娜带领着她的组员，通过提问几个问题来衡量受访者的金融素养。但结果是，即使是对于那些关于个人理财的基本问题，也只有一半的美国人能给出正确答案。

较高的金融素养有利于做出更好的决策，从而获得一系列的财务成功。但如果你想获得财务成功，仅仅有金融素养还不够。回想一下上一次你和某位出色的同事一起工作的经历：他不能或不会准时上班，总是做出不适宜工作场合的行为表现，甚至总是不能及时完成任务。所以工作上的成功还受到其他因素的影响：尽责。作为“五大”人格特征之一，尽责包括：

- 勤奋（工作努力，自信）。
- 美德（站在道德高地，做社会认可的事情）。
- 自制力（谨慎，延迟自我满足）。
- 有条理（注重细节）。
- 责任感（为他人、社区做有意义的事情）。

- 传统主义（坚持权威和规则，不喜欢改变）。

假如你需要雇佣一位员工，但你只想考察他一个方面的特质，尽责就是你必须要了解的（一些重要或者需要艺术能力的岗位除外）。

因此，尽责也适用于财务管理。无论我们年龄有多大，也不管我们的收入水平如何，许多行为因素在影响着我们的净资产。但是这些行为因素都与尽责有关。

在对全美国青年的一项研究中，研究人员发现，尽责中的自制力与流动、非流动资产以及净资产的关系十分紧密。金融素养对净资产有一定的影响，但影响的产生必须要以自制力为媒介，而自制力是尽责的一个重要组成部分。研究发现："金融素养本身起到的效果并不显著，但当它与尽责相结合时，便会对财富积累产生巨大的促进作用。"

诚信："开卷政策"带来的好处

另一个与尽责密切相关的心理特征是正直：对别人诚实，言出必行，以无可挑剔的方式行事。我们最新调查的百万富翁以及《百万富翁之心》中描述的那些百万富翁，都表示正直是推动他们成功的主要因素。几年前，在面对房地产市场崩盘时，我父亲便强调了诚信的重要性：

朗太太是我的第一个"主日学校"的老师。她常说："你应该尽力而为。你今生所做的每一件事都记录在一本大书里……下辈子，人们会通过你这辈子的所言所行，对你的为人进行评判。"

如果你的商业实践不断践行"开卷政策"，那么成功往往不请自来。这一想法源于我某天的一次阅读。我在《纽约时报》上读到一篇关于亚特兰大房地产市场现状的文章，其中讲道："区别住房市场的惨淡特征：2011年成为最糟糕的市场……这一特征也适用于亚特兰大的房市……豪华住宅无人问津……到处是丧失赎回权的房产……亚特兰大政府拥有的丧失赎回权的房产数量最多。”

这名记者还指出以上现象不仅发生在亚特兰大地区，还出现在科布县的玛丽埃塔以及佐治亚州。我对玛丽埃塔这个地名很熟悉，因为我在那里对一些高收入的销售专业人士进行过研究。当时一些人建议把M先生——一位房屋建筑商，列入我“必须采访”的经济成功人士名单中。在整个下跌的市场中，M先生的个人材料比我首次采访他时要更为丰富。

存在这样一类不寻常的建筑商：即使面对不景气的市场，他们也能创造成功。《亚特兰大宪章报》刊登的一篇文章指出，2005年亚特兰大售出了53410套新房；而2011年只售出了7664套新房。

那天，我带着我的狗狗莉莉，去我们每天必逛的公园。我一边走，一边还在想着那篇文章。路上，我看到一片建筑工地。工地上的标牌和建筑许可证上写着“M先生的建筑公司将为您打造舒适住宅”的广告语。M先生这个名字闪现在我的脑海，他的生意怎么会这么兴旺发达呢？即使在低迷的市场环境下，有些人仍然有闲钱，请人打造新房。M先生以建造高质量的住宅而闻名。

M先生的竞争优势就是他采取了“开卷”的政策。每一个潜在购房者除了会收到一份建筑方案外，还会额外收到一份详细的清单。清单上记录了M先生所有老客户的姓名、地址和电话号码。163位老客户的阵营还在不断扩大中。

指标的欠缺

在组织（学校、公司、政府机构）中，人员招聘或录用决定通常都需要依靠某种指标，从而使决策更富有成本效益，也能更好地为组织服务。谁会取得成功？谁会下一个被辞退？谁处在队尾？对于人员流动性大，决策频繁的组织来说，标准化测试和其他指标（如平均绩点）

是最基本的业务需求。然而，标准化测试并不能涵盖未来成功的所有重要因素。并且，这些测试对那些受测者来说用处不大：它们成为组织的工具之一，并不会推动我们走向伟大。然而，我们常常对这些数据抱有太大期望，坚持认为较高的平均绩点会决定人的发展轨迹。我父亲在2015年写了这篇文章，文中强调领导力的考察绝不仅仅是平均绩点所能反映的：

邻家百万富翁的原型之一是一位经济成功的个体经营者。换句话说，他是雇主，而非雇员。本质上，他是一个领导者。想要理解这个事实，就要先理解更多关于百万富翁企业主的重要问题。认知智力测试的成绩与领导力水平几乎没有相关性。我认为学术能力评估测试、学业素质与能力评价测试、研究生管理专业入学测试以及研究生入学考试都属于是认知能力的重要指标。

沿着这条思路，我想起《百万富翁之心》中两位著名学者——费德勒和林克的相关发现：

众所周知，认知能力测试对领导力水平的解释度很低……只能解释不到10%的差异。

戴夫可以很好地证实这个观点。如今的戴夫是一位千万富翁。他很早就读过了《百万富翁之心》这本书。后来，他问我这样一个问题："在我办公室所有的大学毕业生中，你认为谁的成绩在大学里是最低的？"

你猜到了！戴夫在大学里的平均成绩仅处在第三梯队。可是，现在他不仅拥有一家非常成功的投资管理公司，而且还是公司所在大楼的房主。戴夫还有一点与手下的大学毕业生不同：戴夫毕业的大学在学术排名上，居于全国所有大学的后五分之一。此外，戴夫在综合学术能力评估测试中（原始版本）从未取得过900分以上的成绩。

直到现在，戴夫每周读到一些简历，仍会感到惊奇："一些拥有优秀毕业生头衔的毕业生会想为我工作。这些人都是从名校毕业的年轻一辈啊。”

或许戴夫在学业上有所欠缺，但是他在自制力、正直、进取心、冒险精神、判断他人的能力、远见、坚韧、同理心、毅力和社交技能等方面都表现得极为出色。从本质上来说，戴夫还具有卓越的领导才能。

戴夫手下那些优秀毕业生对戴夫的大学成绩，都有怎样的看法呢？他们肯定对一位成绩中下游的老板持有怀疑态度，但不会有员工要求看戴夫的成绩单。只要戴夫继续为他们支付高薪，并提供一个优质的工作环境，其他的就都不重要。

这项研究的参与者们呼吁早期干预以及整个金融服务业不仅要致力于教育，还要注重培养自制力：“也许应该更广泛地解释‘金融教育’的概念。对培养自制力和加强责任感的相关干预措施可能是更创新的‘教育’方法。”

这项研究的参与者们还建议，金融专业人士应该集中精力帮助他们的客户提高在支出方面的自制力。他们说，“理财规划师和教育工作者应该为消费者提供这样的服务：首先要让消费者意识到自身自制力的缺乏，进而提供技巧和实践指导，以帮助他们改善财务状况。其次现金支出、自动储蓄计划或自动付账等相关建议或许可以使他们放弃过去消极的支出模式”。这些建议对于授受双方，或者说任何想要创造财富的人来说，都至关重要。

超越学校教育的力量

《百万富翁之心》里的全国调查成了这本书的实践来源，但调查只选取了美国前 1% 财富拥有者的一小部分。关于这些人的一些传说是，他们都是顶尖学生，在学术能力评估测试中总能获得第一名，上的都是私立精英学校。在我们的样本中，平均学术能力评估测试的得分是 1190 分。这些人在高中以及大学的等级通常是二等，大学的平均绩点为 2.9，他们通常不具备进入“精英”学院或大学的资格。许多百万富翁告诉我们，他们成功的背后是无数次地被人拒绝。进入精英大学并不能保证成功。只有11%的亿万富翁将“进入一流大学”作为他们社会经济成功的重要因素。总的来说，在30个成功因素中，“进入一流大学”名列第29名，在“以近乎班级第一的水平毕业”这个因素前面。正如一位著名学者所说：“你的学位会给你带来第一份工作。但三年后，没人会在乎你从哪个学校毕业。”即使在自由的美国，也并非所有机会都是平等分配的。

有这样一个故事，它说明智力与信心在实现与职业相关的目标时，会产生的不同的结果。主人公是两个孩子。他们都生在了富裕家庭，并且家庭结构也十分相似。他们的父母都有着令人羡慕的工作。此外，这两个孩子在学术能力评估测试中也取得了高分，大学绩点也差不多。甚至他们的兴趣和职业规划也很相近。但长大以后，为什么其中一个孩子会比另外一个孩子拥有更高的收入？

自我概念，或者更确切地说，核心自我评价可以解释这个问题：这是一套心理特征，包括对自身价值以及在新情况下依然可以保持高效状态的信念，以及对有能力掌控决策以及伴随决策而来的结果的信念。

在审查了国家青年研究的相关数据之后，蒂莫西·基奇博士和查利斯·赫斯特博士，认为各方条件都很优越的童年时期与收入的关系并不像看上去那么简单。正如人们预期的那样，拥有富裕背景的儿童成年后的收入水平较高。但是，这两位博士发现在这群拥有同等出色背景的孩子中间，拥有更高自我概念的孩子会拥有更高的收入。基奇博士和赫斯特博士说：“如果这些资源（家庭优势、较高的学术能力评估测试成绩、较高的大学绩点）放在一个拥有较低核心自我评价的人身上，并不会起到很大的作用。在某些情况下，这些资源（就拿学术能力评估测试的分数来说）实际上还会产生轻微的负面影响。”他们的结论是，“家庭优势等资源和较高的核心自我评价对于一个想要获得中上水平收入的人来说，都应该是必需的”。

如果将收入换成净资产，我们同样也可以看到这样的事实：抛开年龄、收入和继承财富百分比上的差异，我们的自我认知以及对财务相关能力的评价也将会对净资产产生很大的影响。作为个性特点，自我概念通常很稳定并且不会改变。对自我概念的透彻理解和与财务相关的行为改变势必对收入和净资产有利无弊。

一流大学就一定意味着高收入吗？

有一天，一位记者联系了我们，他想了解教育成本是如何影响美国年轻人创造财富的能力。当今，是否有人能背负高昂的教育成本之后成了邻家百万富翁？自 1996 年以来，教育费用增加了近 400%。高等教育带来的债务使成年的子女在毕业后的“经济起跑线”上便落后了。很多时候，连那些雄心壮志的父母也不能全额支付孩子的大学费用。一项研究显示，尽管有 43% 的家长想为孩子支付全额大学学费，但真正做到的只有 29%。

教育的价值仍然存在：在大多数情况下，高等教育在创造财富方面还是有用的，它能提高你的收入水平。但前提是你必须拥有真实的学位。

单靠成绩并不能成为领导者

我们在成长过程中，都会在某些组织的表现评估中得到相应的分数。分数本身带有一定目的，但实际效用为零。即便如此，它也会对我们每个人产生不同的影响。无论分数如何，有些人都将它视为过眼云烟。还有人基于分数高低，来判断未来成功的可能性。然而，还有一部分人并不会刻意无视消极的评级，而是将它作为推动我们前进以及展现最佳自我的一种手段。百万富翁，特别是企业主，通常属于最后一部分人。我父亲在 2012 年对此发表过见解：

在《百万富翁之心》中，他写道：“在一些权威人士眼里，或某些标准化测试的结果中，百万富翁总是被标记为‘平均’或‘低等’水平。但是，正如这项研究的结果所示，这样的评估反而使得一些人更加坚韧。很多百万富翁跟我说，就是这样的评估推动他们不断取得成功。”

他们的决心从何而来？源头来自于他们早期对消极评估的回避。

拉尔夫·德拉维加是美国电话电报公司（AT & T）的首席执行官。这家公司的年销售额为630亿美元，有近5万名员工。2012年3月18日，《亚特兰大宪章报》刊登了一篇文章。该文章称，德拉维加先生10岁时就从古巴移民到了美国，但卡斯特罗政权禁止他的家人移美。直到五年后，德拉维加先生一家才得以在美国重聚，开始了新的生活。

等上了高中，德拉维加先生学习英语很吃力。某一天，他对一位辅导员说，他希望有一天能成为一名工程师。但这位辅导员在考虑完他的成绩以及家庭经济状况后，决定劝他放弃这个目标。德拉维加先生说："他瞬间就扼杀了我的梦想。"之后，他从这所高中退学，去读了一所技工学校。

但是等到他的祖母移居到美国后，她帮德拉维加先生重新点燃了他的梦想。祖母对他说："拉尔夫，你能获得的成就无止境，不要让任何人为你的梦想划定边界。如果你想成为一名工程师，你就可以是个工程师。"

大学毕业生的净资产中位数（约292100美元）是高中毕业生（54000美元）的四倍多。在目前的研究中，那些拥有本科或研究生学历的人的收入水平和净资产高于那些只拥有高中文凭的人（尽管净资产的差异并不显著）。当然，他们的收入水平与节俭程度没有太大关系，但这的确证实了教育水平对收入的影响。

1996年和2016年，超过75%的百万富翁都拥有本科和/或研究生学历。在某种程度上，教育可以认为是创造财富的"最低资格"：是资格，但并不是保障。它只是获得一份高薪工作的敲门砖。只有20%的百万富翁认为，一流学校对他们的成功很重要。

表 5–3　百万富翁的受教育水平（1996 年、2016 年）

教育水平	1996 年的比例（%）	2016 年的比例（%）
无	1	0
高中	6	4
副学士 / 大专学位	17	2
大学学位	38	36
研究生学位	38	58

表 5–4　不同大学类型中百万富翁所占的比例

高等教育	百万富翁的比例（%）
私人	30
公立	55
两者兼有	15

社区大学也重要

2016 年，近 78% 的本科生就读于公立学校，22% 的学生就读于私立学院和大学。那百万富翁的情况是怎么样的？在最新的研究中，大约 55% 的百万富翁就读于公立学院和大学，15% 的百万富翁既读过公立大学也读过私立大学，另有 30% 的百万富翁就读于私立大学。

所有教育机构的费用都在上涨，由此会导致更高的学生债务。一些望子成龙，但教育水平不高的家长将债务视为接受高等教育的代价。这些代价是可预见且可接受的。不幸的是，他们一边努力使子女获得所需的最低教育资格，一边在使自己的净资产规模不断缩水。为什么父母不告诉孩子还有其他选择？不是一定要背负大量贷款，而去选择传统的四年制学位。为什么执着于让自己背负数十万美元的大学债务？

在我们鼓励孩子接受高等教育的过程中，社交地位以及热爱攀比的邻居都在对我们施加影响。眼看着邻居们一个接一个地将孩子们送往高等学府，许多收入富裕的家庭感受到了压力，进而，将孩子送往名牌学校成了一个任务。进入名牌大学是一种身份象征，就像穿着名牌服装或拥有一辆豪华汽车一样。你可以通过社交媒体，将你孩子入学的消息广而告之。接着，你的朋友和邻居就会来向你表示祝贺：你的女儿能在拥有一级足球队的学校上学，真的是太棒了。但是，如果入学的前提是需要承担5～10年，甚至20年及以上的债务，那么那股想要告诉别人你要去一所不在你承受范围内的学校的冲动应该得到遏制。因为这样的冲动在经济上是携带“风险因子”的。

这些家庭中的成员往往会告诉你，他们生活节俭，只有在降价销售的时候，他们才会去购买衣服、食品和家用品。但是他们却坚持让孩子背负巨额债务，去上一所名牌大学。这其实是阻碍了孩子更好的发展。

为避免这些代价，我们就需要转变观点。这些豪华学校是否真的物有所值？追求的学位价值是否真的值得你在成年初期就背负债务？这很难说清。假设在名牌大学待4到5年是值得的，那是否还有别的选择？百万富翁们与我们分享了他们是如何获得与教育有关的各种经验的。经济成功的美国人为了做出正确的金融决策，会逆向而行。在不承担债务的情况下，你要想获得教育，也需反其道而行。

多亏了社区大学

如果你想换个地方去接受与传统大学前两三年相近的教育，社区大学是个不错的备选。我父亲在2015年写了这篇评论文章，文中主要论述一位著名的美国人是如何接受教育的：

汤姆·汉克斯的电影在全球票房超过80亿美元。如果你有幸读了他在《纽约时报》上的专栏——“多亏了社区大学”，你就会明白为什么他会被提名为邻家百万富翁俱乐部的荣誉会员。

试想一下如果他从公立高中毕业，会发生怎样的变化？他是这样描述自己的：“……成绩不佳，学术能力评估测试的成绩很糟糕……反正我也付不起大学学费……既然如此，我不如就去夏波学院。它是一所社区大学。在这里，每个人都获得了信任与自由。它就是我的母校。”汉克斯说，他在那里接受了优秀的教育，“二手教科书是收费的。但是除了这些书，其他都免费……那个地方造就了我今天的样子。”

汉克斯可能不是学术能力评估测试中的佼佼者，但他在夏波学院展现出了极富创造力以及洞察力的资源整合力。这些能力为他今后的职业发展铺平了道路。我在《邻家的百万富翁》中说过，经济成功人士表现出一种不可思议的能力，他们总能找到一份正确的工作。在这份工作中，他们收获了兴趣，也收获了经济回报。

为了职业发展方向，汉克斯在课程和教授选择上，表现出了极大的自制力。为了证明自己，汉克斯还邀请读者们去审阅他在夏波学院的借书单。其中，著名演员杰森·罗巴兹为尤金·奥尼尔的著作《送冰人来了》录制的独白录音被汉克斯借了至少 20 次。“我在夏波学院修的课程对我的职业生涯产生了重要影响。”汉克斯总结说道。

事实上，对于他导演的迷你剧——《约翰·亚当斯》，汉克斯想把功劳归为他的历史学教授。该教授“演讲非常吸引人”，逻辑极为清晰。“约翰·亚当斯”就借鉴了这一优点。

如果你可以学习汉克斯充分利用学校资源的精神，无论你身处社区大学还是四年制的学院或大学，你都可以获得成功。

富豪心中成功的因素

基于我们开展的所有研究以及其他人所做的调查，我们将其中提及的财富能力组合起来。这让我们看到与创造财富（也可以说找到工作）相关的能力也可以预示某人能在一份传统工作上取得不错的成绩。充分意识到自身能力不仅能帮助我们从事正确的事业（将在第六章讨论这一点），还可以用这些能力去管理家务事（或者在经济允许的情况下，可以雇佣值得信赖的顾问）。

《邻家的百万富翁》专注于寻找市场机会和选择正确的职业，而《百万富翁之心》则专注于高净资产和超高净资产个人的心态。在关于成功因素的章节中，我们曾将“财富能力”按照七种类别进行划分。我父亲在1998年调查的那些百万富翁拥有的净资产中位数为430万美元（大约相当于今天的630万美元）。在本书中，我们研究的百万富翁拥有的净资产中位数为350万美元。尽管中位净资产存在差异，但百万富翁位在财务独立方面的特征仍有很多相似的地方。这些百万富翁俨然已成为财富积累领域的主题专家。

无论是在1998年，还是在今天，百万富翁仍然将自制力、融洽的人际关系、正直和努力工作视为成功的关键要素。这些百万富翁经历了职业上升期，甚至开创了自己的事业。另外，随着年龄的增长，他们会以不同的心态，转变着处理家庭事务的方式。

表 5–5　成功因素：认为重要或非常重要的百万富翁的比例（1998年、2016年）

	百万富翁比例（%）	
成功因素（1998年的陈述）	1998年	2016年
极具自制力	95	91
具有韧性 / 毅力	–	88
待人诚实	90	86
与人和谐相处	94	83
比大多数人更努力工作	81	81
背后有支持的配偶	88	80
组织能力出色	85	74
热爱自己的职业或事业	86	70
具有较强的领导素质	84	68
具有极强的竞争精神 / 个性	81	63
量体裁衣	43	61
对自己的未来有一个清晰的规划	–	61
背后有支持的父母	–	59
察觉到市场上极好的机会（关注到别人看不到的机会）	72	58
拥有高智商	67	53
有一位优秀的老师 / 导师	73	53
有创意	–	50

续表

	百万富翁比例（%）	
无视外界的批评	51	45
父母工作努力	–	42
投资公司股票	42	37
有强烈的宗教信仰	33	32
拥有优秀的投资顾问	39	29
在大学期间实习或毕业后立即实习	–	22
以出色的成绩毕业	33	21
读一流的大学	48	20
就读私立学校	–	8

注：符号（–）表示该陈述未列入 1998 年的研究报告。

自制力的意义

无论尽责是以纪律严明、成功制订和完成计划抑或以专注细节的形式出现，生活和工作中的成功一直与它紧密联系在一起。正如先前所说，心理学领域的研究表明，这种性格特征与一个人在工作中的表现有着密切的关系。对在过去几十年中获得高净资产的人群的研究为我们理解为什么他们成了资产真富豪提供了一个思路：这些人在储蓄、支出和投资等方面都采用了一如既往稳定的、有自制力的方式，不会被好攀比的邻居们所影响。

在全美前 5% 的财富拥有者中，超过十分之九的人认为，良好的自制力能很好地解释了他们的社会经济成功。这个结论不会随时间而改变。在《百万富翁之心》一书中，我们曾说："一个极富自制力的人首先会将他 / 她的目标置于较高的位置，然后会通过富有成效的方法来实现目标。自制力较高的人不会轻易'偏离航道'……即使他们住在法国的面包店，也不会发胖。如果未来有数以百计的经济机会涌向他们，他们也只会基于自身优势以及市场需求，寻找一两个最适合的机会。"

难怪自制力被列为财务成功的重要因素之一。为确保与金钱相关的目标得以实现，我们需要高度自制、日复一日地工作，以及尽责地管理自身财务生活。

具备财富自制力也意味着我们要去设定自己的目标。以研究生教育为例：这种挑战需要自主学习和大规模、独立的项目管理。不幸的是，一半的研究生在未拿到博士学位之前就辍学了。为什么会出现这种情况？这跟智力不足无关。我父亲当了20多年的教授，他对学生为何放弃博士课程有自己的一套想法。他认为存在好几个原因，但最重要的当属缺乏自律。作为本科生，这些学生有专门指导人，指导人会告诉他们该做什么，学习什么，以及参加什么考试。教学大纲帮他们包揽了一切。等到了研究生阶段，这些学生在课堂作业方面做得很好。但当他们面对计划和完成一篇论文时，大多数学生不愿意或者没能力独立完成。这是因为，从本质上来说，论文等活动要求从事这项工作的人能独立制订项目计划，并且需要在无外部施压的情况下推进计划。完成一篇论文就像独自运营一家公司。

在这两种情况下，每个人都需要以最有成效的方式来分配时间和精力。因为没有雇主会提供给你相关的职位说明或者相关的课程。

在我们采访的百万富翁中，大多数人都没机会接受传统的博士教育。在本科阶段，他们也没有很高的绩点，在标准化考试中的得分也不高。然而，他们极富自制力，从而推动他们获得了经济成功。

韧性和毅力同样重要

经济成功人士还总提到另外一个要素，那就是韧性。不管你是想创造财富、建立自己的事业，还是忽视批评者、媒体以及邻居对你的影响，你都必须有决心跨越其他东西带来的痛苦，不停歇地向你的目标进发。那些百万富翁以及经济成功的美国人早早就学会了这么做，推动自己在升职加薪、金融独立的道路上不断前行。我们在那些追求提前退休 / 经济独立的人身上看到了这种韧性。追求经济独立的人在成功之前天天都会遇到绊脚石。因为他们的邻居、社区以及公司总是有意无意地消耗他们的金融和认知资源。艾伦·德马库斯成功地建立了一家制冷剂回收公司，之后将业务转卖出去，成了一位百万富翁。一路走来，他都表现出了极大的自制力。现在，他的身价在800

万到 1000 万美元之间。

艾伦 14 岁时就开始参与他叔叔的暖通空调业务。自那时起，他就开始了解这个行业，并且懂得努力就会有收获的道理。在大学期间，他再次加入他叔叔的团队。这次，他获得了一个销售职位。过了两年半，艾伦毅然选择退学。自此，艾伦开始走上了一条曲折的成功之路：

在做了两年的销售工作后，我叔叔将公司卖给了一家上市公司。当时市场情况很好，可预见的利润很高。我也得到了一份工作，但我并没有接受。但在 2000 年初，那家公司破产了，我叔叔也失去了一切。自此，我决定开始筹资，拉着我叔叔一起再次创业。我们向朋友和家人借款，最终筹集到了 18 万美元的启动资金。我向他们保证会按时归还借款。一回想起那种情形，我仍然感到恐慌。我们的账面资产增长得很快，但是却缺乏现金储备。我们住在旧金山的一套公寓里，公寓花了我们很多钱。我妻子一年挣 2.6 万美元，而我分文未挣。我们真的是白手起家。随着生意的快速发展，现金的需求量也越来越大。我们必须要有信心。在我整个职业生涯中，我一直是个信徒。但一开始，我太过于自信了……竟奢望依靠祈祷就能渡过一个又一个难关。我经常会有这样一种感觉：我拥有的一切明天都会消失。当你没有现金，只剩下公司的空壳时，你还能做什么？你只能把自己的钱投进去，用个人的应急基金为你的业务提供资金，并支付雇员的工资。

2008 年至 2009 年期间，整个商界遇到了重大挫折。但是艾伦却能逆流而上，稳定并开拓了新的业务。这要归功于他谨慎的经营方式：

整个暖通行业在 2008 年产值下降了 65%。我们的总收入下降了 18%。我们又开始四处借钱。幸好我们拥有出色的顾问团，包括法律咨询师和会计师。现在，我们在 43 个国家开展业务，总共雇佣了 165 名员工。

艾伦将谨慎行事的作风延续到了家庭当中。他的妻子在艾伦取得成功的过程中，也起到了极大的作用。

我和我妻子是一个团队的。没有妻子，我就没有现在的一切。她是我的女神，我的偶像……我们过着稳定的家庭生活。我认为家庭内部的混乱会导致工作上的无序。我们一直都量入为出。但是，现金流的表现并不总是那么稳定。所以，我们会用个人应急基金为开展的业务提供资金。有一次我们投入了 15 万美元的应急基金。现金流问题是我们必须面对的问题。我们不需要出售资产或转售任何私人物品，但是我们的定期储蓄都会耗尽。

仅仅读了两年半大学的艾伦现在是一位睿智的首席执行官。对于领导力在创造财富中的作用，他通过自己对教育的看法，提出了一个很有趣的观点：

教育在我们身处的社会中显得格外重要。但是对比进入学校之前，人们会发现在走出校门后，他们仍然找不到方向。进出学校的你确实有一点不同：你一身轻松入学，却背负债务而出。如果你只想在公司里谋取一份工作，这还不错，并且也是先决条件。但是，企业需要的是更多的知识。勇于尝试的特质会帮助你在市场中找到一份好工作。你不必拥有学位，学位所需的东西太过零散。你应该集中精力，去勇于尝试。有钱人不关心你是否拥有学位。投资者也不在乎——他们关心的是你是否能成功。我看过太多哈佛毕业的工商管理学硕士开着豪车，却背负着巨额的债务。

学术界的勤奋耕耘：自制力带来巨大的财富

想要在高水平研究型大学任教的条件之一就是需要不断产出同行评

审的期刊文章。我父亲在这种环境中度过了他职业生涯的前半程，所以相当了解这种文化的特征。2013 年，一位退休的教授写信与父亲分享了他的经历。之后，父亲便写了这篇文章：

《百万富翁之心》中曾引用了一位杰出的学者对我说的话：“如果你不发表文章，你便无法在一所优秀的学校，获得终身教职的头衔。但好处是你会拥有很多朋友。如果你发表了大量文章，你的同事们可能只会表面上喜欢你。”

有一天，我收到了一封来自前大学教授的电子邮件。我们就叫他“F.O. 博士”吧。在邮件中，他告诉我：“我先辞去了大学教授的正式职务。大概在那几年后，我便开始自己创业……那时候，我已经 51 岁了。几乎所有的同事都觉得我疯了。没有一个精神正常的人会放弃一份在大学终身任教的工作。但事实证明这是我这辈子做过的最正确的决定。”

在他创业近 9 年后，这位原教授就成了千万富翁。他现在已经退休了，有大把时间重读《百万富翁之心》。他就追求经济自由的问题分享了自己的一些经验。“书中很多话”，他说，“好像就在描述我的经历：从量入为出（在创业前，我身价超过 100 万美元），到承担风险、忍受为他人工作带来的沮丧感（在这里，我指的是大学管理人员和终身教授们），以及拥有一位在我身后默默付出 42 年的妻子，我的宗教信仰，始终坚信自己，并不断寻找商业机会……”

F.O. 博士的朋友认为他全靠运气才获得了现在的成功。F.O. 博士认为这些评论“侮辱”了他的努力。在对 733 位百万富翁进行的调查中，运气被列为最不重要的成功因素，而自制力与正直并列第一。在我们最新的调查中，自制力和诚信仍然占据成功因素列表的榜首。F.O. 博士以下面这种方式来解释他的成功之路：

“我出身卑微，毕业的学校也只位于大学食物链的最底层。《百万富翁之心》中的研究结果很真实，我因此遭到了顶级学府的拒绝，但是我发表的文章数量远超我的同事。他们用‘运气’一词掩盖了我先前所有的努力和准备。尽管他们中的许多人（他的同事）毕业于专产精英的顶级院校，他们从没有我那么努力、用心地工作。如果机会出现在他们眼前，他们也不会像我一样拼命争取。况且，他们也从没有试图寻找过这样的机会。我的确在许多方面都得到过帮助。但我的成功跟运气并没有很大的关系……通过叙述我的案例，我只想证明你的研究结果真的很真实。我在五十多岁时还能获得这么大的财富。只要你有正确的态度、信念，再加上努力，你在美国就能获得同等的财富。不幸的是，社会并没有向我们的年轻人传递过这样的信息。

在创业的9年后，我拥有的财富远远超过我的预期。在这个过程中，我越来越珍惜创业的经历。但我更喜欢舒适的退休生活。几年前，我终于退休了。自此，我有大把时间反思我的大学和商业经历。甚至在几天前，我重新拿起《百万富翁之心》，对照自己进行了反思。由此产生了最强烈的一次思想上的共鸣。

15年来，我一分钱的债务都没有。现在，我的净资产在800万到900万美元之间。在此之前，我从未向任何人透露过这个数字。我估计应该没有朋友知道我们有这么多钱。过去几年，我们一家经常去海外旅行。但是除此之外，我们的生活一切照旧。好市多和沃尔玛还是我们最经常去的超市。”

F.O.博士充分利用他在学术界发表的大量文章来开创了自己的事业。就像创造财富一样，在学术界发表文章或创建企业也有相应的评价标准。你可以根据这些标准来判断努力的方向。勤勉的工作最终帮助F.O.博士冲到了经济成功的终点。

通过不断地积累现金，艾伦为自己的业务赢得了利润。他不会按照那些“必做”清单，采取行动。他要保证自己的每一个决定都出自于冷静清晰的思考。

一位海军的生活

如今，邻家百万富翁的个人特征还与 20 多年前一样吗？技术的重大变化以及教育和保健费用的增加是否对个人白手起家、创造真正的财富产生了重大影响？

我们在 1998 年（《百万富翁之心》中涉及的研究）和 2016 年分别对全美前 5% 的财富拥有者进行了相关调查，结果显示：在他们所提及的 30 个成功因素中，正直和自制力一直排在前几位。这些因素在与家庭财务管理有关的各个领域中发挥着作用，包括投资决策，甚至是简单的账单支付。无论身处什么时代、经济状况或现有的技术发展水平如何，邻家的百万富翁总是一如既往地将自制力运用到财富积累中去。

正如《百万富翁之心》所描述的那样："无论怎样强调自制力在解释经济成就差异方面的重要性，都不为过。如果你缺乏自制力，那么你创造财富的概率会非常小。没错，你有可能中彩票。但在大多数情况下，你更有可能染上麻风病。"

有趣的是，在解释一个人的社会经济成功方面，有关智力取向下的三个成功要素远不如自制力那么重要。拥有高智商、从顶尖大学毕业和以近乎第一的成绩毕业一直处于成功因素的底层。

有一位律师从海军陆战队训练中获益良多。他向我们分享了自身的一个案例。该案例与上述发现正好相匹配。请记住自制力训练是海军陆战队训练的主要组成部分。

斯坦利博士：

《邻家的百万富翁》以及《百万富翁之心》都是我的必读书目。它们真是太棒了。我刚读完《百万富翁之心》。即使我还不是百万富翁，但我心向往之。所以这本书与我产生了真真切切的联系。我就像是那个邻家的百万富翁……我参加了海军陆战队的军官候选学校的选拔；我上了大学；我进入了法学院。我不聪明，没有太高的智商。但我极富自制力，工作努力。我也碰巧有个孪生兄弟，我们在各个方面都势均力敌。大约在5年前，我们开了一家律师事务所；我们经营房地产；我们善于交际，与人和谐相处；我们具备基本常识。从事房地产事业也让我们避免与典型的高智商人才进行竞争。我们做得很出色……去年我们俩都赚了不止25万美元。

至于个人消费，我遵循“戴夫·拉姆齐”计划，并维持现金预算。我开的车是1998年产的本田雅阁，它已经跑了247000英里。这辆车就是我荣誉的徽章。所以，我每次开车都感到很开心。我身边所有的朋友都住在与他们经济水平不相符的大房子里。他们开的豪车要么是租赁而来，要么是贷款购买的。所以他们都属于收入富裕一族。他们可以挣很多钱，也可以迅速花完这些钱。一个好朋友跟我说，他之所以贷款买东西，是因为这样可以带给他压力，从而帮他赚到更多的钱。我觉得这个逻辑错到了极致。我的做法正好跟他相反。37岁的我现在没有任何债务。我的目标是尽可能多地投资共同基金，积累商业和住宅房产。但完成目标的前提是没有任何抵押贷款！

我喜欢读您的书。希望您可以继续写下去，我将是您最忠实的读者。

祝您一切顺利。

行动中的韧性

克莱尔·奥康纳在福布斯网站发表了一篇文章，文章是这样描述塑身品牌Spanx的创始人莎拉·布莱克利的：“莎拉·布莱克利是今年加入亿万富翁俱乐部的最年轻的白手起家的女性——她用5000美元的储蓄打造了一个新的零售品类——塑身内衣。”

布莱克利曾经一心想读法学院。但据这篇文章介绍，她未能在法学院入学考试中取得很好的成绩，因此，失去了入学机会。所以她是否缺少很强的分析能力呢？只有9%的千万富翁表示他们的职业选择是参照智力测试的结果做出的。就像许多成功人士一样，她选择了另外一条道路。在布莱克利创业前，她花了7年时间，成了一名传真机销售的专业人士。她说："因为我的推销技巧已经炉火纯青，所以人们都在争抢我的名片。"

我的数据库告诉我，销售是白手起家的百万富翁提及次数最多的首份工作（14%）。销售工作可以作为一种极佳的途径，去提高你的自律和韧性。

作为一名销售人员，布莱克利夫人深知外表对于职业的重要性。因此，她总是向外界呈现出自己最好的一面。之后，她迅速意识到，市场上的一些基础产品不仅缺乏个性，而且功能也不全。经过反复试验，她终于发明了Spanx——塑身内衣品牌。布莱克利夫人带着融合了她的极高创造力的产品，开足马力，向前进发，最终成了一位亿万富翁！

读完整篇文章，我注意到布莱克利夫人与其他成功人士都有许多相似点。作为我在《邻家的女百万富翁》的部分研究，全国313名拥有或经营成功企业的女性应我的要求每人写了一篇文章。这篇文章的题目是《论年轻人如何成为成功的成年人》。

实际上，他们写的是"论我如何成为一个成功的企业主"。在对这些文章的主题和组成部分进行了详尽的内容分析后，"毅力"这一品质脱颖而出，是这些女性（51%）最常提及的成功原因。我在书中曾写道："大多数受访者在成功前，都经历了失败以及承受了来自家人和朋友的打击。在某种意义上，这些人似乎被驱使着，不断攻克一个又一个障碍，从而去矫正批评者对他们自身的错误认识。大多数人认为'毅力'还有一个关键的组成部分，那就是对于晋升或荣誉的强烈抱负和进取心。受访者还强调一点：在较长的一段时间内，专注于实现所期望的结果（坚持不懈）是成功的关键。"

需要坚韧不拔

人从来不缺斗志和创意，但想要把两者转化为现实则需要一定的韧性以及信心。任何改变的初始阶段都需要韧性和信心，但更重要的是，在梦想看似遥不可及的时候，它们是否依然存在？人在创业的过程中，不可避免会面临一些挑战。这个时候，韧性和信心就显得很重要。我父亲在2014年写了一篇短文，正好呼应了以上这个话题：

罗伊正在考虑转换自己的职业生涯——从一名雇员到一名雇主。在他的身上，我们可以看到许多推动企业成功的特征。他具备高水平的行业知识，有良好的自制力和极出色的工作习惯。此外，他的信用等级很高。在生活中，他和他的家人量入为出。即便如此，我仍然怀疑罗伊的创业之路是否能成功。

在接连遭到来自银行对其商业贷款的否决后，罗伊的热情逐渐消退了。他很难理解为什么会有人否定他的商业计划。银行处理贷款的人员态度傲慢，行为冷漠，甚至言辞带有侮辱性。就连他的亲戚也不愿意借钱给他。他们认为，创业太冒险了，而且罗伊并没有商业头脑。

我建议罗伊重新再去读一读《百万富翁之心》中有关“学会与批评者打交道”的章节。我摘录了其中几句话，希望罗伊能好受一些：

“只要你有雄心、有抱负、有梦想，就会存在无数企图摧毁你的批评者。但在美国，批评者是我们社会体系中不可或缺的一部分。”

“钢变成铁之前，要经历千锤万击。其实人也一样。白手起家的百万富翁们认为，某些权威人士的贬低性评价对他们的成功起到了相当大的促进作用。这些外部的锤击生成了驻扎在他们内心的‘抗体’。从此以后，他们能够转移批评，磨炼意志。”

“人生不是一场短跑——它是接连不断的马拉松。人们对你的评价就像是浮云，来无影去无踪。即使有些负面评价预测了你的失败，只要你相信自己能取得成功，成功终将属于你。这是百万富翁的共同经验。”

罗伊还要理解这一点，他越成功，他的批评者队伍就会变得越来越长。

富豪都把时间花在了哪？

时间是最宝贵的不可再生资源。我们使用它的方式决定了是否能实现成功的经济目标。百万富翁们的时间都分配给了哪些活动呢？极具财富积累者与欠财富积累者在这些活动上，是否有所不同？与那些欠财富积累者相比，那些善于把收入转化为财富的极具财富积累者会花更多的时间阅读，尤其是阅读商业文章。但这也许是因为欠财富积累者要花更多的时间去工作。我们的研究表明，欠财富积累者要时刻保持工作状态，以跟上他们的时尚的生活方式，所以几乎没有时间去计划、阅读和考虑投资。最新的研究发现，与那些极具财富积累者相比（9 小时），那些欠财富积累者在社交媒体网站上花费的时间更多（约 14 小时）。相差的 5 小时是否可以用在其他活动上，比如用于规划自己的经济未来。

表 5–6　欠财富积累者与极具财富积累者每个月在特定活动上花费的小时数的对比（1996 年、2016 年）

活动	1996 年		2016 年	
	欠财富积累者	极具财富积累者	欠财富积累者	极具财富积累者
研究 / 规划未来投资决策	5.5	10	8.7	11.3
管理经常性投资	4.2	8.1	8.6	11.3
锻炼	16.7	30	19.5	25.0

表 5–7　欠财富积累者与极具财富积累者每个月在特定活动上花费的小时数的对比

活动	欠财富积累者	极具财富积累者
阅读贸易期刊文章	10.7	10.5
阅读商业期刊以外的商业文章	10.8	16.5

续表

活动	欠财富积累者	极具财富积累者
休闲阅读	17.0	22.8
工作	184.6	140.9
花时间在社交媒体网站上（与工作无关）	14.2	9.3
（亲自去商店）买衣服、配饰	3.7	3.6
在移动设备上玩游戏	3.2	2.5

表 5–8　百万富翁与普通美国人每周在特定活动上花费的小时数的对比

活动	百万富翁（每周时数）	普通美国人（每周时数）
工作	38.4	32.1
休闲阅读	5.5	2.0
社交媒体	2.5	14.0
锻炼	5.8	2.5
照顾家庭	8.5	3.6
玩电子游戏	0.8	1.7
睡觉	53.6	61.5

当代科技带来的干扰太多：从社交媒体、短信息到游戏，你每天花在各种设备上的时间是多少？注意力分散是许多人不能实现经济独立以及其他目标的一个重要原因。我们都知道，如果我们越能集中注意力，不受干扰，我们就越有可能积累财富。今天的百万富翁们在所谓的各种“刺激”上又花了多少时间呢？

看看下面这个对比：我们最新的研究发现，大多数百万富翁每周在社交媒体上花费的时间仅为 2.5 小时，而普通美国人平均每周要多花 30%（每周至少 3.5 小时）。你是否花时间关注最近的总统选举和选举结果？大多数百万富翁关注政治选举的时间不超过 1 小时（约 10% 的人根本不去关注）。

政治、体育、真人秀，甚至我们的社交活动都充斥着各种竞争。他人竞争带给我们的冲突、挑战、痛苦等，很容易转移我们的注意力。一心关注这些竞争必然会将你的时间和情感能量从其他事情上抽离：包括你的事业、教育或其他生产活动。如果某场比赛是现场直播，你花费的时间可能会超过美国人的平均观看时间（2 小时）。

表 5–9　每周在特定活动上花费不同时间的百万富翁的比例分配情况（%）

活动	没花时间	花了 1 小时或更少	花了 1 小时或更多
听音乐	13.0	42.9	44.1
看比赛	32.2	24.5	43.0
做运动	52.2	8.2	37.6
观看政治节目	42.8	32.6	24.5
收听有关政治广播	52.9	29.8	17.3
打电子游戏	77.4	16.4	9.3
网购	30.2	60.9	8.9
收听体育广播	68.4	22.9	8.7
看体育谈话电视	72.7	23.6	3.8

表 5–10　在特定思考主题上花费不同时间的百万富翁的比例分配情况（%）

	百万富翁百分比				
主题	没花时间	几分钟	几小时	几天	几周,几个月,几年
最支持的候选人在州或地方选举中失利	17.9	56.6	13.7	6.8	5.0
最支持的候选人在全国大选中落败	9.4	35.5	25.3	12	17.7
最支持的球队输了	22.7	46.8	18.6	8.2	3.6

对于如何使用资源，包括情感和认知资源，成功人士显得更加敏锐。时间间隔变得越来越短……在这个列表中加入的干扰越多，我们能够完成的有意义的事情就越少。如果分心成了一种习惯，那么避免分心也就成了一个更大的挑战。改变行为需要的不仅仅是决心：新习惯的形成大约需要 66 天，此外，我们还要重新“组装”自己的大脑。

使决心发挥作用的前提是改变行为——为了改变行为，你必须改变思维习惯……“努力不去做这件事”作为默认思维，只会强化它的反作用力，所以我们需要改变默认思维。改变需要从新思维中创造新的“神经通路”。

无论年龄和收入状况如何，专注目标都与创造财富紧密相关。当然，我们都会面对一些烦恼。但是，通过比较欠财富积累者与极具财富积累者的烦恼，我们发现了一些不同点。具体来说，欠财富积累者的烦恼往往包括：

- 平淡的销售利润。
- 工作安全度不高。
- 未获得经济独立。
- 面临退休。
- 孩子们几乎不愿在经济上独立。
- 缺乏足够的财富安心退休。

表 5–11 过去一周花时间关注特定话题的欠财富积累者与极具财富积累者所占比例的对比情况

	过去一周关注特定话题的人所占的百分比	
恐惧 / 忧虑	欠财富积累者	极具财富积累者
没有时间去买降价出售的物品	23.5	11.8
由你的财富引起的家庭争吵	22.0	15.3
失去了工作 / 职位	36.6	17.7
臭氧层消耗	29.5	24.1
无法实现财政独立	55.7	27.0
与没有工作的配偶或重要的家庭成员共同养育孩子	25.8	28.6
成年子女没有自制力	37.9	28.8
面临退休	61.1	33.9
一些野生动物物种的灭绝	44.5	35.7
从你的企业 / 雇主那里，只能拿到一般水平的工资	58.3	37.8

续表

	过去一周关注特定话题的人所占的百分比	
没有足够的财富，支撑起舒适的退休生活	78.6	41.1
有入不敷出的成年子女	43.2	43.4
孩子们几乎不愿在经济上独立	60.6	44.6
财富日益集中在富人手里	52.3	51.4
有视觉或听力问题	58.8	57.3
全球气候变化的加剧	62.8	58.0
从其他国家传播来的疾病	50.4	58.4
记忆丧失	56.8	60.2
患有癌症和 / 或心脏病	62.0	61.8
政府对公民权利的控制日益加强	56.1	68.1
联邦政府的规模和范围在不断扩大	61.5	70.5
身体健康水平的下降	71.2	76.1
政府对工商业的管制日益加强	64.9	76.6
政府支出 / 联邦赤字增加	70.5	77.7
缴纳越来越高的联邦所得税	80.9	80.5
美国经济状况	93.2	92.0

我们所做的决定，特别是那些有关时间、精力和金钱分配的决定，会影响我们取得经济独立的能力。占据我们认知资源的话题通常与我们的行为模式有联系。那些能有效将收入转化为财富的人，会以一种有助于创造财富的方式，去使用这些认知资源。一些重要的活动和话题并不适合或无法出现在社交媒体上。但是，这些行为终将给予你更大的自由，你要以你想要的方式去追求生活，而不是去扮演别人眼中的你。

第六章　富豪的工作很“平庸”

他们选择了正确的职业。

——摘自《邻家的百万富翁》

无论我们是否喜欢所从事的工作，我们花在这份工作上的时间都成了一种宝贵的资源。这种资源不同于金钱，是不可再生的。无论作为雇员还是老板，我们花在创收上的时间都不可追回，无法再复制运用在其他选择上，所以关于工作和职业的讨论对于想取得经济成功的人来说特别重要，对于那些想要取得经济独立的人来说更为重要。

在《邻家的百万富翁》出版后的20多年里，科技的进步使得我们可以自行管理投资。这种无处不在的变化也发生在工作领域。想一想我们那些身处经济独立 / 早早退休群体的朋友们：20世纪90年代，我们可能觉得他们很奇怪，他们试图将自己与我们的朋友圈隔绝；现在，我们却在称赞他们获得的独立。如今，在大型机构工作并不意味着你会拥有退休金，也不代表你将手握长期的财政支持。在这种情况下，经济独立显得尤为重要。

另外，大多人都想跳出传统工作，直接跳进刺激的投资行业（将在下一章进行讨论）。事实上，如果你去谷歌搜索“投资建议”，大约会有6.56亿个搜索结果弹出，它们可以帮助你了解买卖证券的世界。而在搜索“职业建议”后，相关结果只占前者的七分之一（8770 万个）。与股市、理财或讨论行为金融学相比，“工作”“事业”和“职业”似乎瞬间失色。

没有任何电影能像《华尔街》和《大空头》那样可以涉及职业发展、职业探索以及职业搜寻等的内容。也许《阿甘正传》可以挑战一下，但阿甘的职业经历以及最终取得的成功更接近我们在第二章中谈到的“传说”，而非现实情况。我父亲在 2013 年写道：

> 某天，某家报纸的头条是《股票市场是您致富的最好选择》，通过股票或其他投资来创造财富就如同种树一般。如果你没有足够的钱去买橡子，你就无法去种橡树。因此，股票市场能创造财富的说法根本就是“本末倒置”。这跟节俭扯不上一点关系。节俭是有度的。一些人对《邻家的百万富翁》中的素材抱有误解。在书中，我提到大多数美国人并不富裕。一些中高收入的人认为下面这些话很可笑：“很多工资较高的人全靠工资度日。这些人将在此书中获益最多。”因此，从本质上讲，这本书旨在帮助那些生活水平较高的人群。

我们可以这样说，如果你没有富有的亲戚，没有意外之财或彩票中奖，也没有运气能在自动售货机投币处发现一个带有自由女神像的五美分的硬币（被视为货币储存的一种），那么你只能依靠努力工作获得收入，支撑起自己的生活（和消费）。通过日积月累，你有了积蓄，又利用积蓄，创造额外收入。即使对那些决意要提前退休的人来说，早期阶段，创造额外收入也是必须的一步。幸运的是，不管是在美国还是在其他自由的国度，我们都有机会来选择自己的职业或工作。在这种形势下，良好的“防御”（指的是如何管理支出和消费）、稳定的环境和充满关爱的童年并不是万能的。认识优势，并设定目标只是第一步。我们必须正确利用这些优势，从而创造收入，以便能够种下财富的种子。经济成功人士是如何做到这一点的呢？

对于通向财富和 / 或经济独立的路径，《邻家的百万富翁》《百万富翁之心》以及其他相关作品的读者或批评者都会感到疑惑。许多人认为只有三条路可走：①节俭、稳扎稳打；②高收入、高水平的领导之路；③冒险自主创业以及自我投资。这三条路走起来都不是那么简单。每条路都有其特征，都需要超强的自制力。

正如《邻家的百万富翁》中所说，经济成功人士往往会选择（创造或最终寻得）一种“正确”的职业。说它正确，是因为它既带来了丰厚的收入，同时又提升了满足感。如今，那些在职业生涯早期就开始积累储蓄，从而得以提前退休的人也算是经济成功人士的一种类型。“正确”的职业有可能只能伴随你 10 到 15 年。但是，节俭的生活方式确保了高储蓄率，然后人们可以通过投资获得收入。这算是一种反转效应。但是看一看那些经济独立 / 提早退休群体，它是可能实现的。

正如在第五章讨论的那样，经济成功并不要求你拥有超乎寻常的智商。如果你具备出色的自制力，充分利用好创造性思维，你便有可能成为一个成功者。邻家百万富翁们通过两点，体现出他们的创造性思维。这两点也体现在《邻家的百万富翁》中关于职业选择的相关章节：因素六，他们擅长定位市场机会；因素七，他们选择了正确的职业。经济成功的美国人在赚钱以及工作上都选择了正确的道路。他们用心感受“工作”，从而找到并选择有利于积累财富的职业或企业。一开始，他们就扪心自问，是否能在有生之年积累足够多的财富。时间不等人，他们一旦决定便开始行动。在考虑不受传统职业限制的情况下，他们想方设法增加自己的财富。所以，他们开办企业，充分利用自己的各种才能。

《邻家的百万富翁》中所描述的那些百万富翁似乎有所不同，他们要么是普通企业的小企业主（如重型设备租赁公司），要么在教师或会计等职业中慢慢积累了财富。当然还有医生、律师和其他专业人士。邻家富翁们经常给人留下这样的印象：虽然职业比较专业，但他们也不应该像现在这样富有。这要归功于他们简朴的生活方式。是这样的生活方式，让他们能够将家庭收入

（通常高于全国平均水平）转化为财富。道理很简单：

职称比财富更能反映收入。

在最新的研究中，我们发现与20年前一样，百万富翁们仍来自不同的行业，从事不同的工作类型。但与20年前相比，现在的百万富翁（平均净资产350万美元）比那时候的百万富翁收入更高，从事的工作类型也超出我们的预期。

在抽样中，百万富翁的职务包括政府雇员和小企业主、经理和副总裁、会计师和信息技术主管等。一些百万富翁称他们同时拥有多家企业，而一些人只是顾问。

表6–1　样本中百万富翁的职业/职务情况

会计人员	联邦探员（特工）	矫形外科医师
客机机师	理财顾问	多家企业的业主
建筑师	财务分析员	内科医生
副总裁助理	总经理	物理学家
律师	艺术家	飞行员
银行家	医疗顾问	总裁
商业分析员	人事总监	产品经理
商业顾问	保险经纪人	房地产中介
企业主	投资顾问	不动产鉴定人
执行总裁	信息技术顾问	地产发展商
首席财务官	信息总监	区域销售总监
公务员	说客	餐馆老板
计算机工程师	业务顾问	风险管理顾问
咨询师	经理	销售助理
注册会计师	生产代表	销售主管

续表

首席技术官	市场研究咨询顾问	科学家
国防顾问	医学总监	安全顾问
牙医	医疗销售人员	软件工程师
饮食学家	中层管理者	系统顾问
经济学家	军官	教师
教育顾问	麻醉护士	培训师 / 顾问
工程师	油气勘探家	高级管理者
执行副总裁	运营经理	兽医

对富人长达 20 年的研究将为那些中上层阶级提供巨大的帮助。然而，正如在第五章所见，那些能将收入成功转化成财富的金融行为远远比收入水平更重要。

如果没有一个永久的收入来源，投资对于你来说，就会像无源之水。但是想要永久，或至少是相对稳定地拥有某样东西，你首先要找到这样一份职业。在这份职业中，你可以发挥你的技能，并运用到你所学的知识；你可以发现激情；你可以从中获得足够的收入作为储蓄。能在一份工作中充分展现自己的能力已经算是一种奖励。如果还能取得经济上的独立，那真的是上天的恩赐。

即使如此，今天有许多百万富翁已经六十多岁了，仍坚守岗位。1996 年，大约三分之二的百万富翁每周工作 45 到 55 小时。现在，百万富翁平均每周工作约 38 小时（如果排除掉那些退休人员，每周为 45 小时）。总体而言，在他们的总收益中，非退休百万富翁的收入占比超过 75%。

1996 年，20% 的富裕家庭由退休人员担任户主，这一数字在今天并没有太大的变化（在今天的百万富翁家庭中，有 19% 的户主是退休人员）。在剩余 81% 的家庭中，略高于 40% 的百万富翁是自营职业者。1996 年，在未由退休人员当家的富裕家庭中，有三分之二的户主是自营职业的企业主。在百万富翁家庭中，自营职业者作为户主的比例从 1996 年的 66% 下降到 2016 年的 42%。总体上，美国自营职业者比例也呈下降趋势。1996 年，大约 18% 的美国户主是自营职业者，到了2015年，这一数字降到了10.1%。由于农业自营职业的减少，这一数字仍在下降。

正如前面所讨论的，这只是通往经济成功的一条道路。如果你热爱你的工作，它也能给你提供你想要的生活方式和自由，那么这份工作便不是柴米油盐，而是花前月下。如果上述情况不适合你，古往今来的邻家百万富翁们可以为你提供其他选择。

早期的职业经历很重要

职业挑战（包括那些处在职业发展初期阶段的人所面对的挑战）就是：我们作为新手，无法得知怎样做出不令我们感到遗憾并且又相对完美的职业选择。许多百万富翁告诉我们，他们的父母在他们的早期阶段就开始不断向他们提出关于工作的各种期望。自《邻家的百万富翁》首次出版以来，对于经济成功人士的职业探索，他们的父母从未掉以轻心。早期经历不会阻止他们的脚步，只会继续磨炼那些白手起家者的技能，让他们更精确地瞄准机会，找到能给人极大满足感的职业和工作。

现在，想象自己是个学生，你现在有机会在矿物工程领域实习一个暑假，与相关专业人员朝夕相处，去体验一周在土里工作60个小时的经历。在这一经历即将谢幕时，你需要确定三个问题的答案：一，你是否对该领域感兴趣；二，你是否能在适宜其他矿物工程师发展的环境中“生存”下去；三，总体而言，你是否喜欢你所做的工作。有了这些早期经历，你才能够对未来的收入方式做出深思熟虑的决定。我们会在后面继续讨论这些早期经历以及它们对百万富翁们的影响，特别是那些拥有早期销售经历的百万富翁。

总有一些人很幸运。他们有相关早期经历，从而明确自己对于工作的喜好，探明兴趣和能力所在。我们曾经询问过一些大众富裕阶层的美国人，希望他们分享的职业经历以及渴望从中得到的收获（也就是，怎样才能让他们更加成功）。下面是他们的一些回答：

一直以来，我受到的教育就是要让自己不断努力。只有这样，我才可以从事任何工作。这个道理对于此时的我格外受用。现在的我仿佛在职业道路上后退了一步。为了创业，我需要另外一份体力劳动工作，来支付账单。

我的工作是更换和修理消防栓。这份工作对我来说很重要。因为它帮助我培养了崇高的职业道德，我学会了团队合作以及理解了做好本职工作的重要性。在我心里，它比办公室或者零售工作要有趣得多。

得到一份固定的津贴，然后努力工作。我父母会在经济上扶持我，但是他们只满足我的所需，不会满足我的所想。我的所想只能依靠我的计划来实现，我还记得有一次我需要靠自己省下足够的钱，才能和朋友一起去滑雪旅行。

我身兼数职。我接受的教育是要学会储蓄，并进行投资。我在高中接触到了共同基金等投资方式。按要求，我选择了其中一种，并尝试开始进行投资。

早期，我父亲不允许我做兼职，这使得我在许多方面落后于我的同伴，包括工作经验和财务事项等。我真希望那时候我能像他们一样拥有一份兼职。

高中阶段的兼职报酬不多。我父母依然要求我承担大部分自己的开销。为了过日子，我不得不学会储蓄和预算。

兼职让我懂得人生疾苦，让我明白了挣钱不容易。

我始终认为，人应该始终保持青少年的速度与激情，不断地奔向目标。我那时候想要一辆车。一到16岁，我便找到一份工作，干了6个月，省下了1000美元。拿着钱，我就去买了一辆“古董车”。虽然它基本上跑不起来了，但是我不在乎。因为我全凭自己，买下了这辆车。

早期的职业经历、早期的失败，甚至身下没有保护网，就冒险走钢丝的经历。这一切，都将为以后的职业成功打下坚实的基础。

不理想的职业也会有好处

仍然有这样一些父母，他们“积极地”为孩子进入工作领域做着准备。准备方式有三个：一是维持需要持续、高水平收入支撑的消费型生活方式；二是掩饰将伴随孩子工作而来的典型问题；三则更为糟糕，完全使孩子远离早期的职业经历。

面对一份全国销售经理的工作，你会心动吗？如果面对的是一份教师的工作呢？热爱孩子与管理班级完全不搭边。也许有关科技的工作适合你。那你以后可能要一整天坐在桌前，盯着一台、两台或者三台设备。这样一想，这份工作又不符合你的兴趣或性格了。

如果你拥有多种职业经历，你便很有可能具备辨别最佳市场机会的能力。对一些人来说，一次职业经历就可以翻转人生，极大地改变他们的社会经济地位。让我们来看个例子：

> 从大学退学后，我在一家赌场做鸡尾酒服务生。我们负责的服务区域需要轮班，所以我每天需要和不同的女孩一起工作。一天晚上，我刚走进指定的服务区域，就发现今晚我要和一群年龄较大的服务生一起工作。
>
> 当我环顾吧台，看着一群六十多岁的女人，穿着迷你裙，手持托盘，四处送酒时，我不敢想象这就是未来的自己。新学期，我就重新回到了学校。毕业后，我在当地一家会计师事务所做税务会计。我将在今年秋天完成注册会计师考试。就是那一次环顾吧台的经历，让我的职业生涯发生了180度的大转变。

对这位年轻女性来说，一份与兴趣和愿望相左的工作会让需要严格谨慎态度的会计学习都变得生动有趣。

努力工作是正道

一直以来，百万富翁群体都对生活较为满意：在我们的样本中，90% 的百万富翁表示对自己的生活非常满意，这在某种程度上是与工作满意度相关的。有多少美国人对自己的工作感到满意？美国经济咨商局表示，不到一半的美国人对自己的工作非常满意。此外，根据皮尤研究中心研究，这一比例约为 52%。人力资源管理协会表示，这一数据应该更高一些。据他们统计，86% 的员工对工作感到满意。但这一数据包括了那些表示“还算满意”的员工。我们认为，一个人对自己的工作“非常满意”和“有点满意”的差别是相当大的。2017 年，盖洛普对于美国劳动力状况的民意调查显示：“37% 努力工作的员工正在寻找新的工作或者在观望新的工作机会。而更多不努力工作以及工作状态极差的员工也在做同样的事（分别为 56% 和 73%）。工作状态极差的员工寻找新工作的可能性几乎是努力工作的员工的两倍。”

也许我们对工作的期望值太高了，尤其是那些从未经历过真正的工作、尝试工作的艰辛或保持极高自制力，才达到目标的人。与消费一样，我们身边的人仿佛成了我们的“导师”。媒体大肆宣传的无忧无虑的工作世界成了许多美国人心中的真实场景。为了更好地理解这句话，我父亲曾经要求读者去回想一下情景喜剧中的工作世界。2003 年至 2015 年，电视连续剧《好汉两个半》引起过不小的争议（主要是换演员风波），但该剧也凭借演员和制作团队获得了无数奖项和荣誉。

想要事业成功：你要学会销售

我父亲在职业发展的早期，他研究过一类富人，就是那些帮助金融机构和其他公司向富人们推销服务和产品的销售人士。部分研究集中关注出色的销售专业人士——他们似乎有着无限的激情以及非凡的自信，同时他们对销售对象，特别是富人，表示出强烈的尊重。以下段落综合了两篇文章的内容（一篇写于 2010 年，另一篇写于 2013 年）。在这两篇文章中，我父亲都写到了销售工作经验的好处：

最近，我问了全国近1000位百万富翁这样一个问题：“你的第一份全职工作是什么？”在这1000位受访者中，137人回答说：“销售/营销专业人士。”事实上，这一比例已经说明“销售/营销专业人士”的工作是得到的最多的回答。这是否意味着从事销售职业的人比从事其他工作的人更有可能变富？并不是！考虑到美国拥有种类繁多、规模庞大的销售专业人员的队伍，从事销售专业的百万富翁所占比例实际上低于预期。

在那些以销售起家的百万富翁中，只有大约一半的人现在仍然在从事这个职业。那些离开销售行业的人大多集中在两个领域：要么是成功企业的所有者/经理，要么是大公司的高级管理人员。

进入销售行业本身就值得鼓励。因为这一工作往往是未来企业领袖和企业家的“孵化器”。如果有合适的销售职位，你可能有机会与其他公司和企业的数千名关键人物进行互动。这常常激发一个人在寻找首个工作机会上的创造性。你客户群中的某一个机构将成为你的伯乐。现在你为他人进行销售，那么有一天你就有可能通过自己的公司销售自己的产品。大多数百万富翁都是领导者。而大多数领导者必须把他们的想法传递给他们的“销售团队”。

在考虑职业道路时，人们应该在收入和其他因素，包括责任和成长机会之间进行权衡。但要明白一点，财富的积累与收入的多少密切相关。理想情况下，你会找到一份薪水很高，机会无限的工作。

我曾说过销售这一行业是百万富翁们最常提到的“大学毕业后的第一份工作”。如今，许多人要么是高级企业高管，要么是成功的个体经营者。事实上，根据我的计算，每年收入达20万美元或以上的销售专业人士比同级收入的内科医生和外科医生的人数要多得多。

大多数人都避开了销售行业提供的机会。有些人担心，他们将无法达到职位描述中所要求的水平。然而，如果你能在销售上取得成功，你就很可能在自营职业中取得成功。我们换种方式看待销售这一职业。实际上，销售工作还会不断提升你的形象。这算是一种无形的收入。本质上，你的职位描述应该是："联系那些最终可能提供给你一个更好职位的人。"

提升销售技能的好处远远超过了销售工作本身，并且能让那些经济成功的小企业主储存能量，从而在不久的将来可以销售自己的想法、服务和产品。

在过去的40年里，百万富翁到底与我们分享了哪些销售的好处？

- 就薪酬结构而言，销售职位是独一无二的：你能创造的价值无止境。
- 出色的销售人员总是很抢手，因为他们不断地在给自己投资。
- 销售工作经常需要抛头露面。这其实给你带来了好处。因为这就像在为你将来可能拥有的工作机会做提前面试。
- 销售职业拥有很大的自由。在某些方面，销售职位是最接近企业家的角色。
- 大量的销售数据几乎涵盖了所有其他指标和人口统计数据。有了优秀的销售数据，你的雇主将无暇关注你的大学平均绩点，学术能力评估测试的成绩。
- 相比医生、律师或其他专业人员，销售并不需要很高的水平，但它仍然可以提供非常高的收入。
- 在销售职位上，你就像是一名情报员，每时每刻在寻找战略机会。

该剧目前还在创作中，情节主要围绕一个名叫"查理"的角色展开。剧中，查理不需要努力工作，甚至不需要工作就可以负担得起高消费的生活。查理虽然是广告音乐作曲家，但我们很少能看到他坐在钢琴前，竭尽全力地创作歌曲。但即使这样，他在马里布还拥有一幢价值数百万美元的海边别墅，还养着他的兄弟、侄子以及一个管家。大多数时候，人们看到他的时候，他都在家招待客人，发着鞋套。

通常，《好汉两个半》等电视剧或大众传媒的观众会下意识地习惯性认为大多数成功人士都和查理一样。不知为何，这些人总是才华横溢，极富天赋。在多种工作中来回折腾，却仍能过上好日子。如果你认为查理的方法能帮助你通向成功，那结果可能会让你感到沮丧。这方法当然行不通。现在的电视剧以及社交媒体都在宣传那些不努力工作就可以取得成功的人，目的是让观众得到一种满足感。这种情况恐怕只能在梦中才能成真。

除了那些继承人、彩票中奖者以及其他获得“免费馅饼”的人，要想积累财富，你必须要独立创造收入的来源。我们对经济成功人士的研究与那些戏剧性的幻想完全不同。在美国 78% 的人靠薪水维持生活，所以可想而知，大多数美国人除了工资，没有其他形式的收入。他们能做的只能是日复一日地完成每日工作，拿到工资，才能生存下去。就拿我们采访或调查过的百万富翁来说，大多数人每周仍要工作近 40 个小时。超过 90% 的人已婚，还有两个孩子要抚养。大部分人在 50 岁左右才变得富有。他们中很少有人能整天处在悠闲状态，尽情享受各种娱乐活动。

表 6–2　百万富翁的收入来源

收入来源	收入来源比例							
	0%	1%	5%	10%	20%	30%	50%	75% 及以上
	百万富翁的比例（%）							
工资	24.1	1.9	2.5	3.3	4.5	5.8	16.3	41.6
养老金 / 退休 / 年金收入	64.9	2.7	4.3	5.2	3.7	4.9	5.7	8.6
企业利润	66.7	2.9	6.2	5.4	4.0	4.9	4.5	5.4
专业费用 / 销售佣金	79.5	2.5	4.4	3.4	2.7	2.4	1.5	3.7
佣金 / 奖金 / 分红	51.6	6.2	7.7	10.1	9.9	5.1	6.2	3.2
股息	20.7	32.8	23.6	12.3	5.5	2.4	1.1	1.6
房地产租金收入	68.6	7.2	9.1	6.3	3.6	1.8	2.6	0.8
资本收益 – 证券	45.1	18.5	19.4	10.2	3.7	1.8	0.6	0.8

续表

收入来源	收入来源比例							
	0%	1%	5%	10%	20%	30%	50%	75% 及以上
	百万富翁的比例（%）							
信托或遗产收入	86.2	3.8	2.7	2.8	1.8	1.3	0.7	0.7
储蓄 / 信用违约互换（利息）	38.4	39.9	13.1	6.5	1.0	0.5	0.3	0.3
资本收益 – 其他资产	75.6	9.5	6.2	5.1	1.3	1.5	0.7	0.2
赡养费或子女抚养费	99.2	0.0	0.3	0.2	0.2	0.0	0.0	0.2
知识产权使用费	97.4	1.3	0.6	0.3	0.2	0.0	0.0	0.2
从亲戚处获得的现金、证券、财产、车辆等	90.3	6.8	1.9	0.8	0.2	0.0	0.0	0.0
其他来源合计（未列入上表）	73.4	4.9	8.5	6.4	2.7	1.4	1.7	1.0

富豪们如何选择工作？

那些经济成功人士还有一个特点，那就是他们与工作之间的“配合度”极高，非常和谐。换句话说，他们的能力、知识、兴趣和其他个人特征完全符合工作的要求。

如果你不能长期干一份工作，自然你也不能拥有一份持久的收入。如果你不能找到一份与自己相适应的工作，获得长期收入的前景就会变得暗淡无光。

不管政府、社会和经济状况如何，今天的邻家百万富翁都不会停下寻找机会的脚步。了解自己的技能和相应的技能市场仍然很关键。百万富翁和那些取得经济成功的人能够：一，评估其自身的技能、能力和特点以及环境 / 市场；二，选择一份兼顾两者的职业。1988 年，我们在全国范围内选取了 733 位百万富翁作为调查对象，向他们询问有关影响职业选择的重要因素。五分之四（81%）的人表示，他们选择现有职业的原因是“可以充分利用他们的能力和天资”。2016 年的调查显示，70% 的百万富翁表示，热爱自己的事业或选择的行业对他们的经济成功很重要（在小企业主中，四分之三的人表示这很重要）。每天叫醒你的不是闹钟，而应该是你对于工作的热爱。

就像 1996 年一样，今天，通过稳定、审慎、有自制力的财务管理和正常收入，中等以及中等偏上收入阶层是有可能成为百万富翁的。我们这里说的正常收入是指不像律师、医生和首席执行官那样，可以从销售职位或极高的薪水中获得特别高的佣金。

通过《停止装富》一书开展的相关研究，我们知道，典型的真正富裕的百万富翁在资产突破百万美元时，他的实际家庭年收入中位数为 89167 美元。换句话说，在真正的百万富翁中，有一半人的收入低于这个数字。这对于我们理解财富积累和获得财务安全，有怎样的启示？对大多数美国人来说，欲望、自制力和智力在财富积累中扮演了更重要的角色。如今，许多高收入者面对的问题是，他们认为金钱（收入）是最容易再生的资源之一。因此，他们会按照《超级消费者手册》中的原则行事。

但是，并不是所有的美国人都遵循这些原则。有些人独立思考。正如美国的大多数富人一样，向别人炫耀购自昂贵商店的品牌产品并不会给他们带来太多满足感，他们更乐于积累财富以及获得财务安全。这一点也是他们变富以及保持富有的原因。C.C. 太太也是如此。她曾给我父亲写过一封信。信上就写了她对没有高收入、仍然能经济独立的一些想法：

亲爱的斯坦利博士：

当我的朋友每次谈到《百万富翁》丛书时，他们总是说：“C.C，这根本就是在写你嘛。”我在公立学校上学，那里的老师是我的榜样。在那里，我还接触到了许多能力卓越的女性。她们擅长管理财务，经济状况较好。从她们身上，我学会了要依靠自己，而不是等待着一位白马王子来支撑起我的生活。我读的是一所规模不大的文科学院，我多次获得过奖学金。非常感谢我的导师们，是优秀的他们塑造了我的人生。

我在净资产上的成就可以归因于节俭和精明的投资，但我的生活方式是由良好的教育塑造的。按照我的思维，我始终都会拒绝随波逐流。我接受的教育教会了我自律、思想独立以及高尚的职业道德。

我是一个单亲妈妈，拥有自己的工作。早年，我的经济中充满了不确定性。我母亲用一生的经历告诉我，想要获得经济上的成功，女人们在工作岗位必须付出更多的努力。

虽然不像你大多数研究的对象那么富有，但我的净资产也超过了100万美元。与你大多数研究对象相仿的是，我也算是白手起家。那时候的身份就是大学奖学金的获得者。我身上有一点你可能会感兴趣，那就是我从没有过一笔6万美元以上的收入。我将我大部分职业生涯都奉献在了州政府的中层管理部门。

我的大部分净资产都是通过量入为出的生活方式慢慢积累而来的。虽然我有能力得到我想要的一切，但是我学会了掌控自己的需求。另外，我全力避免负债。在我职业生涯的中期，州政府需要精减人员，因此我面临着失业的危险。那时候我就告诉自己，我不想再面对下一次人生的不确定性。首先，我不再给自己找任何消费的理由。所有的资金都用于投资。然后我还清了我的房屋贷款。

我的投资相对比较保守，但我也不惧怕风险。这些年，我一如既往地将至少30%的收入转化成了储蓄。

我的净资产与我前夫无关。一直以来，都是我自己在管理。最近，我进入了"半退休"阶段。在得知减薪丝毫未影响我正常生活时，我真的很欣慰。虽然我没有亲生的孩子，但我有很多养子养女。当年我从我母亲那里了解了很多学习财务知识。现在，我注意到他们也正在从我身上学习财务知识，逐渐培养自己的理财能力。

真诚的

C.C.夫人

C.C.夫人的故事就是在强调一件事：即使我们的收入不是六位数，我们依然有方法积累财富。通过严格的储蓄和投资策略以及量入为出的生活方式，C.C.夫人将其稳定的收入转化为了财富。如果你要选择这条路——一条你的老板也会起到作用的路，较强的自制力以及约束力在将收入（除少数情况下，应该是稳定的收入）转化为财富的过程中非常重要。

享居安也要学会思危

做一名雇员，你除了会拥有职业经历和收入外，还会得到其他好处，比如，你可以获得一定程度的安全感：一间办公室，来自相同毕业院校的同事以及“401（K）”退休福利计划。这种安全感可能还源于：有指导你的领导；有提供礼品卡的办公室圣诞派对。安全感可以是一张乒乓球桌，也可以是一份医疗保健。别忘了办公室健身房。然而，我们为了获得这些好处也付出了宝贵的时间。正如许多人追悔莫及的一样，我们将自己的大半辈子都搭进去了。

现在的情况依然是，多样的技能和经历可以很好地抵御失业、经济困境，甚至其他的风险。当灾难袭来时，一个人所具备的知识、技能、能力和其他个人特征都可以转移到新的产业、国家和机会上去。几十年前，百万富翁们在经历了第二次世界大战的动荡后，深刻明白了这一点。

对于那些经历过失业的人来说，这段记忆很难被忘却。让我们看一看这位来自明尼苏达州的百万富翁是怎样面对大学期间的失业以及他对此的态度：

> 上大学的时候，我兼职成了一名发牌手。某一天，我接到了被解雇的通知。1989 年，我所在的公司算是一家大型上市公司。而我需要这份工作来支付房租、学费等。我就去问我的上司解雇我的理由。我真的想不通，因为我总是自愿加班，并获得了许多客户的好评，而且从我的就业评价表中也可以看出，我算是一名可靠的员工。我的上司只是简单地回答道：“其他人还有家人，你还年轻，还有大把机会。”现在想想，这件事真的让我受益无穷。作为一名可靠的员工，还依然会遭到解雇的事实让我很早就意识到，无论你多么努力地工作，你都不能完全依靠公司来养活你。那次经历后，我对我的生活进行了严格的规划，不想再依赖我的雇主，所以我一直都是自营职业者。今年我已经 49 岁了。但是工作

中的乐趣让我暂时放弃了退休的想法。

经济成功人士总是会将挑战和职业挫折，作为今后取得成就的跳板。他们很少花时间责怪别人。他们选择用这些宝贵的资源和时间来思考、计划他们的下一段职业生涯。不管下一段职业生涯是创业，还是在其他地方任职（或像我们之前讨论的，以一种非消费型的生活方式提前退休）。

富豪们如何应对困境？

在接受了多年教育，以及经历了几年的职业生活后的某一天，你突然发现自己陷入了一个困境。你不想工作了，但是在公司，你已奉献了大笔时间和精力，用以巩固基础、发展交际以及升职加薪，怎么办？如果你完全靠薪水度日，这将成为你今后生活中诸多不满和压力的源头。或者，如果你决定加入自营职业者的行列呢？

在研究富人的过程中，我们会面对许多咨询者。他们对我们的研究、数据、书籍、故事和调查反馈颇感兴趣，但他们也心存疑问。很多时候，谈话的开头是这样的："我真的很喜欢《邻家的百万富翁》这本书。"

"我喜欢读那些故事，尤其是有关那些白手起家的企业主的故事……其实，我也经常想要自己创业。"而谈话的结尾是这样的："我不想承担一个企业主的责任。"或者"我需要全职工作和工作福利带给我的安全感。"

我们都知道，工作不是为了生活。但很多人却陷入了"工作即生活"的困境中。百万富翁们提供了三个方法，希望能帮助一些人获得解脱：在生活中留有备用金，以应对重要的职业变动；一边从传统工作（如兼职）中获得收入，一边要寻找其他的职业机会；转向自营职业。

备用金很有必要

我们采访的大多数百万富翁都强调了一点：量入为出的生活方式会带来极大的自由。这种自由可以转化为改变职业的机会。职业改变有两点，为工作之余提供更多的时间和灵活性以及加薪的可能性增大。当然，未来很难预测，尤其当你还是个菜鸟时，你的生活方式以及消费选择仍在高收入的影响范围内。在加州，有一位生物教师达成了百万富翁成就，他是这么说的：“我在社区大学的第一份工作是一名兼职教师。当时，一位经验丰富的老教授让我要学会存钱和投资，因为某一天‘你很有可能不想再教书了。那笔钱会成为你独立的资本。更重要的是，它会给你选择的机会，而不是让你被迫继续工作。有钱不是为了成为富人，而是为了拥有选择的权利。你现在还年轻，可能还看不清这一点。但总有一天你会变老，慢慢明白这一点。’25年过去了，我仍然将老教授的话记在心上。钱和选择我要兼得！”

其他人后来才意识到这一点……但是已经迟了，没有备用金，也就没有了机会。

缺乏备用金的莱昂内尔先生

一个人选择的职业就像居住环境一样，会对生活方式产生重大影响。此外，在你和你的家庭要做出面向职业的重大改变时，你的职业也会对你们所拥有的自由起着举足轻重的作用。接下来，我们来谈一下曾在一家中型企业担任高级销售主管的巴里·莱昂内尔先生以及他的生活方式。莱昂内尔先生的父母都是政府职员，应该说他生活在一个充满关爱的家庭中。

莱昂内尔先生接受过良好的大学教育以及具备早期的工作经历。所以很自然地，他在工作上顺风顺水，稳步提升。

随着事业的成功以及工资的上涨，莱昂内尔先生一家的消费也开始增加了。原本一家子挤在一个空间狭窄的三居室的房子里，现在莱昂内尔太太下定决心要换个新房，从而证明她丈夫在事业上取得的成功。等莱昂内尔先生的收入稳定在了六位数——每年18万美元，他们一家就搬进了一个豪华社区，住进了价值93.5万美元的房子里。想想看，新房的价值竟然是莱昂内尔当时年收入的五倍多。但是，现实情况是其他和莱昂内尔先生收入相同的同事都拥有价值相近的房子。另外，莱昂内尔一家所住的社区每年还需要每位户主上缴将近1500美元的管理费。即便如此，大多数邻居们还是附近乡村俱乐部的成员。该俱乐部收取的入会费高达8万美元，此外，每月还要再交650美元的会费。对莱昂内尔一家来说，一切看上去还是很美好的。

为了跟上其他同事以及邻居们的步伐，莱昂内尔一家成了月光族。后来，莱昂内尔先生的公司竟然被收购了！这是好事？也许吧，莱昂内尔先生在拍卖会上赚了大约 140 万美元。但由于几乎没有其他储蓄，这实际上就成了他家的净资产。之后，莱昂内尔先生也没有在新公司任职。值得注意的是，因为过于依赖过去的收入水平，莱昂内尔一家的消费习惯已经回不到过去了。

事到如今，一切都尘埃落定了。在遭受了几次创业失败后，莱昂内尔先生遭受了重大的打击。但是他们的家庭消费习惯在成年子女身上得到了延续。尽管早年莱昂内尔先生在公司付出了无数心血，但他现在也无法享受他的劳动成果。这结果是他自己一手造成的。那些成果一经产出即被吞食。他已经深深扎根在收入富裕阶层，并且将他的孩子们也带入了这一群体中。

这是哪种类型的职业路径？它完全被生活方式驱使着。莱昂内尔先生的生活方式在各个方面都发生了变化：他开的车、就餐场所、他的朋友圈以及他度假的方式都受制于他的收入以及他所处的职业群体。

假如要剥夺你拥有的消费品，你会有什么感觉？喜欢或者不喜欢，这由你做主。但结果是由简单且不可更改的数字决定的。

即使你拥有很高的收入，遇见过千载难逢的机会，比如出售了一家公司，以下三种消费方式也会让你成为工资的奴隶：入不敷出；选择高消费，而不是为退休存钱；以明天会变富有的心态进行消费。

过去，这位高管年轻有为，但是过度消费的生活方式耗尽了他的其他选择，也带走了他的青春。一路上，开支的不断增加并没有受到关注，也很容易被人忽略。原因可能有两个，一是节省时间；二是拥有“这种生活方式”的“必要性”。你可以自始至终扮演这个角色吗？为了生存，你还需要什么？你真心想选择这条路吗？你是否足够强大，去开辟一条新的道路？或者你是否能在保持自我和目标的情况下，继续为别人打工？在你的职业早期，较早探明这些问题的答案，这会有助于你日后获得更多的满足感。

维持工作 / 家庭的平衡

我们的生活除了工作，还有其他更重要的方面，比如家庭。但当我们的工作开始影响到家庭生活时，留有备用金就显得很关键了。让我们再来看一下来自北卡罗来纳州的女百万富翁。她的净资产在 100 万到 150 万美元之间，她与我们分享了她是如何摆脱落入高收入以及相对应的生活方式的圈套的：

> 我在一家规模很大的跨国公司工作，手下的员工来自三大洲的七个国家。我的孩子还有丈夫无疑是我关心的头等大事，但是我的内心告诉我，“你不能停止工作”。所以我早出晚归，甚至将周末都奉献给了工作。某一天的清晨七点，我的执行团队要召开电话会议。内心告诉我，“你必须参加这个电话会议”。但是我 3 岁的孩子正在我腿上哭，5 岁的孩子正在敲门，那一刻，我突然意识到公司的要求真的太严苛了。
>
> 也是那天早上，我意识到生活比工作更重要。我和我的丈夫开始慎重考虑，是否有必要让我成为家庭主妇，和孩子们待在一起。可这意味着我要放弃正在参加的高管培训项目以及我们心心念念的财务安全。为了还清房贷，我们出售了股票。也就是从那时起，我们迈入了无债一族。之后，我便辞职了。生活已经和过去不一样了；我们再也不能随心所欲，而是要靠预算生活。但是我们仍然重视储蓄。我们的孩子变得更快乐了。压力变小了，所以我们也很快乐。生活只有一次，不能重来。工作不能喧宾夺主。

兼职和邻家百万富翁

在全职工作的同时，有一种方法可以帮助你探索其他可能：兼职。几乎三分之一的美国人在全职工作之余，还在以某种方式进行兼职。原因主要有两个，一是为了增加收入；二是他们一直在寻找机会来扩大收入来源，并为未来的职业发展做好准备。这些副业可大可小。但就像经济成功的美国人开创新事业一样，找到一个成功的兼职也需要各种资源，包括时间和金钱。

多年来，创造多个收入来源一直是许多邻家百万富翁们的战略之一。那些能够利用多种机会、创造收入的人以及那些能把爱好转化为创收活动的人群将有希望在未来加入到邻家百万富翁阵营中。技术上的突破使得百万富翁阵营越来越大，但是这仍需要其他财富因素的参与，如自制力、毅力和韧性。此外，它们的参与度往往超过人们的接受范围。这里所说的自制力，不是简单地死守一份工作以及坚持量入为出的生活方式。这里所说的毅力，不是简单地承受那些在销售工作中被拒的经历，而是指在有下家支持的情况下，完成上述活动。对于那些会正确利用兼职的人来说，他们面对的是一个机会。有了这个机会，他们可以体验不同的工作，并且在正式辞去现有工作前，充分享受额外收入带来的乐趣。

经济成功的百万富翁们通过分享故事，谈及了怎样在兼职中获得成功。我们发现了以下几个共同点：

● 他们都有勇气。他们认识到从事兼职的必要性，所以他们敢于花费业余时间和闲置资本，去追求"安全"工作以外的事业。

● 他们都会努力获得市场数据。几乎所有人都会与客户沟通交流，或者至少通过接触潜在客户，定位他们有可能需要的产品或服务。在他们开展业务之前，许多兼职者都会去设身处地考虑未来客户的需求。他们不断地问客户："你需要什么，你认为现在的产品还存在什么问题？"

● 他们都对自己的事业充满信心。从粉刷房子到联系老同学宣传自己的产品，成功的兼职者从不在意别人对于他们业余职业的看法。

兼职的好处：获取市场数据

宝拉·肯特·米汉是列德肯护发品公司的创始人。通过她的个人简介，我们就可以认识到与客户接触的重要性。米汉女士在20世纪50年代末曾是一名颇有抱负的女演员，她"主要从事商业广告的拍摄，并同时扮演一些小角色"。

作为一名选美比赛的获奖者，米汉女士在从事演艺事业时，也受到了一些因素的干扰："她的皮肤受到了来自专供演员使用的化妆品以及护发产品的强烈刺激。”在她向比弗利山庄的美发师杰里·雷丁抱怨对洗发水严重过敏后不久，米汉就开始了她的兼职事业。雷丁的许多客户（他的市场调查样本）报告说，他们也遇到了同样的困扰。碰巧雷丁也是兼职化学专家。

雷丁先生和米汉女士联合创办了现在所谓的“列德肯实验室”。后来，雷丁先生把他在列德肯的股份转卖给了米汉女士。

从一开始，米汉女士和雷丁先生就清晰地认识到许多女性对传统洗发水和一些美容产品会有过敏反应。当然，还有许多人也意识到这一点，但只有米汉和雷丁认为这是一个不可多得的市场机会。很明显，这两人都具备创业精神。或者，也可以说他们拥有一些人眼中的创新性思维。此外，他们还敢于推出一系列产品，从而帮助35个国家的女性解决了过敏问题。

通过沙龙的形式独家销售列德肯产品，是当时一项卓越而新颖的策略。更重要的是，米汉女士拥有一支能力出众的销售队伍。数以万计的高端美发师向“坐在椅子上”的客户推销着列德肯产品。

米汉女士就是列德肯背后的那股营销力量。不管是积极创建公司、销售产品，还是作为一名女演员，米汉女士仿佛有无穷的精力。她还报了夜校，学习管理、会计和法律，从而让自己学会了建立和经营一个创新型公司。

米汉女士相信列德肯产品具有巨大的潜力，这也是她无限精力的来源。对于她创造的酸碱平衡美容产品系列，米汉女士也抱有巨大的信心，认为其必将给使用者带来巨大的好处。在米汉女士看来，数百万的妇女与她一样，肌肤的敏感性都极高。

像大多数成功的企业家一样，米汉女士非常喜欢她的产品和职位描述。正如《百万富翁之心》所言：“你不仅要选择一份独一无二和有利可图的职业，还要从心底热爱你的职业。”

兼职需要信心

在选择创造新的收入方式时，人需要保持自信。一位名叫默里的高中教师就很好地展现了这样的自信。

默里在原先那个学校待了几年。但由于学校并没有百分之百投入到提高学生学业成绩的事业中，他感到有些不满意。所以在他有机会调到其他地区任教时，他丝毫没有犹豫。更何况这所新学校的学生在学术能力评估测试和毕业成绩方面都更为出色。这样的改变也带给了默里更高的薪水。在名校教书以及由此带来的更高的收入让默里沉浸在喜悦里。被喜悦冲昏了头脑的默里开始犯错误了。新学校位于一个风景宜人的村庄，所以有些地段的住房价格也相对较高，甚至超过了默里的承受范围。但是，默里毅然选择在昂贵社区买了一套房子。普遍来说，教育工作者是一群节俭的人。所以默里和他的家人在很多方面也都很节俭。但是当你搬进一个富裕的村庄时，生活的一切仿佛都升值了。

所以默里每天都带着一个棕色袋子，里面装着他的伙食——花生酱三明治。默里也承包了所有的家庭维护和维修工作。但在默里看来，这都不是事。即使做得再优秀，也总有意外发生。默里的第三个孩子就是意外之一。自孩子出生以后，默里的妻子放弃了工作，成了一名家庭主妇。

在这种情况下，这个家庭便无法为子女提供大学基金，也无法再节省出大量资金了。这些问题不是默里一个家庭的问题，而是数以百万计的家庭都在面对的问题。

某年夏天的一天，默里正在粉刷他的房子。隔壁邻居走过来，跟他聊天说："我真希望我能像你这样粉刷自己的房子，但我没有时间，因为工作需要，我得经常出差。最近我咨询了三个油漆工，他们的估价简直让我难以置信。"当邻居告诉默里油漆工们的报价时，他差点从梯子上摔下来。

天才是什么？对于许多摆在明面上的机会，99% 的人都不会注意到，而天才就会抓住这些机会。默里意识到，他可以帮助他的邻居刷墙。他可以根据房屋油漆工的报价，给予邻居优惠，这也能让自己赚取到可观的利润。此外，他已经具备房屋油漆工的相关知识和所需的设备。更不用说，默里还算是个业余画家。但是，他又在想，住在富裕社区的一个教育家是否适合在暑假期间，抛头露面地替别人粉刷房子呢？别人会怎么评价自己？最后，默里做出了一个决定：家庭的经济福利远比邻居们对他兼职的看法更重要。

他走进邻居家里，提出想帮他粉刷房子的想法。根据三个房屋油漆工的最低报价，默里提议只收取最低报价的三分之二。邻居也很大胆地接受了默里的提议。那时候，默里还没想过要从事房屋粉刷行业，他只是想赚点外快。但在他帮助隔壁邻居刷墙的过程中，另一个邻居走了过来，并询问了他的要价。那个夏天，默里刷了一个又一个的墙。第二年夏天，他除了雇了几个同事外，还雇了几个责任心较强的大三大四的学生来帮忙刷墙。

默里没有放弃他的“老本行”，教书给了他很多好处，包括物质上的和精神上的。但是，如今的他可以从暑假兼职中赚取更多的钱。作为一个中产阶级，他没有被这样的身份所限制，而是勇于去尝试那些其他人眼里的“蓝领”职业。这就是他成功的原因。

创造财富，把握自己的命运

什么是“地狱基金”？它代表了一定数额的储蓄金。有了这笔钱，你可以在不用工作的情况，至少无忧无虑地生活十年。这个概念听上去就像是天方夜谭，尤其对那些刚进入职场的人来说。但是，正如在第一章所讨论的那样，一个完整的社区正围绕这个概念蓬勃生长。事实上，一旦你开始投资“地狱基金”，向金融独立方向靠拢，那么你就会一直这么做下去。2012 年，有个读者给我父亲发了一封电子邮件，以求父亲的帮助。我父亲随即写了以下这篇文章，列举了“地狱基金”的好处：

在《邻家的百万富翁》中，我曾谈及一位拥有百万资产的公司销售专员。和大多数白手起家的百万富翁一样，他也有一笔“地狱基金”。而他设立基因的原因是，“以防哪一天我的老板建议我离开奥斯汀，去位于罗切斯特的公司总部工作”。但他从没有离开过奥斯汀。说到这，他说真的要“赞美上帝”。换句话说，这位邻家富翁积累的财富足够他在接下来的十多年时间里无需工作也能生活得很好。

再次回顾F女士写给我们的电子邮件，我仍然觉得这些话很正确，极富智慧。F女士目前居住在美国南部的一个条件较好的社区里：

今早我去当地的图书馆，准备去借《邻家的百万富翁》。但是，唯一一本是西班牙语的版本，所以我就借了《邻家的女百万富翁》。当我读到第八页第二段时，一种复杂的情感在我内心翻涌——对于现实的处境，我感到哭笑不得。最近的工作任务要求我乘坐约18小时的飞机，飞行距离不少于8200英里，要穿过12个时区。简单地说，情况糟透了，但我努力说服自己，这是为了生计，是为了偿还那些债务。一言以蔽之，我已经重振旗鼓，全力让自己成为一个财富创造者。过一段时间，我准备再给您发邮件，来分享自己的转变。感谢您对这套论据翔实的合集所付出的努力，让我们能从中获得鼓励！

为什么F女士会感到哭笑不得？我再分享一段《邻家的女百万富翁》里的话吧：

作为一名“采猎者”，你还没有对这种生活感到厌倦吗？过度消费的生活方式真的那么吸引你？你心甘情愿每周飞出市区，就为了赚取薪水去支付那些未还的账单？开始转变吧，让自己成为一个财富创造者。如果下一次的工作需要你离家1万英里，但飞行天气很糟糕，围绕在你身侧的又都是陌生人，那将会怎样？好好想一想吧。决定权在你。那些经济独立的人都会自己决定自己的下一个目的地。现在，你和你的事业从本质上讲，都是公司的资产。所以你还不够资格拥有自决权。

我还写道：“这里描述的女百万富翁不能容忍这种事情。她们是自由的。她们是财富的创造者，对生活感到满意。她们在掌控着自己的命运。”

关于兼职者的案例研究

兼职还有这样一种好处，它能将从“常规的”全职工作中获得的一套经验和知识，以一种新的方式来处理同一领域或行业内的问题。在靠目前的工作获得收入的同时，你可以把与你所从事的行业和领域的相关知识进行分类，进而将它们应用到一个全新的、更有利可图的工作之中。让我们再重温一下我父亲在几年前分享的几个例子：

看到牙科诊所的机遇

《亚特兰大宪章报》曾刊登过一篇文章，其中描述了一位名叫托尼亚·兰蒂埃的妇女。这名女性本职是一名牙科卫生师（是美国 192330 名牙科卫生师中普通的一员），但她创立了一个价值数百万的企业。我相信，这源于她非凡的创造性思维。牙科卫生师每年收入的中位数约为 71530 美元，但在工作过程中，她接触到数百名潜在的客户以及求职者。

托尼亚曾在多家公司做临时工，业内好友很多。所以当牙科医院急需招人的时候，他们都会选择让她做中介人。

面对这么多的请求，她决定“为牙科行业建立一个全国性的在线求职网站”。该网站现在有超过 40 万的注册用户。

一个没有商业经验、没有工商学位、没有营销背景，也没有过计算机行业从业经验的人是如何建立起成功的互联网业务的？具备以上经验的人都可以在劳动力市场中寻得。但是产品服务推出的背后是托尼亚的创造性思维，它不可多得。此外，正如那篇文章所强调的那样，托尼亚还展现了非凡的领导才能。

兼职：从护士到销售到自营职业

一位注册护士曾问我：在将收入转换成财富的能力方面，注册护士排在第几名？薪酬较高的注册护士处于中间水平。在研究的 200 种职业中，注册护士排在第 88 位。

但是她的问题却让我想起了几个有关注册护士的案例研究。她们凭借严格的培训、非凡的职业道德和丰富的经验，从事着各种有利可图的事业。此外，在邻家富翁成功的相关因素中，第六个因素在她们身上展现得淋漓尽致：她们都擅长定位市场机会。

举个例子，凯先做了9年的外科护士。之后，她去从事外科手术设备的销售工作。在销售过程中，凯发现，自己将大部分时间都用来交际沟通了，而这在传统的护士工作中很少见。渐渐地，她成了那些急需医生、护士和医疗技术人员的医院和医疗诊所的业余猎头。客户们成就了凯“销售王”的称号，所以许多客户都可以免费享有这项“附加福利”。最终，凯发现了一个可以满足市场需求的机会。此外，她在医疗领域的信誉极高，行业交际甚广。因此，正如我在《邻家的百万富翁》中所写的那样：“在开办自己的企业之前，大多数成功的企业主都对他们所选择的行业有一定的了解或具备相关的经验。”

凯辞掉了她的销售工作，并针对医疗领域开办了职业介绍所。个体经营者成为大势所趋，这也是推动凯走出公司、白手起家的主要原因。作为一名护士，凯对工作满意度极高。并且，在与做护士对比之后，她发现做个体经营者并不需要付出更多的努力或承担更多的责任。

还有许多注册护士离开护士行业，选择了自营职业。相关职业类型包括管理咨询／医疗科学管理、家庭保健服务、家庭保健专业人员的职业介绍所，护理／康复设施的业主／经理，以及心理健康中心、日托中心和学龄前机构的负责人／管理者等。

“自营职业型”的富豪

未来的邻家百万富翁们可以一边“防守”，一边谨慎行事。你若想通过选择自营职业，成为一名邻家百万富翁，这意味着你要承担相当大的风险，你需要努力将你手中的宝贵资源转化成更有价值的东西。近30%的创业型百万富翁表示，他们一生中的大部分职业决策具备“风险”或“高风险”的特征。而在其他职业的百万富翁中，只有20%的人表达了同样观点。一位来自奥斯汀的百万富翁的妻子告诉我们：“当我丈夫决定自己创业的时候，我感到很紧张。但我们成功地制订了计划。接下来的几年里，我们降低生活标准，节衣缩食，从而为创业做好准备。我们将他的工资全部存进银行，所以我的收入就是家庭的支柱。但这一切都给我们带来了不错的回报。”

并非所有百万富翁都是企业主（在我们的抽样中，只有 40% 的百万富翁是企业主），但企业主在收入和再投资方面，的确取得了巨大的成功。正如我父亲在《邻家的百万富翁》中所写：“你在美国到处可以感受到恐惧。但是，根据我们的研究，哪些人能感受到较少的恐惧和忧虑呢？你猜是拥有 500 万美元信托账户的人，还是资产超过数百万美元的白手起家的企业家？通常情况下，答案会是企业家。他们每天都在思考如何处理风险，每天都在锻炼自己的勇气。长此以往，他们便学会了战胜恐惧。”

这些职业风险，尤其是与创业相关的风险，会带来潜在的回报。回报之一就是你会逐渐具备创造收入的能力，而这里的收入远远比一个雇员的收入来得多。在最新的调查中，创业型百万富翁的收入中位数是雇员型人群的 1.5 倍以上。平均而言，他们的实际净资产减去他们的预期净资产的数值是雇员型人群的 2 倍多。

正如第五章所述，在财务方面，大多数经济成功人士往往体现出更多的自律性，而自营职业者也符合这一特征。他们将工作视为生活的一部分，最大限度地利用每分每秒，创造更高的产出。在这些人当中，81% 的人认为自己的工作充分发挥了自己的能力和特长。

表 6–3 创业型百万富翁及其他类型百万富翁在职业策略与职业选择上的对比

	当前职业策略（%）			一生中的大多数职业选择（%）		
百万富翁类型	高风险 / 风险	稳健	保守 / 非常保守	高风险 / 风险	稳健	保守 / 非常保守
创业型	20.8	45.9	33.3	28.9	42.3	28.8
其他类型	6.7	48.1	45.2	15.2	46.7	38.1

对于那些收入水平低的人来说，成为百万富翁的可能性也很低。根据美国人口普查局的数据，2016 年美国家庭年收入中位数约为 6 万美元。单靠这样的收入，一对有三个孩子的夫妇将很难成为百万富翁。我父亲在职业生涯

中进行了几千次的采访。其中，有一位亿万富翁用一种非常有趣的表达方式，表达了大多数邻家百万富翁的感受。他讲述了通过股票、商业地产、家畜、油田，甚至高端古董和贵金属进行盈利的经历。但最后，他又慷慨激昂地总结了大多数邻家百万富翁的共识："很少有人能对各种类型的投资活动都无所不知。我做得最好的一件事就是尽全力做好自己的业务。因为离开自己的行业，什么都将不复存在。"

还记得先前那个有关橡子的比喻吗？换句话说，他从业务中获得的大多数收入成了他其余投资活动的资金来源。但自营职业的收入并不能自动转化为巨大的财富。看看下面这个数据：2015 年，在 2300 多万个体经营者中，他们的年平均净收入仅为 11637 美元。

投资自己的事业是那些经济成功人士的标志之一。但前提是他们要具备毅力、韧性和自制力等个性特征，能成功度过那些不可避免的低谷期。对于 20 多年前的那批成年人来说，如今你创业的轻松程度是他们难以想象的。在笔记本电脑上花上几个小时就可以创业，这在 1996 年根本无法做到。再倒推 20 年，也就是 1976 年，那时平均年龄仅为 17 岁的百万富翁也预想不到。那时候，他们的父母、导师、教练或指导顾问都没有告诉他们，无论是实现收入还是创造成就的方式都取决于他们自己，并且可用的资源随处可见。而如今，在短短几个小时（甚至几分钟）内，你可以在线创建业务且运营成本很少。为方便经营小企业，互联网及相关技术在各个方面的应用使竞争环境变得公平起来。无论过往的羁绊是什么，只要你不满于目前不稳定的就业状况，你就可以创造自己的机会。例如，在美国自营职业者中，残疾人的比例（11%）是高于健康人群（6%）的。

当然，小企业的收入会因企业类型和经营时间不同而有所不同。并非所有类型的企业在盈利程度上都相同，也并非所有企业的净收入都能覆盖企业主的全部生活开支。以牙医诊所（89% 的诊所盈利）和餐馆（66% 的餐馆盈利）为例。2015 年，盈利的 69364 家牙医诊所的平均收入为 118676 美元。而近 40 万家餐馆和（或）酒馆的企业主创下的盈利总额为 129304 美元，他们的净收入仅略高于 7000 美元。业务选择的正确与否极大影响着盈利能力和最终财富积累。

除了工具、技术以及聪明才智，商业成功还需要专注和创造性、自制力以及分析能力和远见。在大批新兴企业中，真正成功的企业寥寥无几。我父亲经常举战斗机飞行员和将军的例子，将他们的专注力和感知力视为职业成功的主要原因。他写道：

> 一位伟大的战斗机飞行员曾对新手战斗机飞行员做出以下评价：“他们能‘看’，但是不会‘看’。”换句话说，尽管一位战斗机飞行员有超强的视力（就像天生具有高度的分析能力），但如果他总是看向错误的方向，那么再好的视力也无法发挥效用。这话在寻找市场机会和选择正确的职业道路时，依然起作用。因为对商业、创造收入和利用创造性思维解决市场需求的想法不同，那些自营职业者往往是反其道而行者。这也能很好地解释为什么成功的自营职业者经常出现在那些稍显落后、地位不高、基本不存在竞争的行业中。此外，正如我们在《百万富翁之心》中所谈的那样，约五分之四（79%）的百万富翁企业主表示，他们选择了适合自己的特定业务类型，因为这将非常有助于实现经济独立。

在《邻家的百万富翁》和《百万富翁之心》中，我父亲列出了接受调查的百万富翁所拥有的企业类型。企业类型跨度很大，一边是“循规蹈矩”，另一边是“独一无二”。例如，在《邻家的百万富翁》有关“创业型百万富翁的事业”的相关章节中，你会看到“牛精液分销商”的事业类型。值得一提的是，2013 年《华尔街日报》的一篇文章提到：来自加利福尼亚州奥克代尔的胡里奥·莫雷诺拥有一个装满公牛精液的冷冻库，并且每一单位的售价不低于 3000 美元。假如莫雷诺先生在被问及发家致富的秘籍时，他会回答是股票还是牛精液呢？

当然，小型企业创业的失败率约为 80%。而且，正如《邻家的百万富翁》

中提及的，有些类型的独资企业和小企业的成功率极低。

在不考虑那些胆小的人，或者那些不愿努力工作的人的情况下，一个人在拥有自己的企业后就可以为自己带来自主权和独立性。那些能够白手起家的成功人士将创造力、毅力完美地整合在一起，最终脱颖而出。我们最新的研究对自营职业的百万富翁做了调查，结果显示：近93%的人认为韧性或毅力是其成功的重要因素（选择了非常重要或重要的选项），其次是极富自制力（90%）以及诚实待人（87%）。

学会坚韧不拔

人们常说，一个成功的企业背后一定有一个有时间和金钱的业主。通常情况下，在业务成功前，企业主通常连续几个月甚至几年都无法拥有稳定的收入。这就需要个人必须具备足够的财力才能维持下去。

你为谁工作？

当你持有别人名下的大量股权时，到底谁才是真正的财富拥有者？你真的实实在在拥有它吗？就像创意节目《鲨鱼坦克》中展示的那样，风投公司和创业公司的魅力和光彩使人向往。这些闪耀的灯光在召唤着你。但对于一些人来说，债务融资也可作为一项不错的选择。2014年，我父亲写了一篇与小企业主和所有权有关的融资故事，我们一起再来看一下：

戴维斯是个拥有百万资产的企业主。在他职业生涯的早期，有人问他："你一般在哪个银行处理相关的业务？"他回答道："我在'虐待'银行。"听起来，戴维斯似乎遇到了一群十分不友好的信贷员，他们总是保持着一张高傲的脸，脸上总是一副冷漠的表情。虽然他总是及时偿还商业贷款，但每一次信贷员都要求他更新财务数据。在此期间，戴维斯依靠信用来维持他的业务。但最近，他决定做出暂时的牺牲，利用公司的利润来发展业务。最终的结果非常顺利，公司的发展取得了比以往更大的进步。戴维斯在听了吉恩的演讲后，很快便做出了以上决定。吉恩是一位杰出的邻家百万富翁。《百万富翁之心》一书中也有对他的描述。

吉恩在我的研究中透露了许多信息，为我的研究做出了极大的贡献。在我采访过的百万富翁中，吉恩位于重要性排行榜的前十名。他的主要职业是“救助业务的所有者”。通过从各种金融机构购买或挽救别人困境中的房地产，吉恩积累了巨额的财富。

对于有志成为企业家的人群来说，吉恩也是他们的导师。在演讲过程，吉恩经常列举使用信贷的种种恶果，以此来警告人们不要过度使用信贷。据我所知，他的演讲具有很强的说服力。下面一段话吉恩详述了自己与一家大型商业银行达成交易时的经历。在协议签署后，“……该银行的高级信贷员向吉恩打招呼，并带他走向顶层办公室的落地窗前。从这个视角，他们能看到蔓延数英里的各种商业建筑……信贷员指着这些建筑物，对吉恩说道，‘我们（放款人）才是这一切的拥有者。你们（借款人）只是在为我们这些金融机构跑业务’。这些话给吉恩留下了不可磨灭的印象”。

在和吉恩交流的过程中，吉恩表达了对这些话的愤怒，并表示听完这些话后，他被气得“眼神模糊”。在演讲中，吉恩通过描述这个场景，旨在强调一个人如果过度依赖信贷，也就意味着其失去了控制权：“银行家不尊重你，他们为什么要尊重你？他们正把你训练成马戏团里那群表演的海豹。”

人们想成为自营职业者或企业家的主要原因是他们想要独立，想要把船舵掌握在自己手上。自营需要很大的勇气和主动性。然而，正如上述那位银行高管所说，企业主并不真正拥有自己的业务。他们被放款人牢牢控制着。但随着时间的推移，企业主应该努力减少对金融机构的依赖。

正如研究中那些创业型百万富翁所说的那样，坚持是第三个必要因素。不管在哪种尝试中，尤其是在创建公司中，成功更像是一次长途旅行，而不是一次悠闲的夜游。人们在这段漫长的旅程中，不可避免地会遇到许多陷阱。陷阱形式多样，包括管理企业、过程中出现的绝望以及喜悦之情。事实上，对许多人来说，成功只有在他们顺利通过一系列逆境的挑战后才会到来。

2014 年，《华尔街日报》刊登的一篇文章阐释了如何克服逆境，创造一家成功的企业。这篇文章讲述了凯文·哈特福德遭遇的考验和磨难。在一家曾经春风得意的咨询公司破产后，哈特福德试图找一份白领工作。这一找就是几年。他一直认为许多潜在雇主是因为他的"口吃问题"而对他按下否决键。这篇文章还说，"他连续做了几年的零工……运输包裹，将医疗用品粘在一起，整理邮件、修剪草坪"。

他和一位合伙人接管了一家挣扎在生死线上的、生产金属零件的小公司。如今，该公司业务蒸蒸日上，2013 年的销售额为 600 万美元。哈特福德先生克服了逆境，包括早期的商业失败和语言障碍。这篇文章引用了劳工部的数据，文中指出残疾人选择自营职业的可能性几乎是那些正常人的两倍。许多白手起家的百万富翁报告称，他们选择自营职业是因为自营职业能使他们充分发挥自己所拥有的能力和天赋（在《百万富翁之心》中，83% 的百万富翁表达了这一观点）。《百万富翁之心》中讲述了一位名叫沃伦的百万富翁的故事。他也是白手起家。记得他对我们说："坦白说，如果我当初能找到一份体面的工作，我也不会选择自营职业……我没有主动选择自营职业，是生活把我推向了它。如果我有资格（成为一名高管 / 雇员），我现在可能也是他们中的一员。"

思考一下出现在《百万富翁之心》中的这个案例。由于不具备优秀的学术背景，W.K. 的工作前景很暗淡。因此，他意识到他必须成为自己的老板。这样的话，只有他自己才能审阅自己的工作申请。

如今，作为一名自营职业的抵押贷款经纪人，W.K 做得相当成功。43 岁的 W.K. 说，在一群净资产为 170 万美元的客户中，没有人曾问过他的学术能力评估测试成绩或其他课程的成绩。换句话说，他受到客户的青睐不是因为他的分数、社会等级或是家庭状况，而是他的工作名声。寻求抵押贷款的人只能看见抵押贷款。W.K 是由一位 16 岁移民到美国的单身母亲抚养长大的。母亲的全部家当就是一塑料袋衣物。但是他的客户不会在意这个事实。他的母亲每周工作 80 个小时，还要抚养 5 个孩子。正如他所说：“母亲在抚养孩子方面做得很好。我从她身上学到了以下几点……努力工作，量入为出，善待他人……我在学术能力评估测试中只得到了 800 分（所有部分加起来），所以我认为每个人都能成功。另外，我觉得很多人没有领悟成功的真谛。他们生活的目标就是错误的，有的人为了大房子，有的人为了豪车，有的人追求随心所欲的消费。而我的首要目标是成为最好的爸爸。”

在《百万富翁之心》中，我父亲曾提到过“900 分俱乐部”。而 W.K. 就是其中一员：

> 只有那些在学术能力评估测试中成绩低于 1000 分的百万富翁才能成为俱乐部成员。生活是一场马拉松。平均分数无法衡量你在这场比赛中的表现……标准化测试更不能代替生活中的各类比赛。（W.K. 这群人）从来不允许“学术成绩决定论”者来决定他们生活中的表现。他们认识到创造力、自制力和某些社交技能（包括领导能力）比成绩和能力更重要。这些人常常会使他们的老师和其他智力测试支持者们感到困惑。

所以，如果你的简历、学历证书、工作申请不是很抢眼，该怎么办？那就下决心吧，走到谈判桌的另一边。转换角色，让自己成为评估他人工作简历的一员。

牺牲和努力工作仍旧重要

塔夫茨和斯坦福大学青年企业家的研究探明了创业者的四个共同特征：

创新思维、进取心和控制力、商业焦点以及拥有投身商业的导师。而研究者强调，企业家“是慢慢形成的，而不是天生的”，父母、导师可以推动形成这些特质。但就整个国家而言，我们往往错过了做这些事情的机会。

滚石乐队的创业经验

20世纪60年代，我父亲是摇滚乐的超级粉丝。他喜欢齐柏林飞艇乐队，滚石乐队以及德里克和多米诺乐队。他喜欢音乐本身，但他发现更吸引人的往往是艺术家背后的故事。他最喜欢滚石乐队。在2011年，他曾写了下面这篇文章，描述了米克·贾格尔和基思·理查兹成为小企业主的过程：

你有没有想过成为一名小企业主？如果你有这个想法，你或许会想读一下由基思·理查兹创作的一本书，书名是《滚吧，生活》。我认为滚石乐队是自由世界中“最具生产力的小企业”！公营公司常常吹嘘其雇员的平均年收入高达几十万美元。对于滚石乐队的四名全职员工来说，他们的平均收入则为数亿美元。

我们不谈“坏男孩”的角色，也不讨论不羁的头发，粗犷的行为，满是破洞的衣服……四个人出售的唱片和音乐会门票。为什么这个组合能创造一次又一次的奇迹，并获得数十亿美元的收入，这是有原因的。

在米克·贾格尔和基思·理查兹首次完成了1000场巡回演唱会后，他们感到筋疲力尽。之后，他们便做出了职业生涯中最棒的商业决定。他们决定雇佣安德鲁·奥尔德姆，让他担任滚石乐队的经理人。奥尔德姆先生告诉他们，无论多么有天分的音乐家，只会唱歌的，永远都是唾手可得。只有学会写歌，才能彻底与破产说分手。奥尔德姆先生甚至把他们锁在厨房里，告诉他们写不出歌，就不要出来！因此，贾格尔和理查兹从二十出头就开始创作自己的歌曲，一步步地成了财富的创造者。这些新歌是所有其他收入的基础，包括滚石乐队的巡回演出。从这些歌曲中获得的版税对作曲家和他们的继承人来说是一份永久的收入来源。

当然，并不是每个人都有滚石乐队的创造力。但大多数人都有能力为未来创造属于自己的“版税”。回想我过去写过的一些案例，如得克萨斯州的林农·J.T.。一开始，他“只有几英亩地”。后来，他持续扩大自己的生产能力。如今，他每年种植350万棵树，价值超过3000万美元。还有曾在www.thomasjstanley.com网站上提到的布莱恩，他屡屡在高中同等学力考试中不及格。就像他说的：“如果我能成为亿万富翁，其他人也可以……我把我所有的玩具都卖了……买了我的第一个四层公寓。”而今天，他已经是七幢四层公寓的业主了。最后，还有兼职消防员马尔科姆，他在职业生涯早期就意识到了灭火是无法助其创造财富的。

一开始，他购买了一套简易房，并把它租给学生们。要知道学生对住房的需求并不低，这也是他们的财富来源。

基思·理查兹所著的《滚吧，生活》一书中，其中的两句话说了成功所需的工作量是常人难以承受的：

“只要你醒着……你就要手持吉他，不停地练习，直到你瘫倒在地。这就是生活。你永远不能停止学习乐器。”

“工作总是很辛苦的。下了舞台，也不意味着演出的结束。我们还要回到旅馆，继续磨炼这些歌曲。这是不间断的高压工作。但它对我们都有好处。”

在读了他的回忆录后，我感觉到基思·理查兹具备很强的分析能力。理查兹先生花了数千个小时，去研究每一位杰出的布鲁斯艺术家和摇滚演奏家，并将这些知识融入他的音乐作品中。他甚至记录了观众对滚石乐队推出的每一张新专辑的反应，以备日后做出调整。换句话说，他是在收集和分析市场信息。在滚石乐队的音乐中，理查兹能感受到深刻的情感碰撞。同时，他一直致力于激发听众与他的情感共鸣。

与滚石乐队一样，几乎所有的自营职业者都要接受考验。在职业生涯的早期，他们必须克服多次挫折以及看似平淡的市场反应。理查兹有着非凡的毅力、专注、激情、体力和韧性。他写道："我们整整练习了3年……3年里，天天如此……超过1000次演出……几乎没休息过……在那段时期，我们只休了10天的假期。"

在滚石乐队未进入美国市场前，他们大概演出了1000多场。而其中一半的演出未能给他们带来任何收益。如果"只有两个人出现（在观众席中）"，你会有什么感觉？他们不考虑自身糟糕的财务状况、凄凉的生活条件以及那些不人道的顾问和经理，毅然完成了一场又一场演出。理查兹解释道："……我的想法从来就不是赚钱。一开始我们是想赚够买吉他弦的钱。后来，我们是想能否赚够展示最佳舞台表现的钱。一开始……我们大部分钱都投入到想要做的事情中去了。"

毫无疑问，理查兹先生在吉他销售中功不可没。数以百万计的吉他流向了那些想手持吉他、站在理查兹先生身边的孩子们手中。但他们很快就发现，怀揣可预见的目标、练习一小时的吉他远比怀揣一飞冲天的目标、练习数千个小时容易得多。

作为父母，我们正在完成一个长期项目。帮孩子们买他们想吃的饼干或爆米花，将他们落在家的东西带到学校，这些都带给了孩子们安全感。这种安全感也出现在孩子们即将摔倒、遭遇失败时，父母竭力抓住他们的双手、避免失败发生之时。但事实上，这剥夺了孩子们在逆境中学会自力更生和坚韧不拔的机会。

我们的早期经历不仅影响管理财务生活的方式，也影响我们对待工作的方式。百万富翁们常常分享这样的观点：在他们取得职业或创业成功的路上，默默支持的家人或导师功不可没。早期经历，特别是具有挑战性或失败的经历，可以使我们更好地把握接下来的每一个机会。

如果你发现自己正面临着困境，该怎么做？如何重新开始，如何另寻高就，或者说如何开创自己的事业？那些在不同职业都能切换自如的人以及那些完成从就业到自营职业转变的人是如何做到的？

与处理个人财务一样，积累与工作有关的资源，包括经验和声誉，是至关重要的。无论就业状况如何，都要不断寻找兼职，积累知识和经验资本等机会。因为，在未来的某一天，它们可用来完成转变或为你创造属于自己的机会。但或许更重要的是要确保备用金的持续存在。它能在你想要或者需要职业转变的时候，助你一臂之力。

几年前，我和父亲开始写这本书时，我父亲曾对工作领域的变化做出预测。但是，在过去的 20 多年里，工作领域发生的变化远超出父亲的预料。百万富翁们发现自己所处的行业正在扩张。如果你仍然将雇主视为安全和保障的基石，那你的想法真的很幼稚，这很可能会削弱你独自创造财富的能力。

传统的工作观念正在慢慢消失。无论是在处理就业问题的方式上，还是在为采取下一步行动，积累经验和知识的途径上，未来的百万富翁们正在慢慢接受新的创收理念。

第七章　学会投资：别把鸡蛋放在一个篮子里

风险来自于你不知道自己在做什么。

——沃伦·巴菲特

经济成功取决于对资源的有效管理。那些能将收入转化为财富的人在分配时间、精力和金钱时，都会考虑如何促成未来的财务成功。这一发现在20年里没有改变，而且我们相信它将会是永恒的真理。

取得经济成功的美国人在分配资源时，不会随波逐流。我们所说的大众指的是那些在“黑色星期五”蜂拥入店、疯狂抢购的人，指的是那些将部分或全部空余时间花在为政治事件操心的人，还有那些每天在社交媒体上花费超过2个小时的人。那些邻家百万富翁都是反其道而行者。在如何购物、是否或在何种程度上可以让他人影响自己的消费和生活习惯以及投资方式上，他们的所想所行都与众不同。他们是超级消费者中的储户和投资者。他们研究投资方式，包括他们自己的企业，并对如何进行投资，最终获得长久发展，做出极富智慧的决定。

第五章列出的成功因素不仅影响着我们选择创收、就业以及职业生涯的方式，还影响着我们管理收入的方式。正如在第六章所讨论的，一份我们热爱的职业不仅能带来收入，还能为你提供各种资源。除了第四章讨论的消费领域，经济成功人士还在哪些方面、以何种方式积累和利用他们的财富？在过去的20年里，是什么影响了他们的投资方式？

在编写本书时，市场上大概有1000多家金融技术公司在为金融专业人员和个人提供服务。这些公司为消费者提供了有效的管理财务生活的方法。金融顾问或财富经理（或者《邻家的百万富翁》中提到的股票经纪人）几乎已经起不到作用了。无论结果是好是坏，有了智能手机，我们可以轻松地进行储蓄、购买期权，甚至购买国外股票。我们不再需要打电话给我们的经纪人，让他们进行交易（还是有一部分人会选择让经纪人做交易，毕竟美国拥有着约631000名股票经纪人）。因为机器人顾问、算法和类似技术的存在，更成熟的操作——比如“税收亏损收割”也被自动化了。

但是，面对技术的进步以及各种辅助手段的层出不穷，谨慎的投资者在这20年里依然保持着他们的特点。人们对投资的态度随着时代的变化而变化。但那些极富自制力的投资者在面对经济逆境和市场波动时，常常稳如泰山、坚定不移。无论这种谨慎的行为是天生的，还是后天从家人、导师或顾问那里学得的，我们所做的投资决定都会影响到我们长期积累财富的能力。

富豪们如何配置资产？

百万富翁们重视自我学习，并习惯对市场和投资机会进行认真审视，所以他们更青睐那些传统的投资类型。超过60%的百万富翁将不低于30%投资基金放在退休账户里。近40%的百万富翁将不低于30%的投资基金放在房地产上。在最新的研究中，百万富翁很少投资国外或不常见的投资产品。例如，只有约6%的百万富翁用其部分资产换取土地使用权，很少有百万富翁（4%）将无形资产（如版权或其他知识产权）作为他们投资组合的一部分。

表 7–1　百万富翁资产的分配情况

资产类型	资产分配比例							
	0%	1%	5%	10%	20%	30%	50%	75% 或更多
	百万富翁的比例（%）							
退休金账户	2.0	3.2	7.1	12.1	13.5	23.4	28.2	10.5
现金	3.5	19.6	35.7	25.2	9.8	4.3	1.2	0.7
现金价值 – 人寿保险	49.6	22.8	13.0	6.9	4.9	1.2	0.8	0.8
内部持股的私营企业或合伙企业	58.8	5.6	6.9	8.1	5.4	5.4	4.6	5.2
有价证券	16.7	7.5	12.5	15.2	15.8	15.9	9.4	7.0
优先认股权	80.6	5.4	5.7	3.2	2.7	1.8	0.2	0.4
房地产（个人财产，仅限股权）	3.6	2.4	8.2	19.8	27.3	21.3	15.0	2.4
房地产（商业）	67.7	2.7	7.1	7.3	6.0	3.8	4.3	1.1
汽车	13.1	54.0	26.8	4.0	1.8	0.3	0.0	0.0
有形物品 / 收藏品	37.9	39.5	16.0	4.4	1.0	2.0	0.0	0.2
土地使用权	94.4	3.7	0.9	0.7	0.1	0.0	0.0	0.2
无形资产	96.2	2.7	1.1	0.0	0.0	0.0	0.0	0.0

表 7–2　基于国税局遗产税报税表所做的数据比较（2016 年、1996 年）

	产业的规模（2016 年提交的申报表）				产业的规模（1996 年提交的申报表）			
	大于 500 万美元	500 万美元至 1000 万美元之间	1000 万美元至 2000 万美元之间	大于 2000 万美元	大于 500 万美元	500 万美元至 1000 万美元之间	1000 万美元至 2000 万美元之间	大于 2000 万美元
资产类型	未扣除债务的遗产总额的比例（%）*							
个人住宅	8.70	7.93	6.43	2.77	8.68	4.66	3.58	1.16
其他不动产	11.67	14.84	14.24	12.43	13.34	12.49	11.44	6.42
内部持有的股票	2.87	4.61	7.33	19.25	3.03	8.70	11.99	20.27
上市公司的股票	24.16	22.85	25.81	24.43	21.87	28.96	30.94	35.12

续表

州和地方债券	10.39	7.89	9.35	6.47	12.04	14.98	16.01	10.29
联邦政府债券	0.91	0.77	0.75	1.17	0.89	3.76	3.26	5.91
公司及外国债券	1.60	1.48	1.52	1.31	0.72	0.68	0.56	0.42
债券基金	0.94	0.48	0.52	0.37	4.03	0.30	0.15	0.08
未分类的共同基金	1.34	0.90	0.66	0.39	4.03	1.05	0.64	0.29
现金资产	11.81	9.60	9.43	6.06	13.66	6.84	6.38	4.72
人寿保险	1.30	2.61	1.61	0.51	0.09	0.10	0.07	0.02
农场资产	3.72	5.79	3.95	1.63	0.49	0.28	0.18	0.23
私人股本 / 对冲基金	0.37	0.32	0.69	3.70	n/a	n/a	n/a	n/a
退休资产	9.62	11.59	7.58	2.14	n/a	n/a	n/a	n/a
无形资产	0.49	0.47	0.40	0.12	0.31	0.56	0.55	0.46
艺术品	0.37	0.28	0.52	1.83	0.11	0.36	0.47	2.56

* 表示并非 100% 准确，因为某些资产类别被排除在表格之外。
n/a 代表未在 1996 年数据中单独列出。

以上数据比较了 2016 年和 1996 年拥有不同财产规模的百万富翁在遗产总额上的构成情况。其中我们发现了一些有趣的地方：

- 那些遗产总值超过 2000 万美元的富翁倾向投资对冲基金和艺术品。2016 年，遗产总值超过 2000 万美元的富翁在对冲基金上掷下了高达 3.7% 的投资基金，而遗产总值在 1000 万美元至 2000 万美元之间的富翁仅仅投了 0.69% 的投资基金（遗产总值更少的富翁在对冲基金上投资也更少）。同样，对艺术品而言，遗产总值超过 2000 万美元的富翁在 2016 年和 1996 年分别投下了 1.83% 和 2.56% 的投资基金，而那些遗产总值低于 2000 万美元的富翁在艺术品上基本零投资。这些数据说明了这样一种观点，即在净资产极高的某个点（即 2000 万美元或以上），更复杂的投资具有更大的吸引力。

- 不管是 1996 年还是 2016 年，相比其他富翁，遗产总值超过 2000 万美元的富翁在“内部持股”上都遥遥领先遗产少于2000万美元的富翁。家族企业属于就这一类的资产投资。

有关富人的传说之一是那些有钱人都会进行奇异投资。从上述国税局的相关财产税数据中我们可以看出，这种奇异的投资现象看来只会发生在净资产不低于2000万美元的有钱人身上……也就是说，你真的已经足够有钱，并不在意投资带来的回报。大多数邻家百万富翁是不会把钱投入到这类奇异的投资中去的。

2016年，沃伦·巴菲特给伯克希尔-哈撒韦的股东们写了一封信。在信中，巴菲特近乎完美地解释了这种行为现象：

> 这些年来，时不时会有人问我有关投资的建议。在回答的过程中，我学到了很多关于人类行为的知识。我经常推荐一只低成本的“标准普尔”500指数基金。那些只有微薄财力的朋友们通常都会听从我的建议。感谢他们对我的信任。
>
> 但是，我相信那些超级富有的人、拥有阔绰资金的机构或养老基金会是不会采取我这条建议的。这些投资者只会礼貌地感谢我的建议，去选择听取一位要价甚高的投资经理的建议。而那些机构则会转身投向另一群顾问的怀抱。
>
> 然而，这些专业人士会面临一个问题。你能想象一位投资顾问年复一年地告诉客户去复制标准普尔指数，以持续增投指数基金吗？那根本就是在断送自己的职业生涯。然而，如果他们建议客户每年进行小规模的管理变动，那么这些专业人士将获得巨额的佣金。他们说的话听起来非常深奥，但其实没什么实质性内容。他们不断地向你灌输一些受欢迎的投资“种类”以及耐心地为你讲解当前的经济趋势，从而让你毫不怀疑地接受管理变动。
>
> 富人们沉浸在这样的想法中：是命运在赋予他们最好的食物、学校教育、娱乐方式、住房等所需的一切。他们认为自己拥有的财富应该给

他们带来高人一等的地位。

事实上，在生活的诸多方面，财富确实意味着一流的产品或服务。因此，金融“精英们”——富有的个人，资金充足的养老基金会或大学捐款基金会等相关机构——难以接受与小额投资者一样去申请同一项金融产品或服务。即使我们所讨论的产品是最好的选择，富人们仍然会心不甘情不愿。坦白说，我的计算非常粗略，但我认为在过去 10 年里，精英们在寻求更好的投资建议上，已经浪费了超过 1000 亿美元……

人类的行为不会改变。富有的个人，资金充足的养老基金会或大学捐款基金会等相关机构仍会坚持认为他们应该获得“额外”的、非比寻常的建议。那些巧妙地利用这一“期望”的顾问们将赚得盆满钵满。今年的“神奇药水”可能是对冲基金，明年可能就是另外一种了。这一系列的承诺会带来怎样的结果？下面这句谚语为我们做出了预测：“当有经验的人和有钱人长时间待在一起时，有钱人最终会变得很有经验，而有经验的人会变得很有钱。”

让我们将巴菲特所描述的这种奇异的投资心态与著名的投资人彼得·林奇的做法做一番比较。对于选择哪家公司的股票，林奇先生有一套自己的投资哲学。而这与我们多年来所研究的百万富翁企业主所秉持的理念有共通之处。

林奇先生在挑选股票上的成功要归功于两点。一是他私下采访了该领域的诸多顶尖人物，二是他经常访问那些公司的总部。以下是一些他很精彩的论述，让我们从侧面了解一下什么是“林奇主义”：

参观一个公司的总部能有效地判断该公司是否在坚持节俭创业。办公室铺张浪费的程度与管理层奖励股东的意愿成反比。

假如能从资产负债表中判断出未来（股票的表现），那么数学家和会计师将是世界上最富有的人。

业余投资者……可以通过拒绝从众的方式，赢得市场胜利。

> 在其他条件基本相同的情况下，投资那个年度报告中彩色照片最少的公司。

在成功预测几家公司会成为市场赢家的过程中，林奇先生形成了以下看法：

> 在公司总部……没有行政餐厅……停车场里没有豪华轿车……机场没有公务机。
>
> 不要花钱去打造一个雅典神庙式的办公室，不要花钱去为大厅配备安妮女王式家具，不要花钱去买飞艇、制作广告牌以及去请名人赞助。墙上的艺术品也没必要买，旅行海报……就够了。
>
> 除非公司在某年收益很好，否则高管不会获得奖金。奖励的基础是业绩，而不是（职业）地位。

《邻家的百万富翁》中提出第三因素支撑着邻家百万富翁们的生活方式，而这一因素也与林奇主义的最后一点高度类似：他们都认为，经济独立比显示较高的社会地位更为重要。

但通常情况下，只是收入富裕的人会下意识地将“奇异”或“昂贵”与“更好”等同。因为他们认为把钱投入到这些类型的投资中就意味着某种地位。

只是收入富裕的人可能会认为他们需要这些奇异或昂贵的投资来匹配他们的收入水平、其他为彰显地位的支出（昂贵的房子和汽车）以及他们的经济状况。但各种数据显示，实施一项简单可靠、多元化以及成本较低的投资计划会让他们过得更好。这听起来可能很像让你去买丰田，而不是去买雷克萨斯。

大学捐款基金会的糟糕表现可以被视为奇异投资思维陷阱的典型案例。哈佛大学捐款基金的这次失误——被列入同类失误严重性排行榜的首位——已经传遍了大街小巷。在 2016 财年，该基金在标普 500 指数持平（无损益）期间，遭受了 2% 的巨额投资损失。本·卡尔森在其博客“常识财富”中将哈佛大学视为“自我溢价”的牺牲品，但牺牲品绝不会只局限于哈佛大学一个。在他 2017 年创作的一篇文章中，卡尔森将先锋基金中一组简单的三只基金组合（他称之为“伯格尔模型”）的年化回报率与美国大学捐款基金会的年化回报率进行了对比。“伯格尔模型”投资组合的 10 年回报率（6.0%）排在捐款基金会回报率排行榜的前 10%（5.4% 位于捐赠回报率排行榜的第十名）。这些数据意味着：如果你坐在电脑前，以每年低于 0.1% 的混合成本，选择先锋基金中最受欢迎的三只基金（或选择部分开放的封闭式基金）作为你的投资组合，那么你的收益将远远超过选择 90% 以上的大学捐款基金。卡尔森先生写过下面一段描述捐款基金运作方式的话：“这些基金被用来投资最好的风险投资、私人股本、基础设施、私人房地产、木材和对冲基金；它们被顶级股票和债券基金经理所管理；管理者们经常运用杠杆；他们还投资复杂的衍生品；他们向规模最大的咨询公司请教，但是绝大多数的基金仍未能击败低成本的先锋指数基金投资组合。”

总之，这些追求地位的收入富裕的人群最终会付出代价——投资收益少于支出。但为什么会发生这种情况？他们都是聪明人。即使有证据表明，这些投资的价值常常低于成本较低的替代投资，他们还是会前仆后继地为“自我溢价”付出代价。我们团队的精神分析员猜测收入富裕人群是否存在某种复杂（潜意识下）的信息传递：“我有足够的钱可以浪费。”

大多数百万富翁不会收藏艺术品

美国的许多人都雄心勃勃，他们想仿效那些经济成功人士。营销人员花费数十亿美元，使人们相信大多数富有的人拥有大量的高档艺术品。这个传说贯穿了我们整个经济发展历程。高收入家庭将艺术品视为向其他人展示富有的一种方式，然而，他们的收入水平只略高于平均线。他们的净资产暴露了他们鲜为人知的一面。

艺术品属于有形物品或收藏品。我父亲曾经为《美国人口统计》写过一篇相关文章。在文章中，父亲写道："令人惊讶的是，在典型百万富翁们的资产中，不到6%的资产是以实物或收藏品的形式存在的，如古董、硬币和邮票、宝石或艺术品等。"

但这篇文章写于30多年前。从那以后，有没有发生过变化？在最新的调查中，大多数百万富翁（近70%）将不高于1%的资产投资在有形的收藏品上。而根据国税局最新的遗产税数据，变化也不是很大。总的来说，那些资产值超过200万美元的富翁只将1.3%的财富投资在有形的艺术品上。考虑到一些非常昂贵的艺术品还可能是赝品，这部分投资还要适当缩减。

我们采访的大多数百万富翁只是把艺术品作为一个资产类别，"不去拥有，也不会去拥有"。在《停止装富》中，我们还提过其他的一些资产。大多数百万富翁仍抱着对艺术品一视同仁的态度。只有少数百万富翁拥有度假屋、游艇、飞机、葡萄酒、豪华汽车或价格不菲的西装。

成功的投资者具备哪些特征？

思考以下有关个人投资者的描述：

> 在现实世界的投资者与那些存在于理论模型的投资者差异巨大。理论上，投资者应持有多样化的投资组合，减少交易次数，从而尽量避免过多税收和其他投资成本。实际上，投资者的行为却有所不同。他们经常做交易，具有反常的股票选择能力，这导致了许多不必要的投资成本和回报损失。他们总是持有坏股、出售优股，产生过多不必要的税收债务。
>
> 许多人不会正确管理多样化的投资组合，造成了许多风险。还有许多人受到媒体和过去经历的过度影响。如果个人投资者对购买和持有低成本、多样化投资组合等指令性建议充耳不闻，那么这必将损害他们的利益。

与不采取行动正好相反，行为偏见会使得投资者产生行动的倾向。不管经历多丰富的投资者在行为偏见的驱使下都会在错误的时机，做出行动的决定。因为具备采取行动的倾向，这些极端的投资“实干家”最终在错误的时机进行买卖。当然，另一个极端就是那些不愿采取任何行动的人。他们会花大量的时间制定那些可能在实施之前就已经过时的投资策略。

一个成功的投资者需要具备什么？成功的投资者应该能够在市场低迷时进行投资，并能接受与之相关的投资风险吗？我们知道，勇气和承担风险的意愿与净资产高度相关。过去几十年间，百万富翁们展现了这种勇气的巨大威力，他们靠这种勇气成功抵御了职业生涯中企业以及投资中出现的各种风暴。投资勇气不是凭空产生的。它需要用信心去做出与投资相关的决策以及内心深处想要从事投资的强烈渴望。此外，我们还知道，金融知识和风险承受能力是相关的。获取这类知识的主要途径应该是自我学习和独立研究。相较于欠财富积累者，极具财富积累者往往会花更多的时间来研究规划他们的投资。相关数据还显示，那些焦虑和忧心忡忡的投资者往往会采取短期投资行为。

在研究中，我们建立了一种基于经验和行为的“风险容忍心理测试”。通过该测试，我们发现了“良好投资”的五个组成部分。

1）冒险型人格

即使无法判断准确的结果，成功的投资者往往也能够做出投资决定。即使对未来没有完全的把握，他们也倾向于不断地投资。

2）高风险偏好

那些青睐风险系数更高的投资（如股票）的人往往拥有更大的回报机会，并且在做出与投资相关的决定方面，更胜一筹。

3）投资信心

尽管过度自信会使投资者做出不明智的决定，但在一定程度上，自信和自我效能感是成功投资者的标志。如果失去了适当的自信，与投资有关的决定便会受到质疑，进而被改变。这往往会带来非常不利的财务影响。

4）关于投资的判断 / 知识

正如沃伦·巴菲特所言："风险来自于你不知道自己在做什么。"总体而言，那些了解投资运作方式、投资的潜在利弊以及股票市场周期性的人更有可能做出更好的投资决策。我们知道，极具财富积累者在研究投资上花费的时间比欠财富积累者要多得多。要明白，这些投资知识会帮助我们做出更好的投资决策。

5）沉着

沉着通常指的是能够承受市场的变化（变化包括低谷和繁荣）。那些面对市场崩盘，仍能保持冷静和勇气的投资者往往能做出比那些焦虑的同伴更好的决定。

富豪投资者有什么不一样?

上述成功的投资者形象是基于包括富裕阶层在内的广泛的投资者样本得出的，就像一般的财富积累一样，这些特点和行为的结合将对我们在投资中获得成功产生重要的影响。

那么，百万富翁投资者的特征是什么呢？它们是否与基于广大美国人民样本得出的特征相似呢？百万富翁投资者往往是一个自信的群体。在最新的研究中，超过 70% 的百万富翁投资者认为自己比其他人更了解投资。我们知道，投资自信可能是一把双刃剑。毕竟对投资的过度自信会对投资相关的决策产生不利的影响（例如，相信自己精通任何操作）。

然而，在某些方面，与投资有关的决定以及如何使用资源的决定与成功因素之一的自制力密切相关。近 60% 的百万富翁有着明确的短期和长期目标。另外，差不多一半的百万富翁在做项目时很少分心。略高于 60% 的受访者表示，他们会花时间规划未来的财务状况。

谈到他们的投资方式，近55%的百万富翁认为投资成功与其说归功于他人的专业的建议，不如说归功于他们自身的努力学习以及受到的良好教育。同样，不到三分之一的百万富翁称，他们会依赖金融专业人士，帮助他们做出与投资相关的决策。通过对大众富裕投资者进行的研究，我们还发现，那些拥有出色的投资行为的人更有可能不依赖他们心中价值不大的顾问或其他专业人士。对于百万富翁投资者而言，他们所需要的理财专业建议应该基于他们的现实状况。

在投资管理方面，百万富翁投资者舍得花时间去积累相关专业知识。他们平均每月花费10.5小时，来研究和规划未来投资。在研究和规划未来投资的时间方面，极具财富积累者与欠财富积累者也有明显差异：具体来说，极具财富积累者每月花费11.34小时，而欠财富积累者每月只花费8.7小时。无论投资资金去向何处，他们都会花时间去研究投资以及投资的方式。即使最后他们的钱还是投资到他们自己的业务里。我们清楚，是他们在金融方面的素养，才让他们勇于承担与投资相关的风险。通常情况下，长远的目光与扎实的金融知识与承担更大的风险密切相关。因此，他们花在管理和研究投资上的时间将更有助于进行决策。

表7–3　百万富翁们对投资的观点

观点	非常同意/同意(%)
我比大多数人更懂得投资	70.4%
我会花很多时间，来规划我的财务未来	61.8%
我投资的获利源于自我学习，而非专业的建议	54.8%
在做出投资决定的过程中，我非常依赖某一位投资顾问	33.2%

从长远来看，那些一碰到新颖、有价值的信息，就着急采取行动、不三思而行的人，往往表现得很糟糕。百万富翁投资者确实在管理他们的投资方向，采取了一些行动。2016年，平均而言，百万富翁全年进行了17次与投资

相关的交易。五分之一的百万富翁会在三年内再次转手他的资产。行动的关键在于行动者是在深思熟虑后，谨慎地做出该行动，还是轻率地做出该行动（包括行动偏见）。正确的财务决策融合了知识（包括金融知识）、未来定位以及能在瞬息万变的环境保持冷静的个性。所以当我们具备做出正确决策所需的知识，以及拥有处变不惊的心态时，我们就能够做出更好的决策。不管是在实验室，还是在现实的投资领域，这些因素都已被证实。

表 7–4　极具财富积累者与欠财富积累者投资的平均持有期的比较

	投资者的比例（%）		
在购买股票 / 股票共同基金后，你通常持有多长时间	所有百万富翁	极具财富积累者	欠财富积累者
几天到几个月	6.3	6.0	9.4
一到两年	16.3	17.9	16.1
三到五年	30.7	30.6	30.2
六到十年	18.5	19.4	11.4
超过十年	28.2	26.1	32.9

承担风险

百万富翁投资者还有哪些特征？他们愿意承担风险，并将眼光放在未来。让我们来看一个对比：来自佛罗里达州的一位百万富翁曾告诉我们："我妻子惧怕投资……低息储蓄账户是她唯一的投资。20 年来，妻子一直认为我投资共同基金是'鲁莽'的举动——但事实上，共同基金投资占据了我们很大一部分财富。"许多百万富翁都是企业家，而企业家对风险的厌恶程度往往较低。与私营部门的职员相比，公务员的风险较小。但风险规避者的满意度也较低。不管在别人眼里或自己眼里是否犯过严重的错误，成功的投资者和经济成功的美国人一如既往地愿意承担投资风险。在与投资相关的行为方面，研究中的高净资产富裕家庭称，他们采取了与大众富裕阶层的家庭不一样的策略。与非富裕家庭相比，富裕家庭在投资中更愿意承担高于平均水平的风险，更了解一般投资的性质以及更频繁地去评估与他们投资组合相对应的风险水平。虽然这不一定是因果关系，但它确实证明了成为富裕家庭所必需的知识和风险承受能力。在我们的研究中，百万富翁承认他们在职业生涯早期承担了更多的投资风险。这或许也能间接地说明为什么样本的平均年龄是 61 岁。

表 7–5　百万富翁的投资策略

你会怎么评价……	有风险 / 高风险	稳健	保守 / 非常保守
开始全职工作时，你所采取的投资策略？	55.6%	28.6%	15.8%
你现在的投资策略 / 投资组合？	17.5%	56.0%	26.5%

考虑到通货膨胀的因素，你省下的每一笔钱都会丧失掉一部分购买力。极具财富积累者明白，只有对金钱进行富有成效的管理，才能补足因通货膨胀而失去的购买力。这里的数据表明，极具财富积累者通常在职业生涯早期会采取“有风险”或“高风险”的投资方式。渐渐地，随着他们积累的财富越来越多以及不再那么需要流动资金，他们逐渐形成了一种更为温和、保守的投资方式。我们的一位读者与我们分享了一个故事。故事的主人公是两个储户，他们讲述了他们是如何进行投资的：

> 多年来，我父母在“防御”工作上做得很出色，坚持以储蓄的方式来管理他们来之不易的工资。每个月，他们都会把辛苦赚来的钱放进一个咖啡罐里。而我岳父每年不会像我父母一样节省很多钱，但他是一个更精明（也可能是幸运）的投资者。他每年都会把省下来的钱投进富达麦哲伦基金。相比我父母，我岳父得到了丰厚的投资回报，早早就退休了。

极具财富积累者经常在以下两个方面提升自己：他们致力于节省大部分收入，并成功地将这些储蓄投进生产性资产，从而实现长期的增长。想象一下，每年增加 143% 的储蓄，再加上另外 3% 的投资，就得到了每年的投资回报。极具财富积累者独辟蹊径，充分利用大部分（或全部）的优势来获得长期利益。

在工作中学习

在预测净资产和做出正确的投资决策（例如低买高卖）的过程中，信心起着重要的作用。但是我们所说的自信是基于个人的技能，尤其是关于金融投资和管理的技能，并带有谦逊和现实主义的成分。沃伦·巴菲特曾说过："投资者应该记住，兴奋和支出是他们的敌人。如果你坚持想要定下买卖股票的最佳时刻，你一定要学会在别人贪婪的时候恐惧或在别人恐惧的时候贪婪。"无论你的年龄大小、收入高低以及拥有多少继承来的财富，只要你一贯的行为和生活经历模式能够显示出你自己对投资的能力和适度自信，我们坚信你的净资产就不会太低。

在投资领域，过度自信是有害的。已经有数据表明，投资时过度自信，包括频繁交易、高估某类证券价值等，与投资决策失败密切相关。事实上，相关研究人员曾对投资者过度自信发起了一项研究。基于该项研究，研究人员得出结论："我们认为，对于金融市场出现的那些反常交易，有一种简单而有力的解释：过多自信。"

自1996年以来，学术界、大型经纪行等都格外重视行为金融，这也成了投资心理学新的发展趋势。行为金融作为一个术语，指的是可影响个人投资者在买卖证券等决策方式上的潜在心理和认知偏见。理查德·塞勒凭借行为经济学的相关研究获得了2017年的诺贝尔经济学奖。他用经验主义的方式证明了流行在精明投资者中的一个真理——投资中的偏见和情感依赖可能会对个人做出合理的财务决策产生负面影响。行为金融的实际应用是，如果投资者或他们的顾问意识到这些偏见，他们便可阻止个人投资者做出基于非理性信念或市场偏见的不利的投资决策。

因为他们具备投资的经历——无论是好是坏，成功的投资者更能承受风险，对金融风险的态度也越来越端正。在整个过程中，他们也不可避免地犯一些错误。通常来说，投资者变得越来越睿智的原因都是因为他们坚持不懈地学习。

分析了样本中的百万富翁之后，我们总结了一些典型的投资错误。为什么说这些错误很典型？因为样本中有超过一半的百万富翁都犯过这些错误，包括市场时机选择错误，特别是过早或过晚卖出，以及盲目地等待市场高低点进行买卖。这些错误在日后看起来真的很低级。百万富翁们也提到，他们犯过的一些最不可思议的投资错误也促成了他们目前对如何获得更多投资回报的看法和行为。过度自信往往是这些投资错误的罪魁祸首。

其他类型的投资错误还包括试图在更可靠或更安全的投资与更奇异或投机性的投资间取得平衡。改善这些行为需要自我学习和自制力。有时候，也需要听取那些追求客户最大利益（而不是追求自身利益）的顾问的建议和忠告。

表 7-6　百万富翁的投资行为

投资行为	该行为的百分比（%）
未及时抛售一只坏股	73.6
过早出售一只优股	60.3
错过在市场高点卖出股票的机会	58.1
错过在市场低点加仓的机会	55.3
试图平衡“安全”投资组合和“投机”投资组合	53.5
购买 / 持有雇主股票	44.4
更担心损失而不是收益	41.6
参考朋友或亲戚的建议进行投资	41.5
等待市场高低点	37.5
投资股票期权 / 高投机性股票	36.9
让别人来管理财务	34.8
基于最近的低点出售股票	34.2

旁观者常常会发现一些特定投资类型或某些公司的错误。在百万富翁们列出的“最好”或“最差”的投资列表中，每一种都是耳熟能详的股票或投

资组合。多年来，很多读者向我们咨询百万富翁投资者评级或排名“最佳”或“最差”的股票清单。鉴于此，我们决定在最新的调查中提出这个问题。正如大多数明智的投资者和百万富翁与我们分享的那样，那些最好和最差的股票，股东们都不陌生。对于个股的讨论，看起来似乎很有价值，实则不值一提。但是从那些清单中，我们还是能得出一些重要的信息：

- 热门的互联网股票常常被列为史上最糟糕的股票。
- 在遭遇失败前，有些市值不菲的股票也被列为史上最糟糕的股票（如世通、安然）。
- 稳健的蓝筹股经常被认为是最好的股票之一（如国际商业机器公司）。
- 与雇主有关的股票好坏参半。
- 一些“最好”的投资包括：“我的妻子”“我的业务”和“我的教育”。

花钱买“建议”

在选择顾问（和技术）时，百万富翁们往往显得很明智。虽然许多人依靠自己的技能，但还有一部分百万富翁仍与财务顾问进行着相关合作。1996年，美国共有246000名投资经理和股票经纪人。到了2014年，这一数字跃升到341500。在我们的样本中，超过70%的百万富翁称，他们在全业务投资公司拥有多个账户。另外，只有15%的百万富翁称他们在信托部门拥有账户。但相对来说，他们在投资咨询服务方面，花费较少：三分之一的百万富翁在与投资咨询服务上零支出；56%的百万富翁将低于1%的收入用作投资咨询服务的费用。

但无论有多少百万富翁以何种形式选择雇佣顾问，大多数百万富翁都不会太依赖他们的建议。正如前面提到的，在百万富翁投资者中，不到三分之一的人过分依赖投资顾问，而70%的人声称他们比大多数顾问更了解投资。超过半数的百万富翁表示，他们投资组合的增值应归功于自我学习，而非专业建议。这一观点与我们的研究不谋而合，充分说明专家在投资组合的建议方面，不一定比“非专家”优秀。

为百万富翁提供服务的金融专业人士至少应该做到一点，那就是集中防范那些与投资相关的各类错误。先锋展开的“顾问X”研究证明了与金融专业人士合作的价值。研究结果显示，与顾问开展合作，会带来收益。其中，有一半收益应归功于投资者相关行为的改变或改善。

杰克是一位靠佣金为生的财富管理经理。他最近告诉我，他对自己的工作感到失望。他眼中的世界已经变得陌生了起来。过去，为富裕人口做金融服务，以换取佣金的行为很流行。但随着自主投资技术的发展以及因免费向客户推荐相关投资产品而受到追捧的信托顾问，这种行为已经显得格格不入。在这个充斥着“机器顾问”的新世界里，杰克千方百计地寻找赚钱的方法，并开始降低他“投资咨询”的要价。因此，他想降低自己的“最低标准”，将新兴的邻家百万富翁纳入到自己的客户范围之中，并希望这些正不断积累财富的邻家百万富翁可以成为他的忠实客户。

杰克先生想要一张能带他直接走向这些邻家百万富翁的“地图”。所以，在和他的谈话中，他问我，究竟怎样才能得到这张地图。他想当然地认为，因为我继承了父亲的研究，所以我肯定可以给他提供这样的“地图”。没错，这张“地图”是存在的。研究潜在客户的行为模式和财务经历将帮助他判断是否正面对着一位冉冉升起的邻家百万富翁。

但杰克先生忘记了一点，即使他能成功定位潜在的邻家百万富翁，他们也很可能对他所卖的东西不感兴趣。技术的进步使他们化身精明的金融服务消费者。无论他们是自主投资，还是需要寻求专业援助，他们通常都要求物美价廉的服务。那些希望与金融专业人士合作的人现在拥有无数的选择，包括新一代的只收取服务费的理财规划师。这些人秉持信托部门的信托誓言来做相关服务。在这种形势下，杰克先生必须上演一出“好戏”，向那些白手起家、新兴的百万富翁们展示自己的价值。

杰克先生的业务还有一个不足，那就是它无法提供直接与金融专业人士合作的核心价值：即指导一切与财务相关的行为。杰克并没有这样一股激情——时时刻刻想着应该怎样帮助他的客户，更加自信地做出与财务或投资相关的决定。现实情况是，财务顾问提供的真正价值在于帮助客户从欠财富积累者发展成为极具财富积累者。而做到这一点需要改变金融行为，而不是改变投资组合。

无论杰克先生发现与否，他身上都存在可悲的一点，那就是他真正想要的客户实际上存在两面性。一方面，他们相信自己是邻家百万富翁，但另一方面，他们表现得像大多数伪富人一样，花高价买下各式各样的消费品，并将收入与财富等同起来，怀着明天定会富有的心，去肆意挥霍今天的金钱。那些最适合杰克先生的客户不想听到任何与行为改变有关的建议，也不想进行任何形式的自我反省。他们只想完全依赖杰克先生，让他帮助自己赢得市场。

这些也是杰克先生的理想客户。他们很乐意为与投资有关的交易向杰克支付额外费用，从而换取与他合作的特权。

邻家百万富翁找到你了

就寻找潜在邻家百万富翁的方式，我们对杰克先生与詹金斯女士进行了比较。詹金斯女士是一名严格按照信托标准进行服务，仅收取服务费的理财顾问。她从不以获得某一特定产品的潜在佣金为目标。她所给出的建议和忠告必须符合客户的最大利益。在杰克先生推销投资产品时，詹金斯女士都在积极地向她的目标市场传递这样一种信息：她专注于增加个人投资者长期成功的机会。她的成功不是在于销售出投资产品，而在于成为一个值得邻家百万富翁信赖的顾问，让客户们做出与投资相关的更好的决策。对于为客户提供的服务以及服务的客户类型，詹金斯女士一向对外公开。就是这种透明性，帮助詹金斯女士发现并成功吸引了那些潜在客户。这些潜在客户愿意啃那些对财富自制力要求极高的硬骨头。她还经常撰写能显示其专业知识和理财方法的博客和专栏文章，来吸引潜在客户和读者。她指导的客户成了精明的投资者。她提供的这些服务都很珍贵，这让她具备了邻家的下一个女百万富翁的潜质。

詹金斯女士的一言一行，从她的品牌口号（“除了你自己，没人能帮你赢得市场”）到她向客户收取咨询费的方式，都在向客户们传递正确的投资行为是什么样的信息。相比之下，杰克把自己的成功定位在下一张佣金支票上。尽管他的做法是将一个超出客户承受能力的共同基金出售给一个毫不知情、蒙在鼓里的目标客户。

那些能够吸引邻家的百万富翁的金融专业人士意识到，创造财富需要特定的行为，而不是汽车、配饰，甚至职称等。如果你想要在这场长期财富积累的游戏中取得成功，你应该选择那些追求长期经济成功游戏中的教练（即顾问）。

在 1996 年，任何一个金融专业人士与像杰克先生这样的投资经理一样，他们可以代表你买卖证券，同时他们也都要为此收取高额的佣金。

重新审视财富积累

科技的进步并没有让富人或者新兴富人阶层“抛弃”那些理财专业人士。在金融服务业，理财专业人士并没有面对完全的（或者大规模的）服务下滑现象。但随着时间的推移，有些人沉迷在消费品的海洋，却忽视投资和退休计划方面的建议和服务，这值得探讨。所以，在 2014 年，我父亲在下面这篇文章中谈及到了这一点：

对于积累财富的目的……一旦你进入高收入阶层（不低于 10 万美元），学会利用你已拥有的资产远比你将赚多少钱更加重要。

根据定义，真正富裕阶层的富豪在净资产分布中位居前 25%。他们倾向将每一美元都用来投资，而不是进行消费。并且，他们平均每年会花 100 个小时，用来研究和规划他们的投资。而那些只是收入富裕的阶层的人，即那些处于财富分配金字塔底层的四分之一的人，每年在这类活动中只会花费约 50 个小时。值得注意的是，花在学习或计划上的时间与净资产之间存在明显的相关性。研究表明，真正富裕阶层的富豪的净资产是收入富裕阶层的人的 6 到 10 倍！

同时，真正富裕阶层的富豪会高效利用这些时间，以寻求专业建议，进而帮助他们做出重要决定。他们通常会组建一支顾问团队。团队成员包括律师、会计师、经纪人和银行家（信托官员）。他们愿意为好的建议，支付高额的费用。

颇具讽刺意味的是，对奢侈品的购买意愿与对投资建议的支付意愿成反比关系。只是收入富裕阶层的人在汽车、船只和房屋上会花很多钱，但在投资建议上却很小气。对于真正的富裕阶层的富豪，他们在奢侈品消费上很节俭，但他们更愿意花大钱去获得较好的法律和金融建议。

《邻家的百万富翁》出版后不久，网上交易就为投资者打开了一个新的交易世界。无论结果好坏，每个人都可以随心所欲地进行买卖。如果投资者不愿意，他们甚至不再需要与股票经纪人进行互动。

但与任何工作或职业一样，投资经理想要成功，就必须拥有一定的知识、技能和其他才能。通常，成功的背后是研究投资花费的无数时间和精力（如对公司本身、行业和市场的深入研究）。与 20 世纪 90 年代的投资经理一样，现在仍然流行同一种观点：只有 7% 的人能够“选股”成功。

邻家百万富翁或者那些白手起家的美国人对此又有怎样的想法呢？1996 年，人们普遍选择信托部门，让其代为管理财富。那时候，信托部门根据信托标准运作（与提倡从销售中赚取佣金的适宜性标准相对）。在当今的金融服务领域内，一个完整的“次行业”逐渐形成。这个“次行业”遵循信托标准，提供咨询服务。

怎样选择自己的理财顾问？

2002 年，美国大学和华盛顿州立大学的研究人员总结了他们的研究，并提出了相关的建议。这些建议的针对者主要是那些希望在投资之路，避免犯下典型投资错误的人群。这些建议中还包括了一些行为。在寻求经济独立的人群看来，这些行为应当很熟悉：

- 了解投资中的偏见。研究发现，百万富翁提出的许多偏见都属于常见的投资偏见。
- 确定投资目标和投资制约因素：目标是什么，如何在有风险的情况下实现这些目标？
- 制定定量决策准则……避免情绪干扰。
- 投资多样化。
- 审查投资并根据需要重新进行分配。

今天，技术的进步可以为我们提供许多建议：换句话说，通过自动投资服务（又名机器顾问）来选择和放弃投资，从而避免在投资过程中出现情绪干扰的情况。它能基于与投资有关的目标进行多样化的重新分配，并利用算法，将情绪因素从各种类型的决策中剔除。

有了它们，为什么个人投资者还需要顾问呢？接着，我们又关注到这样一种选择转变：从传统意义上的"股票经纪人"——出售投资的个人——到那些专门从事投资管理或财务规划的人。

在这本书以及我父亲先前的著作中，相关数据和发现基本都高度一致。所以我父亲提出金融服务将往行为管理的方向发展，并逐渐脱离投资组合的管理。"先锋效应"使得资产管理正处于商品化的过程中。毕竟，如果你的投资组合只需要你在个人电脑上花费几个小时以及每年十个基点的支出，但你获得的收益却超过了 90% 的资金充裕的大学捐款基金会，谁还会花大钱得小利呢？但是，我们的数据也表明，个人在行为管理领域也会获得极大的收益。在过去的几十年里，我们的行为数据显示大多数人不能在行为管理上得高分。另外，我们从读者那里得到的大多数反馈都让人欣慰。这些人还分享了自己的故事：他们已经可以改变自己的行为，并朝着极具财富积累者的方向全速前进。但大多数人认为，这是一个困难的过程，它不会自然形成。它需要大量的工作来克服多年来的逆向规划。事实上，在许多情况下，他们都在不停地寻求相关的支持和指导。

数据显示，理财顾问正花费越来越多的时间与客户讨论“非财务”问题。

你应该听金融分析师的建议吗？

成功的财富积累者擅长评估他们所获得的财务信息的质量，以便从中挑选能够信赖的信息，而不是盲目地接受那些“专业”人士的建议。我父亲在2011年写了一篇关于金融分析师的文章：

在收入最高的200个工作类别中，金融分析师以年收入20万美元以上稳居前十位。但他们真的富有吗？他们中的大多数是富有的。在投资净值不低于100万美元的职业中，金融分析师排名第一。但我们也要有选择性地倾听分析师的意见，并非所有分析师都有出色的业绩记录。并不是所有的分析师都擅长把收入转化为财富。据我估计，在这方面，他们仅位于第116位。100名百万富翁的产生需要154名高收入分析师的共同努力。

2011年，《今日美国》的一篇文章引用了得克萨斯州A&M大学金融学教授爱德华·斯旺森的一项研究，并分析了投资分析师的建议。这篇文章讲道：“……在结合了分析师和卖空者的信息后，你可以在选股上更具优势……具体而言：在分析师推荐‘卖出’的股票中，买进那些卖空活动很少的股票。在分析师推荐‘买入’的股票中，卖出那些大量卖空活动很多的股票。”

“大量卖空活动”的含义是什么？简单地说，这代表着有许多老练的交易者投入了大量资金，来期望股票大跌。

显然，这对于有关分析师的研究没有太大价值。但它肯定了卖空者的价值——不是他们说的话，而是他们做的事有价值。

平心而论，一些金融分析师的平均成功率很高。《华尔街日报》年度顶级分析师简介中提及了许多高能力的金融分析师。要想成为一个明智的投资者，你必须学会确定各种信息来源的可靠性。

随着技术平台（机器顾问）持续入侵投资组合等领域，靠纯粹的技术手段来占领市场，资产再分配、税收亏损收割、行为管理和指导可能是个人财务顾问求生存不可多得的“救命稻草”。

不幸的是，并不是所有的顾问都专注于客户的最佳收益。60岁的丹尼斯是美国一家大型金融服务机构的顾问。他说道：“我希望我的客户都是缺乏自信的。”他提供全业务的金融咨询，收取全额佣金，采取的是经纪人兼交易商的模式。他的客户往往是那些“新式”的高管型专业人士，他们拥有高收入并追求社会地位。他们几乎没有时间去研究投资，也懒得与那些提供与投资相关建议的人士打交道。他们“喜欢”有关热门股票的消息和类似做游戏的投资策略。基本上，他们没有时间管理自己的投资，也总是将投资看成一次游戏。他们想要最新的热门股票，沉浸在享有盛誉的金融服务公司给他们带来的“光环”。说一句“X（名牌经纪公司的名字）正在为我服务”很简单，但是效果非常好，尤其是你身边围绕的都是那些时间紧张、收入富裕的社会地位的追求者。这种优越感不是凭空而来的。即使这一年P先生什么都不做，你们也要付给他巨额费用。对于丹尼斯先生来说，他每年2%的资产都是这么来的。也许杰克先生可以考虑换一种思路：转而选择针对这个群体的策略。

高管是丹尼斯先生主要的客户群体。但是仍有部分客户在投资方面缺乏自信或自我效能感。丹尼斯先生，作为顾问，希望他的客户完全依赖他的建议和专业知识。事实上，我们还遇到过其他拥有类似心理的专业服务提供者（律师、医生等），那些认为自己比专业人士了解得还多的客户可能成为一个棘手的问题（经调查得知）。但从某种程度来说，如果一位顾问想要寻找一位缺乏信心的客户，并试图通过变动其账户资产以及向其销售不必要的高价金融产品来获得利润，这并不是一件值得大惊小怪的事。毕竟整个行业存在着巨大的公关问题。

有关理财规划师的法规和大众文化正经历着不断的成长蜕变。表现之一就是该行业正在缓慢推广信托标准：顾问心怀客户的最大利益，进而提供建议。正如《邻家的百万富翁》中有关“教会节俭”的章节所说的那样，百万富翁在顾问选择上也开始变得谨慎。如果一个顾问不愿意做出承诺，即签署一份信托誓言，那么你就应该警惕了。

基于我们的研究，我们确信经济成功的背后还需要站着一位合适的、值得信赖的顾问团队。许多百万富翁告诉我们，他们希望能够专注于自己的专业领域（如经营自己的业务），同时让其他专家（注册会计师、财务规划师）也专注于他们的专长。如果这样的话，一位有抱负的邻家百万富翁在评估、聘请专业人才来管理财务时，应该参照怎样的评判标准呢？以下是最基本的问题：

1）你的价值究竟体现在哪

向“股票经纪人”支付高额佣金，以购买一种你可能并不真正需要的金融产品的日子（或者，即使你真的需要该金融产品，你大可以省下大笔佣金，独立去买）已经一去不复返了。金融服务业从业人员和广大公众还未清晰地认识到这一事实。近些年，那些只考虑客户的最大利益，将客户的钱投资到某种金融产品，却不收取佣金（或从大型金融产品公司收获任何其他形式的回扣），“只收服务费”的那些理财顾问长势迅猛。极具财富积累者只为这些人提供的相关金融咨询服务支付费用。

2）我从你身上获得了什么价值

客户能毫不费力地感受到理财顾问提供的服务价值——即使那些价值并不是那么显而易见。近些年，先锋公司致力于一项名为“顾问 α”的研究。该研究对专业理财顾问提供的额外价值进行了分类和量化分析。先锋的研究根据投资组合再平衡、投资组合建设以及改善的投资行为（如低买高卖）等项目的收益，计算出了增量收益，即平均约为 3% 的附加投资组合回报。但是，这一分析只量化了专业理财顾问在已节省和投资的资金上带来的好处。那么，由专业金融咨询服务节省（并最终投资）的额外资金呢？我们通过“数据点”进行的市场调查表明，在年储蓄率上，能够改善财富积累行为的人群比那些表现不佳的同伴高出 143%。（请注意：改善的财务行为可以独立实现，也可以依靠专业理财顾问的帮助实现。）换句话说，在节俭、社会冷漠、责任和其他方面持续展现出色财富行为的人群比那些表现不佳的同伴在储蓄率上高出143%。如果一位理财顾问能帮你把年储蓄率提高一半，那么请不要再犹豫，立马花重金聘请他。

是什么让他们与众不同

当华尔街迎来牛市时，附近的奢侈品零售店也迎来了春天。几年前，我父亲在他的博客上分享了这篇文章：

在2012年播出的《疯狂金钱》节目中，吉姆·克雷默对几家目标顾客为富人的零售店进行了分析。其中就包括了蒂芙尼。吉姆表示，毫无疑问，该公司的股价与其销售额以及最终的利润密切相关。此外，他还提出，那些销售金融产品和服务的机构表现是否优秀，也直接影响着这家高档零售商的业绩。在西方世界，这就意味着，当华尔街的金融人士赚取巨额奖金时，他们将会花大笔的钱，去购买蒂凡尼的相关产品。

数据表明，投资产品和服务的营销者更可能属于收入富裕的那部分人，而非真正富裕阶层的富豪。当这些人收入较高时，一系列的报纸文章会详细地描述记录他们过度消费的习惯。相反，当他们奖金缩水时，他们开始减少炫耀性支出，由此导致高档零售店的未来暗淡无光。凯文·鲁斯曾在《纽约时报》写过这样一段话，“……纽约的证券公司……在2011年只挣了135亿美元，远低于2010年的276亿美元……奢侈品零售商不仅感受到华尔街陷入了低潮，也预见了它们自己的悲惨境遇。”这将对蒂凡尼的销售额产生怎样的影响？答案在你心中。

对于这群收入富裕的人群来说，当他们的收入大幅增加时，他们就会选择过度消费的模式。将这群华尔街富裕人士与另一个阶层做对比。最近，美国农民收入大幅增加：“2011年，美国农民的净收入达到历史最高，即981亿美元，较2010年增长了24%。”但大多数农民属于资产负债表富裕阶层。他们习惯将获得的利润用来改善生产资本以及投资优质的股票和债券，而不会去买那些钻石和银饰等所谓的“战利品”。新式筒仓和拖拉机已成为农业国的标志。正如《华尔街日报》报道的那样，“每蒲式耳的玉米价格能有效预估（约翰·迪尔名下的）股票价格……当农民收入较高时，他们就有资金源去买进迪尔公司生产的各式各样的大型机器（比如拖拉机）。”

在《停止装富》一书中，我曾专门谈过农民在将收入转化为财富方面的生产力。在美国前200个高收入职业群体中，农民在这方面排名第八。而那些投资服务的营销者表现又怎样呢？考虑之后，我决定将各行业高收入群体中产生的百万富翁比例作为比较标准。结果显示，投资服务的营销者排名远远低于农民，介于高收入的医生和律师之间。但就高收入（20万美元以上）群体的比例而言，他们排在前十名。

3）你这样做是为了我的最大利益吗？（也就是说，我能信任你吗？）

无论是对于理财顾问，还是其他专业服务人员，这都是首要考虑的问题。在寻找生意伙伴以及咨询者的道路上，我们都在评估这一点。现在要找人管理我们的资金，这一点更加重要。几十年来，以“股票经纪人”模式进行投资产品销售以获得佣金的“理财顾问”使这个问题变得更难回答。但是，上面提及的那些“仅收服务费”的理财顾问如今都按照“信托标准”提供相关服务——就像律师在州律师协会的规定下运作一样——这就要求他们时时刻刻以客户的最佳利益为目的，进而采取相应行动。

理财顾问仅仅负责财务问题吗？

我们的财务责任和行为与我们的余生交织在一起。金融服务业的部分专业人士正是看清了这一点，并采用整体长期的方式与投资者进行合作，进而不断地获得成功。正如前面所讨论的，我们在财务管理工作中引入了贯穿我们余生的其他特征、经历、挑战以及家庭关系。这点对金融服务业有什么启示？

理财顾问还需和客户合作解决非财务问题，包括家庭、健康、婚姻问题，以及悲伤情绪和宗教问题等。

几年前的一项研究涉及约1400位顾问。他们要么在财务规划协会工作，要么在注册金融规划师标准委员会任职。研究重点调查了顾问们在非财务问题上面对的挑战和关键事件。近90%的顾问称他们正从事非财务辅导或咨询。在与客户的合作中，四分之一的顾问会涉及非财务问题。四分之三的受访者称，在过去五年里，花在解决非财务问题上的时间呈增长趋势。讨论的一些非财务问题包括：

- 个人生活目标（64%）。
- 身体健康（52%）。
- 职业相关问题（50%）。

家庭成员或朋友的死亡、与子女的冲突或分歧以及婚姻问题也被列为讨论的重点。就花费的时间而言，顾问们称，个人生活目标、客户的职业或工作以及身体健康占据了前三位。

从以交易为中心到以关系为中心，从基于销售的建议到整体全面的服务，金融咨询服务正在经历着大规模的演变。这种演变使理财教练、导师以及顾问间的界限变得模糊。这对学者以及从业者来说无疑都是一个新的挑战。那些专注于客户利益的顾问们却可以从这些模糊的界限中收获机会。他们在这一领域学习专业知识，并向潜在客户们提供各种相关服务。

研究者们得出以下结论：

> 离婚、家庭冲突、自杀、吸毒、精神健康、宗教信仰、疾病和死亡——这个问题清单理应由神职人员、社会工作者、心理学家或医生进行解决。研究表明，财务规划者却经常需要提供帮助，以解决这些问题。有关投资和保险的知识在解决这些问题上是行不通的。拥有会计、税收、金融或投资方面的高级学位的确有利于规划者，但这些还不够。如果理

财计划的设计初衷是为了帮助客户实现个人的生活目标，指导和生活规划技能将成为财务规划师必备的技能。

对于杰克先生以及丹尼斯先生来说，解决这些问题并不在他们的服务范围之内。但越来越多的证据在表明，财务管理和生活管理相互交融，已经成为大势所趋。

在最新的调查中，不到三分之一的百万富翁声称他们极度依赖投资顾问。那么，这些经济成功人士到底是如何管理他们的投资的？时间是一种不可再生资源。在积累财富的过程中，也需要学会分配时间，从而有效管理资金的进出。时间当然也可用来积累知识。

相比先天因素，后天培养对投资能力的影响更不可小觑。与投资相关的知识极其复杂。对大多数人来说，家庭内部往往难以提供这样的知识，只能从外部寻求指导。例如，在针对大众富裕投资者进行的一项研究中，不到五分之一的人称，他们的父母教他们如何投资。而超过 55% 的人称，他们的父母向他们灌输要为未来储蓄的理念。正如一位来自阿拉斯加的百万富翁（一位钻井石油工程师）向我们解释的那样："我希望我年轻的时候就学会了投资。我父母不理解投资。在我眼里，他们的长期规划就是投资养老金以及经营一个休闲农场式的小企业……20 世纪 90 年代初，油价与阿拉斯加房地产价格一起暴跌，这使我们几乎失去了所有的净资产。那段时间，我们艰难度日。但是那段经历却对我们今天的投资和财务管理产生了巨大的影响。从那以后，我们真正开始走向了富裕之路。"

在最新的调查样本中，大多数百万富翁投资者都认为他们在投资上花费了相当多的时间。另外，我们还发现财富积累者显示出了稳定的特征。具体来说，与欠财富积累者相比，极具财富积累者会花更多的时间去研究投资和规划未来的投资决策。但不可否认，自 1996 年起，这方面的差异正在缩小。在 1996 年的调查数据中，欠财富积累者每月花在研究和规划未来投资决策上的时间是极具财富积累者的 55%。在 2016 年的数据中，这一占比已经接近

77%。导致这一变化的原因尚不清楚，但我们认为部分原因可能是越来越多触手可及的高质量的投资新闻和各种在线评论。1996 年，投资者若想获得这类客观信息，必须订阅（通常是昂贵的）出版物，如私人简讯或期刊。到了 2016 年，这些信息源仍然可以使用（收费）。同时，网站、博客、播客等大量媒体形式也在提供着高质量（免费）的信息。

不考虑年龄和收入的影响，管理投资和规划未来投资决策所花费的时间与净资产呈正相关。所以，那些经济成功人士，即那些成功地将收入转化为财富的人群，会花更多的时间去做投资研究，这也就不足为奇了。

结　论

相信你自己！相信你的能力！如果你对自己的能力没有谦虚而合理的信心，你就不能够成功或快乐。

——诺曼·文森特·皮尔

如果真的有这样一个剧本，告诉我们谁将成为下一个百万富翁。我们就没必要在某个特定的邮政编码区进行寻找了，也无需盯着某辆汽车的司机、戴着某款手表以及投资某类组合的人群，并且去分析他们是否就是下一个百万富翁。事实上，帮助我们找到（或者更重要的是，成为）邻家的那个百万富翁的关键就是我们日常生活中与财富相关的行为和经历的模式。

如果你不想让人口统计学的数据影响甚至决定你的出路，那么你就必须学会日复一日地付出。以下几点解释了为什么他们能白手起家、成为富有的百万富翁：他们以积累财富为目的，合理选择分配自己的时间、精力和财力的方式；在一个职业消费者的世界里，他们以极具自制力的方式储蓄、消费以及做投资；他们会认清自己的优劣势，并探明了那些可能让他们在未来陷入困境的市场、经济和环境因素。

从今以后，那些想不依赖高收入以及意外之财，就获得财富积累的人势必要改变其生活方式和行为。事实上，许多人都拒绝这么做。因为“我们不喜欢我们应该做的那些事”。更有甚者，他们宣称，单打独斗是无法获得经济独立的。

多年来，无论我们把关注的视角放在消费者投资、购房还是其他财务问题上，我们都发现那些善于将收入转化为财富的人都是“反其道而行者”。你无法预测他们的想法和行为，因为它们不同于常规。那些想要在财富积累和经济上取得成功的人可能需要放弃传统的教育、职业。事实上，我们的生活方式可能与我们的父母截然不同，特别是如果你的父母喜欢过度消费的话。

关于牛仔裤价格或避免投资失误的故事和调查结果是有趣的，而且也能给你一定的帮助。它们帮你形成一种有利于长期财富积累的行为模式。正如我们在第五章中所讨论的，财务管理工作需要一定的能力以及特定的行为模式。并且这些能力和行为模式在将收入转化为财富方面是一致且有效的。一年 365 天，你只有一天做到了节俭，或者你就只有几次物美价廉的购车经历，这都不足以让你成功。

此外，财富积累还需要我们具备将量入为出的意识转化成行动的能力，具备对财务决策的信心。要有根据地形成我们的经济道路：根据我们想要的生活方式来制订目标和计划，然后逐渐形成一条通向这些目标的道路。“先锋”最近推出了一份“经济预测”报告——这份报告试图帮助交易者做出短期或者中期交易决策。但有趣的是，这份报告的结尾却告诉读者，从长远角度看，储蓄对于一个人财富积累的能力影响最大。

即使我们对与金钱有关的决定没有与生俱来的信心，或者我们倾向于把购物作为消遣之一，这个消息对每个人来说仍具有重要意义：以上所提到的每一个行为特征，在不同程度上，都是先天和后天共同作用的结果。换句话说：无论你现在的发展状态如何，你都有大把的机会改变你的财务行为和生活方式。再换一种说法：

高潜力的财富积累者大多是创造出来的，而不是天生的。

毫无疑问，这是个好消息。我们的财务行为不受我们所属的任一群体、性别或其他因素的影响。某种程度上，过去的经历可以预测我们的未来，但这只是一种预测。当我们致力于找到一条更好的财务道路时，一切都还在改变。相比 1996 年，对那些希望学习与理财相关知识的人来说，如今各种资源触手可及，且大多数都是免费的。

满足感：享受财富之旅

因为身后有着一张硕大的安全网，一些人并不需要改变他们的生活方式。他们接受了多次“经济门诊治疗”，并心安理得地享有这一切。但我父亲在 2010 年写道，他们也因此失去了体验追求财富的机会：

不管是 1996 年，还是今天，想要凭一己之力去积累财富都是一件很有挑战性的事。但它是有可能实现的。如果你想要独立，你也必须完成这件事。

我们来看一看那些财富继承人。他们看起来高枕无忧。但在继承财富的人群中间，也存在巨大差异。通过继承财产的方式他们被一分为二，即“继承者优等生”以及“继承者后进生”。看一眼你的家族或者社区，你也许就能发现这两类人。

我应该怎样定位那些继承财产占据个人资产大部分甚至全部的人？我不认为他们是幸运的。实际上，我认为他们是被剥削者。通过积累财富，我们可以获得巨大的满足感。而他们却没办法享受这些。无数的百万富翁们告诉我，通往财富之路的旅途比目的地更令人向往和留恋。在回忆财富积累的过往时，他们想起的是在设定和实现经济目标时，所获得的巨大满足感。在这条为取得经济成就而出发的旅程中，到达一个独立小镇成了他们最值得炫耀的里程碑。

我们不应该去羡慕那些一开始就躺在终点线上的人。你若在路上看到一个橡子，请把它放在家里的桌子上。因为它会时刻地提醒你，财富就像橡树，要从一个小橡子开始慢慢生长。

如果你读过《邻家的百万富翁》，你是否还记得我对戴夫·诺斯博士进行的一次采访。戴夫刚刚获得了进入下一个百万富翁名人堂的提名。他坚持认为，相比目前的资产负债表，他的经济独立之旅（他的净资产超过700万美元）更令人满意，更让他感到骄傲。在采访他的过程中，戴夫向我分享了，其在早年的财富积累的过程中，是如何增强自尊和满足感的：

“我十一岁的时候，就省下了第一笔钱——50美元。那时，我在一家杂货店工作。今天，50美元后面出现了越来越多的零。但这一切都源于不变的规则——自制力。我继续求学，我妻子继续教书。我们的收入不高……即便如此我们依然遵守规则，坚持储蓄。今天我们仍然坚持储蓄。你不可能空手进行投资……

第一件事就是要学会储蓄。你必须充分抓住投资机会……但你还需要工具去利用投资机会……这就是我的经验。”

一定要像戴夫那样，成为一名薪酬丰厚的专业人士或高管，才能经济独立吗？并不需要！在美国，五分之四的百万富翁都凭借一己之力、白手起家。《停止装富》一书中涉及了944位百万富翁。在初入职场时，他们中42%的人没有资产，甚至还有负债。财富不是你快乐的理由，学会从通往财富的旅途中收获幸福才是。等到哪一天，消费再也无法控制你，你成了生活的主人时，生活自此也就充满了喜悦。

无论美国总统是谁或者我们的家庭背景如何，我们都可以随时随地改变我们在财务方面的表现。

如今，那些邻家百万富翁在哪里？只要这个国家仍坚持为富有进取心、自制力的劳动者提供珍贵的自由和奖励，百万富翁们将以多种身份继续存在下去，并赢得更美好的未来。对寻求经济成功的人来说，以下几点是要坚持做到的：

- 忽略财富传说，包括将收入和净资产混为一谈的说法，以及关于白手起家、创造财富的各种障碍。

- 认识到他人有可能会影响你的财务态度和相关行为，要向那些取得了财务成功的人学习，而不是那些装富的人。

- 从社区开始，坚持做出良好的消费者决策，充分了解其对财务目标实现的潜在影响。

- 评估与财务有关的优劣势，尽可能地改善相关行为，如学会节俭、对财务结果负责、学会保持自信。

- 尽早形成有关工作和职业的人生态度，不要把传统的工作观念，即 25 岁到 27 岁必须坚持朝九晚五，视为唯一的出路。

- 认识到成功的投资行为是可以学习和改进的。学会日常储蓄，通过投资储蓄获得的收获将为你生活中的其他方面提供安全保障。

也许 20 年后，研究人员会发明出一种“神秘药丸”。有了它们，人类可以毫不费力地将所得收入转化为财富。在它们发现的那一天，我们将不再讨论行为和自制力、节俭、资源分配和毅力等问题。但在那一天到来之前，那些希望获得经济成功的人们仍面对着一条充满挑战但终点可期的道路。